艾默生管理

——50年持续制胜之道

〔美〕查尔斯·奈特以及戴维斯·戴尔 著

刘安国 解献芬 李强 译

商务印书馆

2012年·北京

Charles F. Knight with Davis Dyer

PERFORMANCE WITHOUT COMPROMISE

How Emerson Consistently Achieves Winning Results

Original work copyright © Harvard Business School Publishing Corporation.

Published by arrangement with Harvard Business School Press.

图书在版编目(CIP)数据

艾默生管理——50年持续制胜之道/(精)〔美〕查尔斯·奈特以及戴维斯·戴尔著;刘安国,解献芬,李强译. —北京:商务印书馆,2007.11(2012.6重印)
ISBN 978-7-100-05645-8

Ⅰ. 艾⋯　Ⅱ. ①奈⋯②戴⋯③刘⋯④解⋯⑤李⋯　Ⅲ. 电气工业—工业企业管理—美国　Ⅳ. F471.266

中国版本图书馆 CIP 数据核字(2007)第 153761 号

所有权利保留。
未经许可,不得以任何方式使用。

艾 默 生 管 理
——50年持续制胜之道
〔美〕查尔斯·奈特以及戴维斯·戴尔　著
刘安国　解献芬　李强　译

商 务 印 书 馆 出 版
(北京王府井大街36号　邮政编码 100710)
商 务 印 书 馆 发 行
北京瑞古冠中印刷厂印刷
ISBN 978-7-100-05645-8

2007年11月第1版　　开本 710×1000　1/16
2012年6月北京第3次印刷　印张 22¼
定价:56.00元

商务印书馆—哈佛商学院出版公司经管图书翻译出版咨询委员会

（以姓氏笔画为序）

方晓光	盖洛普（中国）咨询有限公司副董事长
王建铆	中欧国际工商学院案例研究中心主任
卢昌崇	东北财经大学工商管理学院院长
刘持金	泛太平洋管理研究中心董事长
李维安	南开大学商学院院长
陈国青	清华大学经管学院常务副院长
陈欣章	哈佛商学院出版公司国际部总经理
陈　儒	中银国际基金管理公司执行总裁
忻　榕	哈佛《商业评论》首任主编、总策划
赵曙明	南京大学商学院院长
涂　平	北京大学光华管理学院副院长
徐二明	中国人民大学商学院院长
徐子健	对外经济贸易大学副校长
David Goehring	哈佛商学院出版社社长

致 中 国 读 者

哈佛商学院经管图书简体中文版的出版使我十分高兴。2003年冬天,中国出版界朋友的到访,给我留下十分深刻的印象。当时,我们谈了许多,我向他们全面介绍了哈佛商学院和哈佛商学院出版公司,也安排他们去了我们的课堂。从与他们的交谈中,我了解到中国出版集团旗下的商务印书馆,是一个历史悠久、使命感很强的出版机构。后来,我从我的母亲那里了解到更多的情况。她告诉我,商务印书馆很有名,她在中学、大学里念过的书,大多都是由商务印书馆出版的。联想到与中国出版界朋友们的交流,我对商务印书馆产生了由衷的敬意,并为后来我们达成合作协议、成为战略合作伙伴而深感自豪。

哈佛商学院是一所具有高度使命感的商学院,以培养杰出商界领袖为宗旨。作为哈佛商学院的四大部门之一,哈佛商学院出版公司延续着哈佛商学院的使命,致力于改善管理实践。迄今,我们已出版了大量具有突破性管理理念的图书,我们的许多作者都是世界著名的职业经理人和学者,这些图书在美国乃至全球都已产生了重大影响。我相信这些优秀的管理图书,通过商务印书馆的翻译出版,也会服务于中国的职业经理人和中国的管理实践。

20多年前,我结束了学生生涯,离开哈佛商学院的校园走向社会。哈佛商学院的出版物给了我很多知识和力量,对我的职业生涯产生过许多重要影响。我希望中国的读者也喜欢这些图书,并将从中获取的知识运用于自己的职业发展和管理实践。过去哈佛商学院的出版物曾给了我许多帮助,今天,作为哈佛商学院出版公司的首席执行官,我有一种更强烈的使命感,即出版更多更好的读物,以服务于包括中国读者在内的职业经理人。

在这么短的时间内,翻译出版这一系列图书,不是一件容易的事情。我对所有参与这项翻译出版工作的商务印书馆的工作人员,以及我们的译者,表示诚挚的谢意。没有他们的努力,这一切都是不可能的。

哈佛商学院出版公司总裁兼首席执行官

万季美

中 文 版 序

Emerson 公司从 1978 年开始在中国开展业务。借用邓小平先生常常引用的话说,我们当时是"摸着石头过河"。

我有幸在 1993 年到 1997 年期间,担任 Emerson 亚太区总裁并兼任公司一家主要合资子公司的首席执行官,当时我居住在香港,并将很多时间投入到在中国的工作中。早些年还没有多少人认为中国将成为巨大市场的时候,Emerson 已经坚信不疑。结果证明这种信念对 Emerson 公司、在华客户和员工,都有所裨益。

2000 年,我出任 Emerson 首席执行官时,中国正在成为推动世界经济发展的重要力量,其经济实力从那时起也变得日益强大。同时中国也已经成为 Emerson 仅次于美国的第二大市场。目前,我们在中国拥有 30 多家独资或者合资企业,员工人数超过三万名,这些企业已经在中国持有专利 300 多项。

像中国一样,Emerson 在过去七年里也发生了变化。Emerson 多年来主要是零部件生产商,2000 年我们开始转变为全球领先的技术和解决方案提供商。现在,得益于

Emerson 公司在华的优秀团队,以及中国乃至亚太区尽责奉献的所有员工,这一转变使 Emerson 成为当地主要产业的重要供应商,这些产业包括电信、商用和家用空调、家用电器、石化和化学处理以及制造业。

Emerson 在中国和世界各地能够精益求精、不断创新,取得长期成功的关键在于其管理过程,此书详述了这一管理过程。我们一直认为,管理不只是一种实践或者职业,而是一个过程——一系列可以设计和优化的步骤,从而在长时间内实现良好业绩。在《艾默生管理——50 年持续制胜之道》这本书中,曾经在 1973 年至 2000 年期间担任 Emerson 公司首席执行官、现任公司荣誉董事长的查尔斯·奈特(Charles F. Knight)先生,诠释了这个过程是如何运行、如何在过去 50 年里使得 Emerson 取得卓越业绩的。

随着 Emerson 继续在中国扩展业务,招募和培养更多有才干的中国经理人变得尤为重要。通过翻译推出此书中文版,我们希望与 Emerson 在中国的子公司、Emerson 的客户、合作伙伴以及其他经理人和管理专业学子,一起分享我们的经验。

范 大 为
Emerson 公司董事长、首席执行官兼总裁
2007 年 9 月

谨以此书纪念

"巴克"·珀森斯(1909—1999年),
1954年至1973年间他担任
Emerson公司董事长及首席执行官,
并率领公司开始走向卓越之旅。

前言	……………………………………………	i
第一章	Emerson 的成功秘诀	
	管理过程 ……………………………………	3
第二章	计划、执行和控制 …………………………	21
第三章	达成目标	
	组织方法和领导 ……………………………	73
第四章	卓越运营 ……………………………………	121
第五章	从技术跟随者到技术领先者 ………………	165
第六章	收购与管理过程 ……………………………	193
第七章	市场和竞争的全球化 ………………………	217
第八章	增长	
	终极挑战 ……………………………………	247
第九章	领导权交接 …………………………………	281
后记	……………………………………………	301
附录 A		
Emerson 公司业务划分和子公司 ……………………		317
附录 B		
总裁运营报告——第 5 页 ……………………………		323
致谢	……………………………………………	329
作者简介	…………………………………………	335

前　　言

1973 年,当年37岁的我成为美国艾默生电气公司(Emerson)CEO时,等待我的是非常艰巨的任务。我的前任巴克·珀森斯(W. R. 'Buck' Persons)先生之前已担任公司领导19年,他在任期内领导公司不断地进行转型,使公司从一家中型电机与电风扇生产商及国防业务承包商,转变成为一家强有力的、多样化的制造商。珀森斯时代对于公司、员工以及股东来说是一个繁荣兴旺的时代。1954年至1973年期间,公司销售额从5 000万美元增加到9.38亿美元,提供给股东的年均回报高于20%。

我在20世纪60年代开始为Emerson公司提供咨询服务,对该公司大部分业务有所接触。作为该公司的咨询顾问,我曾担任公司两家子公司的董事会成员,并与巴克密切配合,处理公司的各种组织问题。在20世纪70年代早期,我参与了一项论证Emerson国际地位的重要研究。我在欧洲生活和工作了四年,尽管Emerson公司当时并没有太多的国

前言

际业务,但是,我研究起这一主题来还是游刃有余。

早在1972年巴克就曾经征询我的意见,问我是否有兴趣做他的接班人掌管Emerson。对于他的提议我当然是喜不自胜。不过,我那时刚刚取得一家位于芝加哥的Lester B. Knight & Associates公司的控制权,这是一家属于我家族的咨询公司。因此,我婉言谢绝了他的提议。巴克于是请我帮他招募CEO——我也确实就此事提供过帮助,尽管随着时间的流逝并没有找到一个在他看来非常理想的CEO人选。

在帮助巴克寻找CEO人选的过程中,我改变了自己的想法。我告诉巴克很想成为他所考虑的人选。他在董事会上寻求正面的支持,以帮助我分阶段继任到CEO职务。1973年1月我开始担任董事会副董事长,同年10月我成为公司的CEO。巴克一直担任董事长,他于1974年7月退休,在去世之前我们一直是要好的朋友。

当巴克要我接替他的职位的时候,我并没有意识到他如此坚定地把公司当前所面临的挑战当作管理的核心。Emerson赢利颇丰,而且处于增长阶段,但在业务方面并没有绝对的保证。我们的业务组合都处于那些不大可能领跑美国经济的成熟产业。在我们的销售额中,只有12%来自于美国之外的地方,其中的大部分都是来自加拿大。因此,将实现国际性增长作为当务之急是至关重要的。我们的技术力量比较薄弱;我们是反应迅速的市场追随者。但是,我们需要改变游戏规则以建立市场主导者地位,我们需要进行技术转型,将我们的技术基础从机械和机电技术型转变为电子技术

前言

型。同时,出于反垄断(anti-trust)方面的考虑,我们的并购活动也开始放慢,我们需要再次投入并购活动之中。

最后,我想说我并不知道我们即将进入一个由中东战争以及高涨的能源价格和通货膨胀所引发的非常艰难的衰退时期。这就标志着第二次世界大战之后,几乎为所有美国制造商所享有的强劲经济增长即将走到尽头,未来的成功需要新的战略和新的业务运作方式。

一言以蔽之,在许多方面,要立刻解决的事情有很多。这当然不是一个危机,不过,有一点巴克说得很对,那就是公司需要强有力的领导和公司上下加倍的努力。但是,我以为,Emerson 最需要的是下面要提到的"管理过程"(management process)。尽管公司的销售收入已接近 10 亿美元,但是,公司的组织和管理方式仍然停留在规模很小的时候。

我很欣赏也很愿意继续保持精悍的组织和小企业粗放的特点。不过,我也意识到所有的管理层次都需要更为严谨,更为规范,更具有专业特质。我们必须发掘和培育新的管理人才,并保证源源不断的人才供应。要取得目标绩效——持续增长、高于平均、毫不妥协的绩效——我们需要打造新的运作方式。

在接下来的 27 年里,在数千名斗志昂扬、满腔热忱的员工的帮助下,我们创立和完善了 Emerson 的"管理过程",这一"管理过程"也已经生根开花结果。1973 年至 2000 年间(我于 2000 年退下 CEO 职位),公司销售增加幅度在 15 倍以上。在 2000 财年,销售额达到 150 亿元,净收入增加 18 倍,

前言

达到 14 亿美元。在这 27 年中，Emerson 的每股收益额和红利连年增加，这一成绩已使公司跻身于美国企业优良绩效持续时间最长的记录之列。

同时，在一些杰出经理人员的指导下，我们实现了公司转型。我们保持了持续强劲的增长，而且我们赋予了公司新的定位：更快地增长。我们改进了业务组合，建立起作为全球技术领跑者的强大业务平台。我们使公司走向全球，在每一个主要的地区建立起领导者的地位，同时也建立起一批国际性的制造基地，这批基地已成为高效率、低成本运作的国际标杆。我们与客户建立了很深的关系，我们不再仅仅局限于以有吸引力的价格向他们提供好的产品，我们更向他们提供高价值的服务和解决方案，这样就可以使他们更为有效地应对全球竞争。

值得一提的是董事会为取得这些成就所作的贡献，董事会长期不懈的参与、努力和耐心一直是我们成功的关键因素。在我担任董事长的 30 年和担任 CEO 的 27 年间，我们有 27 位外部董事（至今还有 10 位在任），他们的平均任期长达 16 年。我特别提出这一点是因为董事会的长期连续性使我们得以能够将 Emerson 塑造为技术领袖并向美国国外拓展。因为有董事会步调一致的参与和努力，我们就可以深深地投入到对我们的成功至关重要的重大战略中。在此期间，我们在任何特定的时间里都有几位内部董事。这样的安排可以提供重要的沟通渠道，从而保证外部董事能与公司的关键人物有效互动。

前言

一个全力投入且任期长的董事会的贡献,以及在46年中只有两位CEO这一事实使得公司能够保有稳定的领导,这对于引导管理过程和实现我们的目标是必不可少的。范大为(David N. Farr)在2000年当选为CEO,这就为公司在今后20年中保持董事会与行政领导的连续性和实现长期成功作好了铺垫。同时,和范大为一样,我们大多数的高层管理人员都在公司服务了至少20年。与其他公司不一样的是,我们公司有一套新老交接程序,这一套程序所关心的是如何保证我们的高层管理团队在新老交接期间不受影响。我要带着自豪感谢我们的高层管理人员对公司的投入,在范大为接管公司之后没有一位高层经理离开公司。

本书将讲述我们如何实现这一切,以及在实现这一切的同时,如何在任何时候(无论是好是坏)都能够带来一致、毫不妥协的绩效。本书也首次详细描述了关于Emerson的管理过程、关于我们所遵循的理念,以及关于我们所实行的政策和做法的最详细的说明。* 这些技术有许多都与其他成功的大公司通常所采用的相类似,使它们在Emerson非常有效的不仅仅是它们的内在逻辑性和实用性,而且是我们贯彻执行时的热情。我们是坚持不懈、斗志顽强的公司。管理过程引导这一精神,使我们能够集中精力处理一些重要的事情。它对我们来说是行之有效的,它也告诉人们我们是如何工作的。

---

* 关于Emerson管理过程的简要综述,请参阅查尔斯·奈特的文章"Consistent Profits, Consistently",《哈佛商业评论》,1992年1~2月,57~72页。

艾默生管理

50年持续制胜之道

第一章　Emerson 的成功秘诀

管　理　过　程

这是你将经历的最棒的游戏——争取胜利是关键。
——Emerson 格言

在 Emerson 公司，管理讲究的是毫不妥协地获取绩效，就是长期内持续稳定地取得卓越的财务业绩。几十年来，我们有效地组织和运作公司取得了上佳的结果。在 20 世纪 50 年代中期至 2000 年之间，Emerson 的公司年报显示公司收益、每股收益和每股红利连年增长。这一记录，世界上只有少数几个制造业公司堪与媲美，其他任何和我们旗鼓相当的生产产品或提供服务的公司都望尘莫及（参见图 1-1）。

同时，Emerson 给股东的总回报以超过 16% 的年均复合增长率增长，1956 年投资的 1 美元在 2000 年早期的价值达到 638 美元。持续增长记录在 21 世纪初被打断，但是，Emerson

第一章

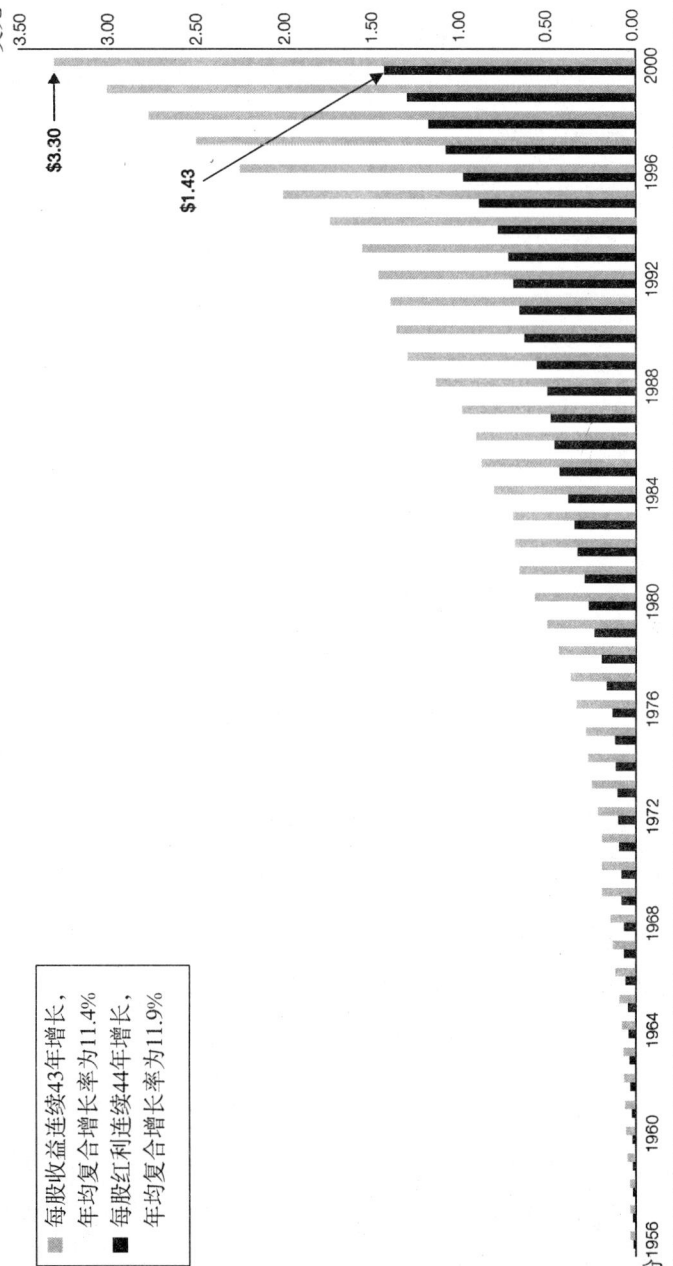

图1-1 收益和红利表现，1956—2000

- 每股收益连续43年增长，年均复合增长率为11.4%
- 每股红利连续44年增长，年均复合增长率为11.9%

Emerson 的成功秘诀

仍然能在极其恶劣的经济环境下持续不断地获得利润,市场份额仍在增加。

尽管 Emerson 在一般公众心中的形象并不非常突出,但是,我们的绩效在业界却是有口皆碑的。投资者长期以来一直将 Emerson 视为一只表现超出一般经济和工业指数的股票。大学教授、学生、供应商以及其他企业组织的员工常常到公司来,问我们成功的秘诀。

我们是如何做到的呢？实际上,并没有什么秘密可言。我们不过是运用一套动态的方法来管理公司,这一套方法始创于 20 世纪 50 年代,而且至今仍在不断演变之中。我们将这一套方法称为"管理过程",它是取得长期持续稳定增长绩效的关键。这个管理过程帮助我们研究和制定适合于公司各个层面最好的战略,并使我们能够掌握战略实施过程中的最新动向。这样,我们就可以避免很多公司共同面临的常见问题:因为不能贯彻执行它们的战略而步履维艰。对于我们来说,管理过程在战略和行动之间提供了一个联系环节。它建立起一套共同的价值观念。它为判定事务的轻重缓急、评估结果和解决问题提供了一个架构。它也为战略的顺利和迅速实施建立起一个可为人们所共享的思维和沟通之路。

Emerson 概况

总部位于圣路易斯市的 Emerson 是一家全球领先的公司,该公司将技术与工程相结合,在网络能源(Network Power)、过程管理(Process Management)、工业自动化(Industrial Automation)、环境优化技术(Climate Technologies)及家电应用与专业工具(Appliance and Tools)等领域为客户提供创新性的解决方案。在所有上述业务中,Emerson 在全球市场均占有主导地位。在 2004 财年,公司销售额达到 156 亿美元,赢利 12 亿美元,其 60 多家子公司以及位于世界各地的 245 家工厂拥有 107 800 名员工。

Emerson 被公认为世界上管理得最好的工业公司之一。它长期位居最受赞赏或最具创新能力的公司名录以及优秀企业公司名录的前列。2004 年,在一项由《财富》杂志发起的关于全美最受赞赏企业的调查中,Emerson 的整体表现在电子产业中排名第二。在所评估的八项关键指标中,公司有五项获得第一,这五个项目是:产品和服务质量、创新、长期投资价值、公司资产的使用以及社会责任。同样在 2004 年,Emerson 在《信息周刊》(*Information Week*)500 家企业名单中名列第二,被认为是最有效使用新技术的企业之一,是电子商务领域中的领军企业。而且,Emerson 是唯一一家被《商业道德》(*Business Ethics*)杂志录入其"最佳企业公民 100 家"名录的电子企业。

管理过程

"管理过程"这一术语听上去给人一种奇怪而又不自然的感觉。管理通常被看作是一类活动,一类习惯做法,或一

类专业,很少被看作是一个过程。* 不过,我相信,管理确实是一个过程——它由一系列的步骤组成,这些步骤意在产生一个结果,对于像 Emerson 这样的公司来说,这一结果就是可持续的赢利能力。作为一个过程,管理可以被分解为一些关键步骤和组成部分,每一步骤或组成部分都可以被策划、优化和管理,从而可以在长时间内平稳、可靠地运行。这就是我们努力要做到的事情。

使管理过程行之有效的关键不仅在于对它的理解,而且在于有一套严谨的纪律制度来保证管理过程的实施。管理过程包含六个关键要素(后面将要讨论到),这六个要素可以归结到一个简单的公式中。这一套做法在 Emerson 运作起来卓有成效,因为它是建立在一套相互协调、相互促进的核心信念和价值观的基础上的。我们不会花太多的时间去谈这些信念,尽管这些信念已在公司中被广为接受和贯彻。

核心信念和价值观

在过去的半个世纪,Emerson 只有三位 CEO——而且,第三位 CEO(即范大为)尚处在其担任该职务的开始阶段——对于在商业活动中如何取胜,我们三人都抱有基本的信念。这些信念中有一些是许多高品质、高绩效的组织所具

---

* 彼得·德鲁克,《管理实践》(Peter F. Drucker, *The Practice of Management*)(New York: Harper Business,重印版,1993);德鲁克,《管理:任务,责任,实践》修订版(1973 年重印本,New York: Harper Perennial, 1993)。注意,Emerson 早在 20 世纪 90 年代早期的企业再造运动将企业组织分解为不同的子过程——如新产品开发过程、订单完成过程等之前,就开始将管理描述为一个过程。Emerson 在将管理视为一个过程的时候,采取的是一个更为全面的视角,这在后面将会说得很清楚。

第一章

有的,其他一些则是我们所特有的。我们有时候仅用缩写或格言来表达这些信念和价值观,在本书每一章的开始我们都可以看到这样的格言。

Emerson 首要的信念和价值观是"诚信"二字:对于我们所做的每一件事情,我们都恪守诚信。Emerson 的信誉是无价之宝,我们对于不端行为和违法乱纪行为决不容情。这样做不仅从道义上来说是正确的,而且,以信任为基础进行运作还可以为我们节约时间和金钱——这种信任存在于经理之间,存在于经理与员工之间,存在于公司、董事会与投资者、客户、供应商和商业伙伴之间。

我们的董事会、投资者、客户和员工都要求同一样东西:持续的高绩效。人人都会赞赏长期的优胜者。经验告诉我们,当我们专注于一些根本原则并持之以恒地坚守这些原则的时候,我们没有理由不始终如一地把事情做好。这种始终如一的绩效的基础是日复一日、年复一年卓有成效的管理。

利润是一个信念。要在长时间获得骄人的结果,我们就必须始终如一地获取高利润。我们相信,如果我们的员工能够全力投入、专心致志、严守规章、具有苦干精神,我们就能够做到这一点。随着 Emerson 成长壮大,实行多样化经营,并向全球发展,我们很少碰到会使我们无法实现利润目标的情形。

寻觅为客户增加价值的新方法是致胜之道。我们要做的每一件事情,都以不断提高产品和服务为主,并同时控制和压缩成本。使我们能够长期处于领先地位的唯一途径在

Emerson 的成功秘诀

于我们能够通过提供有吸引力的产品特征、出色的服务和支持以及令人满意的价格,为客户增加价值。

在关键性的市场中,我们必须是行业的领导者。作为行业的领先者,我们才能够充分利用我们的规模优势、控制成本,为持续增长和赢利进行投资。因此,如果我们还不是行业第一,我们有如何达到这一位置的计划;如果我们是市场领导者,我们就必须打算始终守住这一地位。

取得技术领先地位是取得市场领先地位的关键。技术领先地位是唯一可持续的竞争优势,它要求在投资工程和研发方面作长期的承诺。

坚实的财务基础是强劲的竞争优势。当我们只能通过借贷进行融资时,我们的财务状况使我们有能力这样做。

长期的成功要求整个组织全心全意的投入。只有当所有人都竭尽全力去实现目标,并认识到每个人的努力会作出怎样的贡献的时候,我们才能够产生卓越的绩效。我们以计划和管理业务时所用的同样的重视程度来计划和管理我们的组织。

主要经理人员必须拥有自主权,从而发挥其最大潜力。领导者所作的关键性决策是他要在公司的哪个层次对利润实行计划和控制。在 Emerson,这一层面就是与客户和市场最贴近的层面。遵循这一原则,就可以保证由离信息源最近的经理人员作出最好的决策。这对于培养下一代经理人来说是一个强有力的激励工具。

我们只能通过员工来提高生产力。员工所贡献的理念、

第一章

能量和热情——员工的一切努力——是我们能够对所做的一切进行不断改进的关键。管理层的责任在于创造一个让员工可以展示才干的环境。

管理层的任务

我们从建立对管理工作的统一认识开始创造这一环境。我们将管理层的任务定义为识别和成功地利用一切商业投资机会,以支持公司的成长和赢利目标。这一定义是我们着手研究管理的基础,定义中的每一个词都是经过仔细选择的。管理层的任务始于设定财务目标。财务目标必须表现出足够的雄心壮志,足以将我们与竞争者区别开来;同时,它必须是务实的,必须是可以达到的。我们每年都要认真审查我们的财务目标,看看它们是否仍然有效,在必要的时候,我们还会进行调整。

在定下目标之后,剩下要做的事情就是动员一切力量来实现目标。战略由目标来推动:我们要问自己,我们在从事哪方面的业务,我们如何组织和管理它们,我们如何为管理层设立薪酬和赏罚制度。这就意味着我们的计划务必集中指向某些特定的机会,这些机会可以满足我们的增长标准和回报标准,并且能够为股东创造价值。在 Emerson,作计划的人也是实施计划的人。他们既是所有者又是参与者,这就是与众不同的地方。

定义管理的任务

随着Emerson在20世纪70年代开始腾飞和进行多样化经营,我们的管理层显然需要对管理过程中的轻重缓急有一个清楚的理解和广泛的认同。我们并不想别出心裁地给管理的任务一个新的表述。在查阅文献的时候,我们惊奇地发现,没有任何文献可以对我们的研究方法作归纳或与我们的情形相匹配。对于"管理人员都做些什么"这一问题,我们发现一些有趣的表述。但是,对于"管理人员应该做些什么"这一问题,却找不到简短、清晰而又直截了当的表述。因此,我们还是需要给出自己的定义。几经周折,我们给出了我们的定义。

我们将不断提及这一定义,并且会将它应用于培训、研究以及日常业务场合。

管理过程的六个关键要素

有了这些信念、价值观和对管理任务的共同理解作为基础,下一步我们就可以得知,管理人员如何通过管理过程来完成工作。管理过程包括六个关键要素,这些要素植根于管理理论当中,更为贴切地说,这些要素反映了Emerson就成功管理的要义所进行的探索和取得的经验。

第一章

1. 保持简化。我们从一个最重要的原则开始:"简化"。当彼得·德鲁克(Peter Drucker)很久之前按照管理所执行的五个功能来解释管理的时候,他这句话说得很好。这五个功能分别是:(1)设定目标;(2)组织作业(包含计划和规定责任);(3)激励和沟通;(4)衡量(和跟踪)以及(5)培养人才。[*]尽管在后来的时间里人们写下的论述管理的文献可谓汗牛充栋,却并没有在此基础上再增加一点什么。

尽管"简化"这个词在日常生活中可以说是司空见惯,但是在管理学领域,它的意义却远不止是老生常谈的话语。"简化"是最难遵守的管理原则之一。成长和成功会使公司变得更为复杂——组织规模更大、责任更多、不同的需求可能相互矛盾。好的管理者会过滤掉一些让人分心的细枝末节问题,集中精力去应对关键性任务。这就要求领导人务必目标明确、纪律严明、精力充沛,并且拥有无比的工作热忱。

"简化"对于管理来说具有深刻的内涵。它迫使我们设置几个明确的优先次序,并将这些优先次序告知所有的员工,使他们能够理解和支持。它也有助于我们克服惯性思维和官僚主义,有助于我们克服增加不必要的能力和追求不必要的目标的组织倾向。

2. 注重计划。不亲自参与到计划当中,管理者就无法完成工作。在Emerson,计划是一项互动活动——一项由我们

---

[*] 彼得·德鲁克,《管理:任务,责任,实践》修订版(1973年重印本,New York:Harper Perennial, 1993),400页。

Emerson 的成功秘诀

每个子公司的员工和公司高层领导参与的严谨的活动。

有人说,Emerson 在计划方面花的时间太多。不过,我们相信,计划会带给我们很多好处。它为公司指明方向,明确公司成长的动力和利润的来源,这一切将驱动我们不断前进。它帮助我们识别能够为股东带来最大价值的特定投资机会并对它们排序。由于计划者就是执行者,计划使大家对总公司和子公司的当务之急及其联系达成更好的、更为一致的理解,它也会使组织上下在决策和实施的行为之间建立更紧密的联系。

计划还有助于培养和评估管理人才。此外,由于我们所有子公司每年都要作计划,这将确保公司保持正确的发展方向,并且提醒我们是否有必要作出改变。最后,由于我们每年都密切地关注我们的客户、市场、技术以及竞争对手,计划有助于我们识别一些主要的趋势和转折点,以便公司上下作出必要的响应。

3. 强有力的跟进和控制系统。 近年来在商业刊物上流传着这样一句话:"缺乏执行力的远见与幻觉并无分别。"许多失败的公司正是失败于此:它们有合理的战略。但是它们却不能有效地实施战略。它们知道要做些什么,但是由于某种原因它们却没有那样做。

我们在执行时能够取得成功并不是因为我们的管理系统比其他公司的更好,而是因为我们对执行极为重视,并定期对计划进行严格的跟踪。我们相信,计划一旦被认可,只

第一章

要管理层作出正确的选择并足够努力地执行，就是可实现的。这并不是说外部事件没有影响，或者我们从未遇到意料之外的情况。当这些事情发生时，控制和跟进系统会使我们在早期阶段找出问题并作出调整。由于每年都重新制定计划，我们能够灵活地对计划及时修正，确保执行成功。

4. 以行动为导向的组织结构。 问题从来不会自行消失。有效的领导者会在组织之中造成一种紧张感，高效的组织会及时采取行动来排除阻碍。我们对官僚主义有一种发自内心的反感。公司总部的运作从来不使用公布的组织架构图（organization chart），因为我们要求员工在计划、项目和问题上进行交流，而不是通过组织架构的路线去沟通。

如计划业务一样，我们对公司的组织也进行计划。每个业务平台和子公司的年度组织计划会议将确保我们安排正确的管理人员来执行计划。

5. 最佳运营策略。 作为一家在全球范围内竞争的制造商，Emerson依照自己的标准来定义最佳运营。遵循这些标准，将使Emerson在这个变化万千、竞争激烈的商业世界能够获取佳绩。我们必须开发最好的产品、服务和解决方案，并以最优的成本来生产。这就要求我们对客户的需要和客户的考虑有深切的理解。如果客户有理由选择别的公司，他们肯定会这样去做：因为他们有很多的选择。

实现"最佳运营"也要求对表现最好的全球竞争对手进行

严谨分析——而不是拿自己与自己进行对比。这就意味着必须有一个全球竞争计划来部署我们将要采取的行动,以及这些行动的优先程度和行动顺序,从而确保我们仍然是客户最值得信赖的合作伙伴。这就意味着需要将公司的目标广而告之,从而使得所有的员工都了解这些目标以及他们在帮助实现这些目标时所要担当的角色。最后,实现最佳运营还要求我们有效地管理资产,以确保它们在长时间内具有生产力。

6. 创造利于员工自我发展的运营环境。管理过程的最后一个要素是领导能力,我们将领导能力定义为"创造一个组织环境,使人人都能真正发挥自己的才能"。领导能力是一个主观的东西,对于"什么会造就一个好的领导者"这一问题,并不存在唯一正确的看法。在"企业领导能力之十大关键"中,我给出了自己对组织中优秀领导者的看法。

企业领导能力之十大关键

1. 矢志成功。
2. 设定优先次序。
3. 设定高标准,并严格要求。
4. 与人打交道时务必严厉而又公正。
5. 强调积极的一面和事物的可能性,集中精力去做有积极意义和有可能的事情。
6. 培养和保持强烈的紧迫感。

第一章

7. 注重细节。

8. 有应对失败的能力。

9. 亲身参与。

10. 乐在其中。

管理过程小结

尽管我们需要按照一个线性的顺序来描述管理过程,但是,管理过程仍然可以作为一个系统来运作。没有一个强有力的跟进和控制系统,好的计划会一文不值;没有好的计划,强有力的跟踪和控制系统也同样毫无意义。这两者如果做不到简单明白,让人清楚地理解,就都不会产生好的效果。一项复杂的计划会有太多的工作部分,因此,它更有可能在执行的过程中出问题。

此外,"管理过程"不是静态的而是动态的。"管理过程"在 Emerson 始于 20 世纪 50 年代,其内容涵盖年度计划会议、子公司的独立性、强有力的财务控制以及其他重要内容。多年来,我们又在其中加入了组织计划、总裁政务会、企业战略评估和其他一些做法。我们也时常重新检查"管理过程",并在合适的时候作一些改变。

在 20 世纪 90 年代初期,我们开始认识到,管理过程对于产生持续稳定的赢利能力虽然非常重要,但是,创造增长的能力从某种程度上说却是有限的(正如第八章中将要谈到的)。因此,我们对过程进行了调整。我们将增长计划与利润计划分开,我们努力发现和孜孜追求那些最有希望的增长项目。正是"管理过程"使我们看到这一转变的需要,并使这一转变得以实现。

Emerson 基于管理过程的运作方式反映了公司所处的特定情形、反映了它的历史、它的产品和市场、它的领导方式和运作方式。但是,管理过程的精髓并不因时间地点而异。它们可以被借鉴,在其他情形下也会行之有效。Emerson 每进行一次并购活动,我们就可以看到这一点。我们在亚洲、拉丁美洲和欧洲的员工与北美的员工一样乐于使用这一"管理过程",而且取得了同样好的效果。

运作中的管理过程:30多年来的不变与变化

简而言之,管理过程是 Emerson 的成功秘诀。它是我们如何年复一年实现追求高绩效的真实写照。尽管管理过程带来了持续性的绩效,但是,它也引起了一些重要变化——公司30多年来所取得的成就可以证明这一点。

当我于1973年加入公司的时候,我们的计划过程表明,我们的行业正在兴起一场技术革命,电子技术正被用来改善甚至完全取代传统的电气与机电产品。注意到这一趋势的发展是一回事,要利用好这一机会却是另外一回事。当时,Emerson 是一家相当小的公司,技术能力也非常有限。

把电子技术革命视为一种长期挑战,我们发起了一项雄心勃勃的计划——开发电子技术含量不断增加的新产品。我们增加了工程和研发费用,加快了向市场导入新产品的步

第一章

伐,开发了新的、与我们的技术进展相匹配的评估系统。我们使用管理过程和奖罚制度来确保计划取得成效。这些步骤使我们打破全新产品线所需的10～15年的周期,新的周期仅为5～6年。

几乎同时,我们加速了新产品向市场的投放。计划过程表明,如果不进行并购,我们将无法保持过去的增长率(出于反垄断方面的考虑,在20世纪60年代后期我们已经停止了并购行动。因此,我们经营业务更加集中和纪律严明)。这一战略给了我们多方面的帮助:它允许我们进入快速成长的产业并将产品组合多样化;它使我们增加了核心业务的份额;它加速了我们对新技术的学习和对市场的了解,它还帮助我们获得新的管理人才。

在20世纪80年代,随着在这些领域不断取得进步,我们开始注意到,制造业内的一场革命正在来临。在众多产业——汽车业、钢铁业、机床业、造船业以及消费类电子产品业——日本制造商正在改写质量和成本的全球标准。于是,我们开始发展自己的最佳成本生产商策略,这将赋予公司全球竞争力。这一战略要求我们重新打造运作方式。我们采用并改善技术从而达到更高的质量标准,同时,我们重新设计运作方式以降低成本和增加生产能力。公司还迅速在低成本区域(先是在墨西哥,后来又在亚太区)建立起新的生产基地。由于采取这种战略,当后来许多以美国本土为基地的制造商竭力挣扎甚至最终破产时,我们却取得了新的发展。

与此同时,我们集中力量通过全球支持运作体系来为全球客户服务,并且致力于控制多种成本要素(包括设计、工程服务和采购等)。目前,我们在欧洲(包括东欧)、拉丁美洲和亚洲(尤其是中国)经营越来越多的设施。我们也在世界范围内雇用越来越多的知识型员工——工程师、客户服务代表和行政管理人员——以支持我们的全球运作。

随着新挑战的出现,我们继续推动公司转型。在20世纪80年代和90年代早期,我们注意到两个重要的趋势可能影响我们如何组织和运作。首先,我们注意到,久经考验的子公司自主运作和在子公司层面制订计划的传统也在让我们付出代价——我们正在坐失合作机会,在通过并购活动增加互补性方面我们的做法也缺乏系统性。其次,客户的期望和行为正在发生重大变化:客户变得越来越挑剔,它们往往要求与其关键的供应商建立更紧密的联系。注意到这些趋势,我们开始对Emerson进行再造,将各个不同的子公司整合为业务平台,这样我们就可以识别和寻求新的增长机会,并与主要客户更紧密地合作。

20世纪90年代,我们注意到,要长时间维持股票的价值,我们就必须取得更快的增长。于是,我们发起和打造新的行动计划,以便将注意力集中在最大的增长机会上。我们对业务组合重新进行定位,将诸如"过程管理"和"网络能源"之类的高增长业务纳入其中。我们建立起Emerson的业务平台,以便更好地利用公司资源,更进一步地加强我们与主要客户的联系。我们最后将不同的组成部分捆绑成对客户来说具有更高价值的系统和解决方案。

第一章

在每一个这样的案例中,"管理过程"使我们能够识别对变化的需要,使我们能够将注意力集中于如何实现这种变化,并且帮助我们顺利过渡。同时,我们每年绝不放过可以增加公司收益、每股收益以及每股红利的任何机会。在保持持续增长的同时,我们也实现了根本的改变。管理过程便是我们取得成功的方式。

第二章 计划、执行和控制

计划不是完美无缺的。所以我们每年都进行计划。
——Emerson 格言

Emerson 持续的高绩效是计划出来的。运气——好运和厄运——以及其他未曾预料的情形也会有一定影响,不过,我们坚守自己的诺言,因为我们会事先详细计划要做的事情,然后去执行计划,在执行过程中严格地跟踪,以确保我们不偏离目标。我们的过程并不复杂,但其中的诀窍在于我们有严格的纪律使其月复月、季复季、年复年,不断延续。对计划和控制矢志不移的奉行,使我们时刻保持运行在正确的轨道上。

年收益持续增长记录始于 20 世纪 50 年代中期,也就是我们开始严肃认真地看待计划的时候,这一点绝不是巧合。如今计划在公司上下可谓是一种生态模式,已经真正成为工

第二章

作的中心,能够加深我们对业务的理解。计划是以年度为周期,在公司多个层面、多种活动中进行,涉及业务活动的方方面面。

在最基本的层面,计划是一个使我们能够执行管理任务的关键步骤,通过识别投资机会,使我们能够发展业务销售份额和赢利,并使我们的表现超出竞争对手。而控制和跟进系统将保证我们不致偏离方向。

除了对财务和竞争表现及业务组合产生影响之外,计划和控制还对 Emerson 的运作方式产生重要的影响。我们的各种会议为总公司、业务平台以及子公司的经理们沟通提供了直接渠道,他们不需要中间人,也不用看信息摘要。它使得所有层面的管理人员步调一致,对我们将要做什么以及打算做什么形成共识。它将政治排除在决策过程之外,创造出一个无可责难的组织,在这一组织中,决策的责任是共同承担的——尽管总经理也必须正确地执行并承担责任。因此,如果选择了错误的计划,我们就不会浪费时间去责问该怪罪谁,恰恰相反,我们会上下一心寻求最好的解决方案。

由于基层经理也作计划,这就消除了战略与实施之间人为的空当。为计划而进行的准备、讨论和其他工作对于建立强有力而又有凝聚力的管理团队极为重要。计划过程严格而又规范。它将以我们的政策和文化来训练新一代领导人,可以使他们在职业生涯早期就与公司高层管理人员接触;它还可以使公司高层管理人员洞察基层经理的想法和表现。在我们将当前绩效与计划绩效同过去的绩效和竞争对手的基准绩效相比较,以及将新的理念和技术从企业的一个部分应用到另一个部分的同时,计划也就成为学习之源。

最后一点,我们处理计划的方法是动态的。这就是为什么我们每年都要作计划,并且要定期举行会议来跟踪计划,从而保证公司不偏离目标的原因。计划会帮助我们避免意外情况;万一意外情况发生,它还会帮助我们灵活地应对。它使我们时刻准备着响应那些不期而至的新机遇。它帮助我们保持行动的动力,并在需要时提醒我们进行修正。它帮助我们识别发生重大变化的时刻和不连续变化的时刻。由于不断地研究和更新计划,我们收集到大量有关市场和竞争趋势的重要信息。计划还告诉我们应该在何时改变以及朝什么方向改变。

虽然计划是一个如此有力的管理工具,但是,如果不能或不被执行,它就毫无价值。在 Emerson,我们一如重视计划那样地重视执行,我们每年进行的跟进和控制保证我们将计划付诸实施,并能够对照计划检查我们的进展。

我们在计划和控制方面投入了大量的时间,CEO 有超出一半的时间都用于计划,COO 和其他高层管理人员则更多地投入到控制周期中去。我们相信花费在计划上的时间物有所值。注重细节以及过程中的不断重复是 Emerson 管理过程中的区别性特征。实践结果给了我们最好的证明。

计划的目的

Emerson 的终极责任是向股东负责,股东之所以愿意投

第二章

资是因为他们期望我们稳定地给出可观的结果。我们的财务模型（图2-1）显示了收益增长的目标，它们务必超过我们所处的行业平均水平。为了实现这些目标，我们必须比市场更快地成长，必须不断以高水平的利润能力运营，必须使用并购和股票回购计划来驱动我们的绩效，并为股东创造价值。我们通过计划实现目标。

图2-1 Emerson财务模型

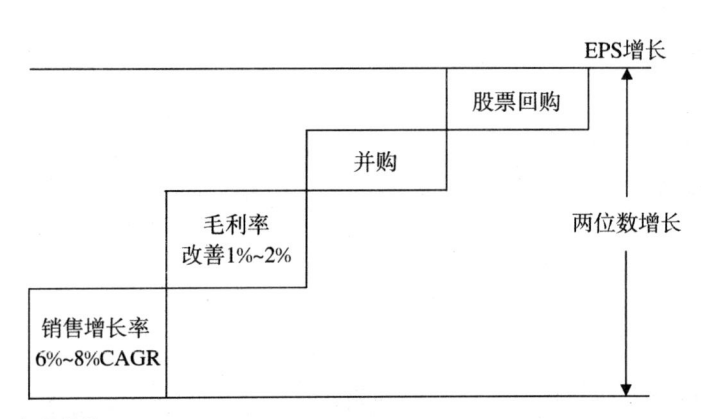

销售增长率 6%~8%CAGR
毛利率改善1%~2%
并购
股票回购
EPS增长
两位数增长

EPS：每股收益
CAGR：年均复合增长率

由于Emerson是一家多样化经营的全球公司，我们深知公司绩效是每一个子公司所取得成就的累积结果。我们并不要求每一个子公司设置同样或类似的增长与收益目标。恰恰相反，我们意识到每一个子公司在为股东和客户创造价值的过程中都起着各自独特的作用，我们则相应地对其进行评估。图2-2所示为我们根据对其绩效所作的预期而划分的子公司之组合。在左上角,"成长者"的成长速度快于市场的自然成长速度,在市场上一路领先。在右上角,"现金流量,ROTC资金提供者"创造出为支持公司成长和实现毛利目标所需要的现金和高收益率(ROTC代表全部资本收益率)。右下角由极有潜力成为公司高资本回报率资金提供者的子公司组成。左下角则包含一小部分对公司的未来不再重要的子公司,我们可能对这些子公司进行剥离。位于图中心部分的是更少的几个还在奋力挣扎中的子公司。我们将对它们进行整治,使之进入右上方或右下方子公司的行列,否则,它们将落入左下方位置,成为将被逐步剥离或将被撤走投资的子公司中的一员。

图2-2 在为Emerson公司创造价值的过程中每一个子公司都起了作用

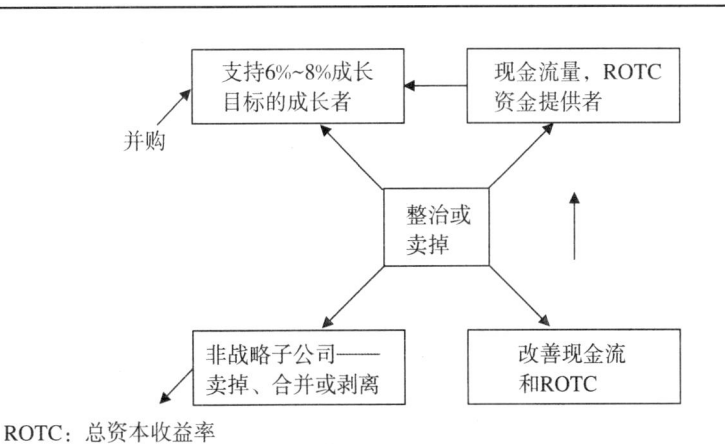

ROTC:总资本收益率

需要注意的是,这一模型是一个动态模型。它揭示了各

第二章

个子公司的角色以及对它们的期望，揭示了每一个子公司如何为股东增加价值。我们期待表现达不到平均水平的子公司能够改善其现金流量和回报状况，并驱使资金提供者转变成为增长者。不能实现我们的目标的子公司或不能适应长期战略的子公司将被出售。而被并购的企业将会不断地加入到业务组合中去。

Emerson 计划周期

现在让我们很快地了解一下 Emerson 的组织架构，这对于理解管理的含义过程必不可少。我们旗下有多家子公司，现在已经包含 60 多个子公司。为便于介绍，我们将这些子公司的业务划入 Emerson 品牌下的五个业务种类：过程管理、环境优化技术、工业自动化、网络能源和家电应用技术与专业工具（参见附录 A）。从历史上来看，各个子公司都是相对独立的单位，多数子公司都是经由商业并购加入本公司的。我们至今仍在这一层面作计划和控制利润率。

20 世纪 80 年代末到 90 年代初，因为一些不久就会清楚的原因，我们开始将同一产业内的不同子公司或有共同客户的子公司集合成我们称之为业务（businesses）的实体，这些实体都由"业务领导人"领导。最近，我们称这些实体为"业务平台"，我们将这一术语当作"业务体"的同义语使用。所有这些业务平台都与上面所说的业务种类相对应，不过，家电应用技术与专业工具还包含几个较小的业务平台。

请注意，业务平台并不代表一个与许多大公司里的团队

计划、执行和控制

层次可比的明确的组织层次。比如说,我们在这一层面一般都没有设置员工。

在这一组织架构内,我们依靠综合性、一体化的年度计划周期来指导决策(参见图2-3,此刻我们暂且将目光集中于月份层面的信息)。每年11月,我们从子公司层面发起计划周期,为不同的子公司以及整个组织制订利润和增长计划。在后续的月份里,我们通过国际市场评估技术和公司其他领域相关的工作性会议来支持各个子公司运作。

图2-3 Emerson计划与控制周期

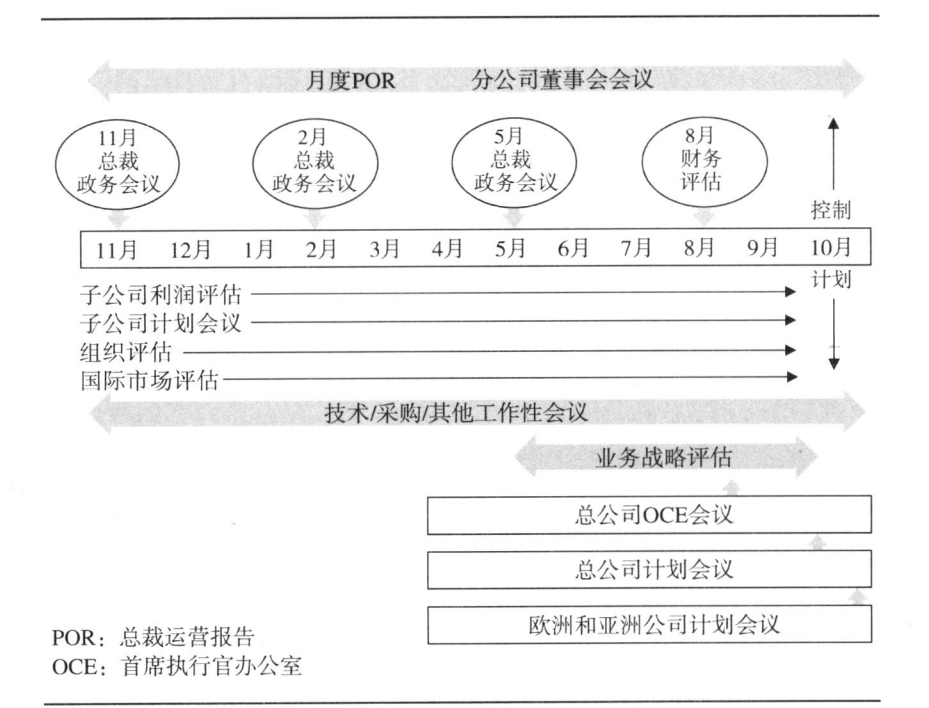

```
        月度POR        分公司董事会会议
    ┌─────────┬─────────┬─────────┬─────────┐
    │  11月   │  2月    │  5月    │  8月    │
    │  总裁   │  总裁   │  总裁   │  财务   │
    │  政务会议│  政务会议│  政务会议│  评估   │
    └─────────┴─────────┴─────────┴─────────┘
11月 12月 1月 2月 3月 4月 5月 6月 7月 8月 9月 10月
                                              控制
                                              计划
子公司利润评估 ──────────────────→
子公司计划会议 ──────────────────→
组织评估     ──────────────────→
国际市场评估  ──────────────────→
         技术/采购/其他工作性会议
                        业务战略评估
                    ┌──────────────────┐
                    │   总公司OCE会议    │
                    ├──────────────────┤
                    │   总公司计划会议    │
                    ├──────────────────┤
                    │  欧洲和亚洲公司计划会议│
                    └──────────────────┘
```

POR:总裁运营报告
OCE:首席执行官办公室

在接下来的夏季里,我们对业务平台进行战略评估。我

第二章

们利用这一机会识别和把握子公司之间的协同效应,并有效地利用整体的业务能力。最后,在夏末时,我们形成全公司的总计划。这一计划将首先提交给首席执行官办公室(Office of the Chief Executive,简称OCE,由首席执行官、首席运营官、首席财务官、总裁及高级执行副总裁组成),然后提交给每年10月在总部(美国)圣路易斯市举行的年度总公司计划会议。我们也在欧洲和亚洲召开总公司计划会议,以便向更多的经理人员转达公司的战略。

子公司利润和增长计划

在我看来,管理层最重要的决策是决定公司在什么层面作计划和控制利润。这一层面应该是尽可能低的层面,以保证作出的决策与客户和市场有最紧密的联系。对于我们来说,这一层面就是子公司,每一位子公司总裁对于其领导的业务负有全球责任。

从计划的视角来看,子公司层面的关键事务是利润评估、计划会议和组织评估,这些事项都是一个接一个排定的。在进行利润评估的时候,我们首先要确认我们有一个可以保证完成利润承诺的子公司。然后,在计划会议上,我们将评估子公司的增长计划,对其今后五年的前景加以评估。最后,我们要审查子公司的组织架构和管理团队,以确保它们能够实施认可的战略(组织评估将在第三章中讨论)。

子公司利润评估

多数大公司有为其战略业务单位作出的计划,也有为实现增长和利润目标而制定的计划。Emerson 对于利润计划的强调是独一无二的。如第四章和第八章中将要讨论到的,在 20 世纪 90 年代早期,我们将利润计划和增长计划分开处理,增长已经成为公司的第一要务,我们尽力避免使我们的计划会议过度关注利润。同时,由于国际制造业所处的高度竞争的环境,我们又需要可靠的利润预测。因此,我们决定为利润计划和增长计划分别举行会议。在利润计划会议上,我们要求利润计划以关于定价和销售额增长的保守假设为基础;我们需要确保持续赢利,即使是在经济环境不景气的时候。

在作利润评估时,子公司管理层——子公司总裁及其高级管理人员——将与总公司的"利润沙皇"举行会议,"利润沙皇"是公司的高级管理人员,他的主要职责是确保各个子公司和总公司作为一个整体实现年度目标利润。有关业务平台的高层管理人员也会列席会议。

利润评估将审查前五年的历史、当前年份的现状以及未来五年的预测数据。于是,我们打开了一个 11 年时间跨度的窗口来评估我们的业务——这足以使我们注意到一些重大趋势,同时也可以为评估某些拟议中的行为提供讨论环境。评估的各个阶段将组合成一个利润模型。在模型中,价格变化、通货膨胀因素以及生产率的提高等等都会被考虑

第二章

到，纳入模型的还有成本减少和控制计划、固定成本的杠杆处理方法以及业务组合方面的变化（参见第四章）。正如前面所提到的，我们在所有这些领域作的都是保守的假设，以确保我们不致夸大自己的估计。这样，即使是在经济环境不景气时也能完成利润计划。这一方法迫使我们去寻求和详细讨论特定的行动计划，以满足利润目标。行动计划包括必要的工作转移（既包括领取计时工资的员工，也包括领取固定工资的员工）、工厂转移、业务外包和其他可以改善资产管理的行动。

在完成利润评估之后，"利润沙皇"将准备一份备忘录供计划会议使用，计划会议是计划周期的下一个阶段，它一般在几个月之后举行。

子公司计划会议

在通过利润评估处理好近期运营问题以及建立起赢利能力之后，计划过程将转入子公司计划会议中的增长战略阶段。出席这个为期一到两天会议的人员包括子公司管理层、Emerson 的 CEO 以及一些选定的公司领导。每个子公司每两年都要举行一次全面的会议，如果市场情势需要，会议将更为频繁。有些子公司隔年举行一些小规模的最新信息沟通会议。会上，CEO 将访问子公司以了解上次会议列出的重要举措的进展。

子公司计划会议的最终目的是确定为公司创造价值的最佳方法。子公司管理层将安排日程，准确说明如何创造价值。我们并不要求提供指定的详细数据,不过,我们希望观察到关于财务和竞争绩效表现——销售、利润、资本回报、市场规模、市场渗透能力和价格走势——的有见地的讨论以及关于客户和竞争对手情况的分析。

与利润评估一样,我们评估时用 11 年为时间跨度,对损益表(P&L)和资产负债表(Balance Sheet)展望未来五年,回顾过去五年。计划时的常见倾向是"曲棍球棒"式的预测:预测收入或利润(或二者同时)在近期缓慢增长,但是,在几年的长期投资过后会急剧增长。换言之,一个"曲棍球棒"式的预测会要求公司在作低回报投资的同时指望有朝一日大有斩获,这可能会也可能不会成为现实。11 年的窗口则将"曲棍球棒"式的预测分散到一个较为长远的观察视野之中。一般来说,我们对能够导致长期稳定增长的投资会更有信心。

子公司管理层的介绍包括对促进增长和改善赢利能力战略的扼要描述。要做到这一点,我们需要对客户、市场、竞争对手和营销渠道等进行系统而详细的分析,这样的分析是会议的核心。要获得这些信息,需要大量的计划数据和备用数据。子公司经理必须建立和表现出对子公司业务的深刻了解。子公司高级经理们在会议召开之前要为计划共同忙碌好几个月。他们常常告诉我们,计划周期的最大价值在于计划准备阶段所需要的团队精神和严格的纪律。

尽管计划会议是属于子公司总裁及其团队分内的事情,但是,我们也需要参与对话,以帮助子公司经理们完善计划并取得好的计划结果;我们对研究和分析的质量以及总体计

第二章

划的一体化与一致性程度加以检查；我们向管理团队提出质询，以确定企业所面临的关键问题和挑战，并制定应对这些问题和挑战相应的行动措施；我们将对前三至五个最重要的行动展开详细讨论，并对提供支持的因素及构成挑战的问题进行分析。

顺便提一句，年复一年重复这样的作业可以帮助我们区别什么是真正的变化，评估其重要性，并衡量我们作出的反应是否恰当。会上，我们很容易将关注的焦点集中于正面的因素与过去成功的历史，不过我们也不断促使管理层去讨论那些让他们夜不能寐的事情。最重要的是要制定出战略，以保证无论市场条件怎样都能获得成功。

最后，我们要让管理层坚信计划的正确性和可操作性，坚信计划可以被很好地实施。重要的是子公司经理们必须表现出领导能力，必须表明他们愿意做诸如重新调配资产、果断停止表现欠佳的业务等艰难的决策。

子公司计划会议的基调是对抗性的。子公司经理们将肩负证明的责任，他们务必让我们信服：计划经过好的构思，而且有详尽的研究和严密的分析作支持。尽管我们不会让任何人感到难堪，但还是要对一些假设和传统的思维表示质疑，并给出足够的时间去讨论每个重要问题。我们这些公司的管理人已经在 Emerson 工作了 20 多年，经历过许多子公司所面临的同样问题。我们在公司里可以传播知识。我们也想得到证明：各个子公司都在努力实现目标；我们也想了解那些子公司在经理人员看来能够产生更好结果的行动细节。对这一点我们的期望非常高,准备不充分对子公司而言是严重的错误。

请注意,CEO的角色——如今,范大为一如我在任内一样地担当同样的角色——将使该过程切实可行。在为会议作准备时,我们要评估来自上次计划周期的所有信息输入——利润、增长和组织计划——并且要借助公司总部员工的帮助。不过,这些年来,我已对每一子公司的问题、组织和人员相当熟悉。我也能够识别各个子公司类似事件的发生模式,并且努力使我在这一方面的见解开花结果。会议本身无一例外地要求全心投入。在出席计划会时,我是去为子公司工作,我集中全力去了解子公司所面临的问题,试图帮助管理层达到一个可以产生更好结果的计划。只有就所要做的事情达成一致,我才会认为这个计划会议是成功的。

尽管我们在会议讨论中的基调是对抗性的,但是,公司领导人向各子公司提出的质询绝不是私人性质的。大家的嗓门会很高,情绪会比较激烈,但是,争论目的是为了使子公司得到一个更好的解决办法。我们的会议以晚餐作为结束,这基本上是社交性场合。无论一天中的争论多么激烈,在这种场合,每个人都很放松,大家抱着共同进取的精神。如果我与某人交换意见时有困难,这时,我就会在餐会上多花时间和他交流。

子公司计划会议的产出将是诸多为大家相互接受的行动和优先考虑事项。Emerson的CEO也会向各子公司总裁写信,信中将就计划、行动、承诺以及其他任何重要问题扼要

第二章

地进行总结。这封信将成为下一次计划会议议程的一部分，在控制循环所举行的会议上，信中的内容将被一一跟踪考察。如果某个特定的话题需要进一步分析，也许还会举行一次简短的计划后的会议、会面或电话交谈。各分部总裁或业务领导人常常要对组织为付诸行动或解决问题所要采取的战略性步骤进行描述，以此作为对CEO信件的回答。

子公司计划会议也是一个公司高层管理人员评估子公司管理的场合。我们寻求对计划的了解和信心、在压力下思维的品质、领导技能以及作为团队的整体绩效表现。一次会议不会完成或中断一个人的职业生涯，但它可以让某个人脱颖而出。一次好的表现则可以加速职业生涯的发展。

显而易见，子公司计划会议将带给子公司诸多益处。它也是制定业务平台层面和公司层面战略的关键部分。子公司经理和公司领导人之间的互动——以及由此而获得的教育——是弥足珍贵的。在这里我们可以得到关于客户、竞争对手和市场的新信息；在这里我们可以关注到新技术的影响；在这里我们可以发现要求作出反应和调整的外部趋势。公司领导人在这些讨论上所花的时间占他们工作时间的三分之一到一半。这种讨论将产生良好效果，它使我们获得对业务的深刻理解和把握，它也使知识在Emerson内部得到顺利传递。

战略评估：在业务平台层面制订计划

我们自下而上制订计划，但是我们所做的并不仅仅是将子公司的计划汇总,我们也在业务平台制订计划,以便在发现现有子公司能力不足以应对某些机会的时候,能够在公司整体范围内进行整合,确保资源的充分利用。在这一更高层面,我们对于要寻求的机会进行选择和取舍,以决定哪些机会务必竭力获得,哪些业务必须支持,哪些业务需要降低重要性甚至需要退出。

各个业务平台每年夏季都进行年度评估。战略评估为业务领导人(Business Leaders)和核心管理人员与CEO、总裁和其他公司领导见面提供了机会,他们聚在一起评估和讨论重大的战略和经营挑战以及关键性行动。这样的讨论一般需要半天时间,所讨论的多是较大范围的问题。

注意,我们并不在这时计划和控制利润,这些工作乃是子公司的责任。我们也不评估和重新审查子公司的任何战略,这些工作应该在其他时间和其他场合去做。事实上,战略评估的一个基本规则是:对于我们来说,甚至连提一下子公司名字也是不被许可的事情。我们必须将精力集中在成长和营销战略,以建立和保持行业领导地位。我们也要评估业务平台的财务前景。我们相信,业务作为整体比其部分之和有更大的发展潜力。在这样的战略评估当中,应该由业务领导人去表明他们如何将这一潜力最大化——无论是通过内部增长还是通过并购活动。

与子公司计划会议一样,我们采用长远视角进行战略评估。我们以当年为基础,向后回顾五年,向前展望五年。公司领导所起的作用与他们在子公司计划会议中所起的作用

第二章

相同:竭尽全力去挑战、探讨和工作,确保能够制订出色的、可执行的计划。同样,我们也通过记录下承诺和协议的信件来跟踪战略评估,每年都要对这些战略进行回顾。

当需要对当前服务市场的某些薄弱领域提供支持的时候,我们就开始考虑并购了。更重要的是,我们所寻求的并购对象必须能够将公司带入邻近的市场,并增加我们所服务的市场的总规模。我们总是希望成为市场领导者。随着成功地增加市场份额,我们也必须不断地拓展现有市场,使整个公司不断地成长。

公司计划

子公司计划会议、利润评估和业务平台战略评估期间获得的信息成为我们每年秋天召开公司总计划会议(Corporate Planning Conference 简称 CPC)所需要的原始材料。出席 CPC 的是前 300 名总公司和子公司高层领导。不过,总公司计划远不止是为年度计划会议作准备。从更高处着眼,我们认为整体并不等同于部分之和。我们的各个子公司和业务平台是业务组合的一部分,对于其中的每一个,我们都要不断地衡量和评估其增长、赢利能力和现金流的走势。

在会议召开之前,我们要从子公司会议和战略评估之中找出关键性的主题,并将它们与宏观经济环境分析相结合。然后,我们将这一信息整合成公司总计划:一个一体化的、有重点的关于公司目标以及实现公司目标的计划陈述。这一计划首先由首席执行官办公室来考虑,办公室先要提出它的想法和见解,然后,才将计划提交给 CPC 和区域性公司计划会议。

我们以一种非常严格的方式来着手制订计划。在公司总部,我们有精干的计划人员(下称计划小组)协助制订公司计划,他们更与各个子公司一起准备子公司计划。他们收集材料供 OCE 评估,并协助识别和评估子公司和公司所面临的机会和挑战。在这样一个小组工作对于许多优秀而又年轻的经理人员而言是重要的个人发展经历。曾在计划部门任职的范大为和彼得斯等都被提升到公司最高领导位置。

尽管计划小组这一资源非常宝贵,但是,在各个子公司和业务平台所制订的计划和行动计划被提交给出席计划会议和战略评估会议的公司高级领导人(包括 CEO)之前,计划小组并不能对它们进行过滤。子公司高层领导人在制订计划时的主动性以及总公司高层领导人所作的计划评估是决定 Emerson 计划过程有效性的重要因素。

公司总计划会议

每年秋初,在公司计划被汇总及被批准之后,公司计划会议基本上就成为一个向经理人员传达信息的载体。公司总计划会议(CPC)是一个分享成功故事与挑战传统智慧的理想场合。公司高层在会议上汇报公司所取得的成就,并通报下一年度的财务计划及今后五年的战略计划。

会议上也可能有来自公司外部的嘉宾发言,有经济预测讨论,有关于某个子公司或业务平台的最佳做法评估。对于

第二章

我们认可取得成就的领域以及指出需要进一步努力的领域，这都是一个重要的时刻。如在子公司计划会议上所作的一样，我们不仅将自己与过去的绩效表现相比较，而且将自己与一组外部同类型的高绩效公司作对照，以确保我们在某些对股东而言最重要的指标方面能够有不俗的表现。

在公司总计划会议（以及在欧洲和亚洲为高级经理们举行的同样的会议）上传达的信息是非常重要的，因为参加会议的人回到各个子公司后，要将我们的目标和雄心壮志传达给成千上万的员工。我们努力做到传达出去的信息简明扼要，收到信息的人与发出信息的人对其有同样的理解。我们分发包含有下一个财年和今后五年内公司重大事务与重大区域性事务的全套材料，与这些材料一道分发的还有其他辅助性说明。对我们而言，计划会议是激励那些每天使公司的工作都得到落实的关键经理人员的重要场合，我们期望参加会议者能够在开展全年工作的时候始终都将公司的总目标与各自的子公司目标和计划相结合。

董事会的作用

Emerson 董事会定期对业务层面和公司的战略进行评估，我们的董事会成员也认真担负起这一责任。从上到下以及从董事会到车间认真的承诺和努力成为 Emerson 管理过程的动力。

Emerson 董事会一般每年开会八次，而且每次会议实际上将包括对每一业务战略的仔细审查。每年秋季，董事会将对公司年度计划进行考察和评估。每年也对我们的组织架构和顶级管理人才进行评估。我们与董事会一起定期举行会议,仔细评估公司战略。

所有这些评估代表着对计划的最终评估和认可,这些评估会产生很高的价值。董事会的远见卓识与贡献常常会促使更佳、给人迫切感的公司计划的产生。它有助于高级经理发现新的增长机会和业务平台。我们的假设不断地被探究、被澄清,有时甚至被质疑。我们有责任严密地考量投资、人员配备和其他关键问题。

除了作为一个群体展开工作之外,各个董事会成员也定期推动管理层考虑尝试新的途径来处理业务和管理过程——这是一个有十多年历史并受人欢迎的做法。例如,20世纪70年代,格里·洛奇(Gerry Lodge)在将要成为董事的时候,把我们介绍给当时还在大通曼哈顿银行任职的乔尔·斯特恩(Joel Stern),那时他在研究一种估价方法,该方法后来风靡美国公司。斯特恩认为,长期内股票价格与一定的经济衡量指标——如现金流量和总资本回报率(ROTC)——更紧密相关,与诸如每股收益(EPS)和派放红利等传统指标则不那么相关。我们虽然并不完全认同斯特恩的观点,但是,我们还是欣赏他的某些看法,我们由此对衡量子公司绩效表现的方法也进行了相应的改变。

80年代,多位董事会成员,包括迪克·洛因德(Dick Loynd)(Emerson 的一位前高级管理人员)和美国空军的伯纳德·施里弗(Bernard Schriever)将军(已退休)等,都曾促

第二章

使我们增加在工程与开发方面的投资。洛因德还特别劝诫我们不能只关注年度成本的减少,而要强调新产品、新市场和新客户。后来,他在协助我们改善战略性营销能力方面扮演了关键性的角色。在诸多例子中我们这里只提这几个例子,以强调一个积极的、倾心投入的董事会(其成员不断向计划注入新思维,并不断地跟踪计划)的价值。

因此,从11月到来年10月,管理之轮转过整整一圈,然后,我们又开始新一轮的过程周期。这一过程听上去可能显得老套而烦人。但是,每年重新制订计划或每年对计划进行回顾将令人兴奋并产生巨大的动力,对细节的关注将有助于我们产生稳定的、不断改进的结果。

小结:计划带来的回报

Emerson依靠计划行动的事实远远超过教科书所讲述的如何实现公司目标。对于我们而言,计划可以达到以下目的:

> 确定公司发展方向,为公司增长和获利找到源泉,公司增长和获利又会推动公司前进。

> 识别可以为股东创造最大价值的具体投资机会,并以重要性排序。

> 消除在计划者与执行计划者之间的人为差别,从而使执行者能够理解计划、相信计划,并愿意毫不犹豫地依计划采取行动。

> 随着公司、业务平台和子公司经理对有需要采取非常

规行动的目标达成一致意见，在组织中激发起有积极作用的压力。
- 导致对公司、业务和子公司的重要事项及它们之间的联系达成更好的、更为一致的理解。它还促成与组织上下协调一致的决策和行为。
- 帮助培养与评估管理人才。计划过程对于经理们来说是一个紧张的学习过程。相对于在其他公司所发生的情形，公司高层管理人员可以在更早的时间观察到年轻的子公司经理们在现场的实际行为表现。
- 将玩弄权术排除在公司之外。由于每一个人都致力于完成计划，计划过程将产生出一个无可责难的组织。各个子公司、业务平台以及公司都是计划的共同拥有者，我们所有人都在计划之中。如果某件事情出错，它不是一个人的错。我们都会全力以赴来纠正差错。
- 有助于积累动力——这是促进公司增长的一个最重要而又最少被人理解的因素之一。动力——一种由计划会议所认可的众多行动所激发的累积性积极变化的结果——作用是强化规模优势，并有助于我们克服大型组织随着自身的成长而陷于停滞不前状态的倾向。
- 使我们随时准备在新机会出现的时候作出快速反应。事实上，计划使我们至少能够利用某些好的运气。
- 使我们能够识别商业环境中的重要趋势和转折点，并使我们随时准备在公司上下实施重大的变化。

第二章

后面这一点提醒我们注意重大的挑战,并引导我们在几个关键领域作出正确的反应(如图 2-4 所示)。我们尤其做到了以下几点:

➤ 制订综合性的新产品开发计划,这些新产品现在已超过年销售额的 1/3;增加投资,使公司从技术追随者转变为技术领导者(第五章)。

➤ 完成 200 项以上的并购活动,这代表着一个 100 亿美元以上的总投资,80% 以上投资的回报超出资金成本(第六章)。

➤ 实施我们的"最优成本生产者"和卓越运作战略,成功地响应市场和竞争的全球化。这一做法使我们具有全球竞争力,并加速了向国际市场的扩张(第四章和第七章)。

➤ 将数十个业务集中于美国本土市场并将独立运作的子公司整合为几个强大的具有全球领导地位的业务平台。这样一来,公司将近一半的收入来自海外市场(第七章和第八章)。

➤ 实施新的增长计划,将我们的业务范围从零部件加工扩展到为全球客户开发系统和提供相关服务与解决方案(第七章和第八章)。

➤ 将产品组合重新定位于高增长业务,如"过程管理"、"环境优化技术"和"网络能源"。

尽管计划对 Emerson 如此重要,但它只是管理过程中的一个关键组成部分。正如前面曾经讲过的,如果不能很好地实施,即使是最好的计划也会一钱不值。强有力的控制和跟进系统对于一个严密而又紧凑的计划而言是必不可少的补充。

图2-4 增长的基础

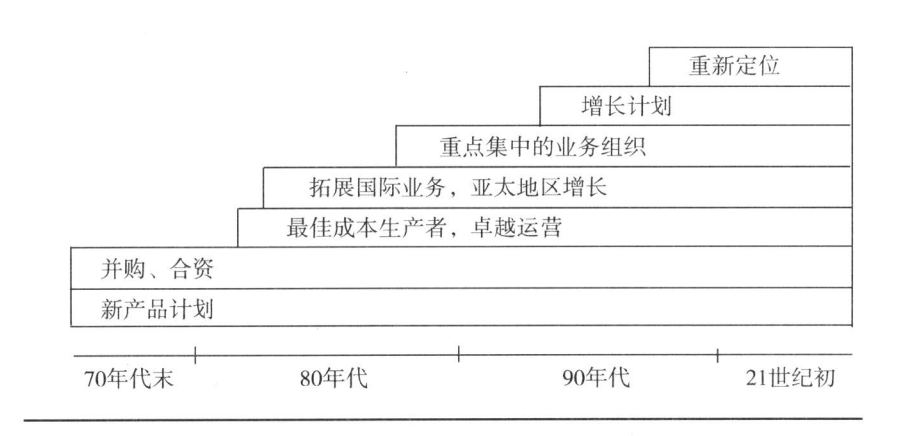

```
                                        重新定位
                                    增长计划
                              重点集中的业务组织
                      拓展国际业务,亚太地区增长
                  最佳成本生产者,卓越运营
          并购、合资
          新产品计划
  ├──────────┼──────────┼──────────┤
  70年代末      80年代       90年代      21世纪初
```

计划的执行

如前所述,我们相信,当一些公司陷入困境的时候,原因不在于它们不知道要做些什么,而在于由于某种原因,他们不去做应做的事。基于Emerson公司的经验以及我个人担任其他大型组织的董事(我同时也是对商业活动有浓厚兴趣的观察者)的经验,这类失败的原因主要在四个方面。

第一个问题是制订计划者并不为计划的有效运作承担责任。许多计划被压在执行经理的办公桌抽屉底下,这就是这些计划的结果。第二点,目标和激励可能不合拍。有人可

第二章

能因为做了某件与需要做的事无关的事而受到奖励。第三个问题是关键管理职位缺乏连续性：应该在一个关键节点始终盯紧一件事情的人升职或被调任，而其继任者缺乏知识、努力和激情去做需要做的事。最后，问题也许是缺乏有效沟通。执行任务的人可能不知道要做些什么，要不就是他们收到了让人困惑或相互冲突的指令。

为避免这类问题发生并确保好的计划很好地得以执行，组织必须有一个强有力的控制和跟进系统。在 Emerson 公司，有好几个因素保证我们能够有效地实施我们的计划。第一，制订计划的人也就是实施计划的人。他们既是计划的所有者也是计划活动的参与者：计划是他们的计划，而不是公司的计划。第二，我们看结果付酬。经理们会因为完成了他们在计划中所作的承诺而得到报酬，这样，在需要做的事情与所要得到的回报之间就不存在冲突。第三个因素便是态度问题：我们相信，如果计划是周密的，环境也没有发生变化，工作又足够努力，我们就能实施计划。我们不要求做不可能做的事情。我们通过锲而不舍的努力、严格的纪律约束、高强度的工作和坚韧不拔的毅力——这些品质累积在一起而成为承诺——来使计划取得成功。第四个因素是我们在内部沟通方面的重大投资。如前所述，计划过程本身就是一个重要的沟通渠道，在每年的控制周期中，我们通过召开会议来保持渠道开放和有活力。

最后，这一既包括短期评估又包括长期评估的周期可以保证运营经理们集中精力处理重要的事务。没有时间允许失常现象的发生。面临危机时,我们很快会掌握情况并及时处理。因此,我们竭力避免意想不到的事情发生,我们会在早期就预计到我们是否偏离了轨道,或者什么时候需要修订计划。

做到下面五点可以确保一项好的计划得以有效执行,确保你的远见成为成功的蓝图:

1. 消除计划者和执行者之间的隔阂。
2. 按结果付酬。
3. 支持和确保领导人和经理们长期参与。
4. 时时刻刻明白无误地沟通。
5. 使用管理过程和系统衡量、指引、审查和评估进展。

Emerson 公司控制周期

我们通过一个多层次的控制周期来指引计划的执行,这一周期用来从多个视角——短期和长期、自下而上以及自上而下——评估绩效表现和识别潜在的问题(见前图 2-3,不过,我们现在要关注图中的月份之上的信息以及在下面以"Emerson 控制周期"为题的文字)。

由于 CEO 深深地参与到计划当中,跟进绩效与实现承诺的责任就落在首席运营官(Chief Operating Officer/COO)与首席财务官(Chief Financial Officer/CFO)身上。孟瑟(Ed Monser)是公司现任 COO,他于 2002 年担任首席运营官。他的前任都成绩斐然,其中包括拉里·凯斯(Larry Keyes)、比尔·拉特利奇(Bill Rutledge)、吉姆·哈迪蒙(Jim Hardy-

第二章

mon)、阿尔·苏特(Al Suter)和范大为(David Farr)。高文(Walter Galvin)是我们的执行副总裁兼CFO,他步约翰·威尔逊(John Wilson)的后尘,在这个职位上干了十多年。高文对Emerson公司的财务表现了如指掌,他的一项过人的才能是能够切中棘手问题的要害,找到问题的正确答案,并将他的答案明确无误地转达给他人。由于Emerson公司不乏优秀人才担任高层管理要职,控制周期就减少了遭遇不期而遇的运营问题的可能性,这样的问题很可能让我们不能完成自己的财务目标。

一切事情都始于子公司层面,我们在这一层面开始计划和控制利润。每年的周期则从八月份举行财务评估开始。评估时,每个子公司的总裁携适当的人员与COO、CFO和其他公司高级管理人员会面。与总裁政务会议一样,财务评估选用的评估期为一年,而不是计划会议与利润评估所采用的五年。财务评估在财年的后半阶段举行(注:Emerson的财年从每年十月一日开始),它要对照财务计划来评估绩效表现,同时要给出下一财年详细的财务预测。

财务评估的输出内容提供一道基线,我们可以对照这一基线来衡量我们的进展。此外,我们促使各个子公司去思考各种各样的可能情形,并为可能需要采取的行动制订出计划。这样一来,经理们就有一套准备好的行动方案,一旦环境发生改变,他们就可以采取相应的行动。在经济走下坡路的时候,这样的权变计划对我们特别有帮助。我们不会被坏消息击倒,因为我们已经为之作了计划。

在整个财年,各个子公司的总裁每月都要提交总裁运营报告(President's Operating Report / POR)。该报告汇总子公司所取得的成绩,描述近期的前景,报告的重点放在当月和未来三个月,并对以后几个季度和整个财年的预期加以更新。在整个报告中最重要的一页,即"第五页"(见附录 B),对前一年的计划与当年的实际结果逐季度进行跟踪,并对以后几个季度和当年的绩效进行展望。

在许多公司,公司预算是一年准备一次的静态工具,人们对照该预算来评估每年的绩效。我们不按这一做法行事,因为它不允许人们依情形作出改变,有些时候这样的改变可能是出人意料的。与传统的预算不同,我们的 POR 是动态工具:我们每月都要更新预期的年度结果,并对照过去的绩效和预计的绩效进行滚动式比较。我们在年初进行的预测只是一个参考点,而不是一个赖以进行管理的标准。事实上,在 Emerson 公司,预算的寿命只有一个月。随着一年工作的展开,我们不断地进行调整,我们着重关注的是预期结果与实际结果之间的差别。比如说,我们不会在五月份试图去达到上一年八月定下的一个数字。

Emerson 控制周期

财务评估(Financial Review)——年度预算会议

➢ 上一年度的评估以及本财年总结

第二章

> 未来一年的预测

总裁运营报告（POR）——月度报告格式

> 更新预期
——今后三个月内的每月预期
——每一季度和本财年的预期

总裁政务会议（President's Council）——每季度在美国圣路易斯公司总部举行一次

> COO、业务领导、子公司总裁和财务官
> 评估季度总结、预期和机会
> 审查四至五个本财年必须实施的战略举措

每月一次的董事会议

> 子公司层面的业务领导出席，五至十位关键经理列席
> 评估子公司计划中的财务计划与行动计划

POR使我们很好地了解每月业务如何演变，并提醒我们及时作出改变。例如，如果注意到某个子公司或企业的收入有问题，我们会修改计划，并在其他地方弥补不足，这样我们仍然能够实现公司的每股收益（Earnings Per Share/EPS）承诺。请注意，POR与控制周期中的所有其他方面并不仅仅关注财务进展。报告还为我们提供机会去对照各个子公司当前所从事的重大行动来评估其进展。

每一个子公司有自己的管理委员会，由业务领导（注：即

Business Leader)担任委员会的主席。委员会的其他成员包括子公司总裁以及五至十位子公司最高管理人员。在某种程度上,这些委员会是 Emerson 公司通过并购以及承诺允许子公司自主发展而形成的组织;然而,更为重要的是,它们反映了我们对在这一层面进行计划和控制利润的做法的一贯坚持。我们并不想让这些绩效与其他子公司的成果笼统加在一起,这样我们就很难观察到有关的趋势、偏差、问题和机会。子公司管理委员会每年召开六至八次会议,以评估财务绩效和审查在年度计划会上批准的行动与行动计划。他们也对绩效会怎样影响管理层的薪酬进行跟踪,从而使得子公司经理们能够意识到所面对的风险以及实现承诺所能获得的报酬。

眼光放得更远一些,每个子公司的总裁和 CFO 每季度要在圣路易斯市公司总部与业务领导、COO、CFO 以及其他公司领导会面一次,以讨论短期的运营成果,讨论的话题针对当前季度。我们称这样的会议为总裁议事会议(见图 2-3)。会议将对当前季度的绩效进行评估,并对下一个季度的预期和机会进行展望。我们对这一财年内最重要的前四至五项战略行动的进展特别关注。

我们在总裁议事会议上使用的另一种重要的展示图是瀑布式(注:即 waterfall)图表,在图上将列出一个子公司成本的所有组成部分(参见第四章)。瀑布式图表要求子公司经理明白了解在每一个成本组成部分目前发生了些什么,并为任何成本上升趋势提供一个好的说明,同时要确保在其他

第二章

领域的进展可以抵消出现的任何问题,从而使得子公司作为一个整体能够实现其利润目标。这一图表是总裁议事会议的核心和灵魂,因为它既指出了问题所在的区域,又向人们表明应该在哪里采取行动以实现赢利目标。

同时,公司高级领导日常密切关注各个子公司和业务的动向。首席执行官办公室(OCE)——目前由 CEO、总裁、COO、CFO 以及高级执行副总裁组成——每年开会 10 至 12 次,讨论子公司、业务平台以及公司所面临的各种问题。会上,总裁运营报告、总结信件、总裁议事会议的备忘录以及来自子公司和业务的其他信息一般都进入会议议程。这一过程使得 OCE 能够熟悉所有业务的详细情形。

OCE 也定期举行与所有子公司的电话会议。电话会议强调双向沟通。子公司经理有机会汇报最新进展,讨论当前的问题,或提出问题或表示担心,公司管理层则会向各个子公司通报公司的广泛事务。

在欧洲和亚洲定期举行的高级管理人员会议也是出于类似的目的。这些区域总经理会议用大量时间评估运营效果,它们还为子公司管理层提供机会讨论特定的问题和挑战。

业务领导人的声音

按照 Emerson 过程管理业务领导人约翰·贝拉(John Berra)的观点,对计划和控制周期的时间投入具有重要意义。"当你开完一个会的时候,会有另一个会议在等着你,"他说。

计划、执行和控制

"这的确要花很多时间。事实上,这好像是一个令人难以置信的惩罚。但它并不会妨碍我们的工作,它也不会高于和超出我们的工作。它是我们工作的方式,它也表明我们是如何完成工作的。这一过程促使我们关注重要的事务,它将记录我们如何就这一过程展开工作。你不会长时间劳而无功。它不适合于意志薄弱者,不能驾驭的人可不会久留。不过,如果你相信和跟随这一过程,它肯定会发挥作用。"

对 Emerson 公司绩效的最终评估在公司董事会这一层面进行。公司董事会成员信息灵通,充满活力,而且工作勤奋。比方说,资本支出审议通过董事会的门槛为一千万美元,对于我们这样规模的公司来说,这相对而言是一个较低的水平。这样做既是因为我们想让董事会参与重要业务的决策,又因为我们想让运营经理们与董事会互动——在董事会面前表现自我,也让董事会看到他们的表现。这一做法可以帮助我们确保运营经理们全身心投入到他们所计划和建议的事情当中去。如前所述,董事会每年对公司或业务层面的战略进行详细评估,并按计划密切跟踪我们的绩效表现。董事会成员可以调阅详细的运营报告,当他们有任何疑问时,可以提出尖锐的问题。从这一方面来说,董事会担负着又一次核查绩效的任务,他们促使我们成功地执行我们的计划。

随着月度总裁运营报告被呈送到季度总裁议事会议和年度财务评估会议,新的周期又继续下去。Emerson 公司对短期绩效和对实现短期目标长期不懈的关注强化了我们所

第二章

寻求的规范性和持续性。随之而来的是,我们月复一月、季复一季、年复一年成功地实现目标又为追求更好的绩效表现提供了重要的激励。

和计划周期一样,我们的跟进和控制周期有时也被其他公司作为学习和参考指标。一般来说,参观者往往会带着深刻的印象离去。但是,我们所做的一切事情中所包含的严密程度和紧张程度有时也会使他们多少感到恐惧。有些人认为我们在会议和评估方面投入的时间过多。这也证明了为什么管理过程和系统不能从一个组织整体照搬,并原封不动地用到其他地方。对Emerson公司行之有效的东西在其他地方不一定也同样行之有效。Emerson的管理系统和过程只是成功因素的一部分,其他同样重要的包括由计划执行者去制订和拥有计划、对贯彻计划所抱的坚定信念以及在沟通方面所作的投入。我们在跟踪计划、控制业务时所表现出来的精神与完成这样的任务所依赖的机制同样重要。

与计划周期一样,控制周期带给我们的除了严格的控制之外,还有许多其他好处。它促使我们尽可能地贴近客户,促使我们密切注视竞争对手的一举一动;它培育起日臻完善的管理技能、团队精神、沟通方式和对根本问题的关注;它作为一个不断发展的识别和评估管理人才的机制而运行;它帮助我们将并购对象融入公司。

控制周期及其中所蕴含的管理哲学保证我们做到那些我们承诺要做的事情。当遭遇到问题和挑战时,它们将加强我们的迫切感。近来在许多美国公司接二连三出现的关于财务信息的准确性和透明度的问题,在 Emerson 公司是不可能发生的;我们有太多的评估、检查和制衡,我们大多数的高层管理人员时刻都信息灵通,身体力行。在萨班斯法案(Sarbanes-Oxley Act)颁布前数十年,我们的经理早已经在实行每个季度为他们的工作结果签字的做法。

归根结底,保证绩效的最好方法是提升和留住聪明而又努力工作的人,并给他们充分的自由度和激励,使他们能够做好自己的工作。这便是 Emerson 组织方法以及下一章内容的精髓所在。

计划、执行和 Emerson 公司不断演化的战略

Emerson 公司承诺的计划和执行所产生的累积性效应不仅表现在始终如一的卓越业绩,而且表现在业务组合的剧变。从 20 世纪 70 年代以来,Emerson 公司已经变得越来越大、越来越强、业务越来越多样化,这样的成长和转型都是通过计划促成。在 1973 年的 Emerson 公司,我们有大约 12 家子公司,年收入约为 9.4 亿美元(主要来自美国),而今天的 Emerson 公司已经在八大业务平台通过其 60 多家子公司取得全球领导者地位,产生的年收入达 160 亿美元。前后比较,变化幅度之大是不言自明的。我们实现了成长和转型,同时也实现了收益和红利稳定持续的增长——当然,这也是通过纪律严明的执行来实现的。

解释如何按照我们的计划和控制周期来建立强大的业务平台也是非常重要的。我们采取了许多途径做到这一点。

第二章

首先,如图2-4所示,计划和控制周期提醒我们注意那些对所有业务都有影响的挑战:如提升技术基础和加快开发新产品的迫切性;并购的需要以及成为全球"最佳成本生产者"的驱动等等。由于公司上下都要面对这些趋势和问题,我们发起了整个公司范围的行动来应对这些趋势和问题——这些将是我们在以后几章要谈到的话题。

我们的计划和控制周期对每个业务平台及下属子公司也有很大的帮助,这些子公司成形于20世纪80年代后期与90年代早期。随着我们全力以赴地树立全球领导者的地位,我们的做法也产生了很多重要的见解和行动。最后,从几个例子中可以看到,对计划的强调逐渐引导我们从某些业务领域退出,这些业务在历史上曾经为公司作出很大的贡献。不过,我们开始相信,它们已经不再适应未来发展了。有好几个因素在背后驱动着退出的决策:增长停滞成为现实,缺乏能力将几个主要子公司整合在一起,以及其他限制赢利能力和投资回报的因素等等。

我们的计划和控制周期在形成和重塑业务组合和公司结构方面所起的作用显而易见,这在主要业务平台的演化以及所采取的进入或退出某些业务领域的决策和行动中清晰可见。

Emerson 过程管理

在过去的30年,我们基本上是通过白手起家,依靠并购和在计划过程中制定的一项大胆战略,建立起过程管理领域的全球领导地位。1973年,Emerson在过程控制领域只有一个子公司——布鲁克斯仪器(Brooks Instrument)。它在这个由霍尼韦尔(Honeywell)、福克斯勃洛(Foxboro)和日本横河(Yokogawa)所主宰的领域只是一个不起眼的小角色而已。那时候,我们正寻找在具有快速增长和高技术特征的行业多样化经营的机会,这些行业应该比我们的核心业务(电机、建筑产品、工具、工业动力和控制装置)增长更快,技术要求更高,我们感到过程控制大有希望。除了具有吸引力的增长和技术前景之外,这一行业与我们在为工业客户生产加工部件方面所具有的优势很匹配。

不过,布鲁克斯仪器公司建立了我们的业务基础。因此,公司计划小组的领导人乔·阿多简(Joe Adorjan)发起了一场寻找具有较大规模收购对象的活动。1976年,我们找到了压力传感器领域的领导者罗斯蒙特公司(Rosemount Inc.)。罗斯蒙特公司为我们在测量领域建立起强大的地位,测量领域是过程控制行业中的三个主要领域之一。

我们通过严谨的运作改善了罗斯蒙特公司的绩效。在几次子公司计划会议上,我们又找到了加强地位的进一步机会。我们又进行了几次收购,包括于1984年收购的高准公司(Micro Motion)(下一代流量控制仪器领域的领导者)。随着我们成为测量领域的一支重要力量,我们开始计划进入其他业务领域:执行器和控制系统领域。在这一领域,罗斯蒙特公司有一个以灵巧部件为基础的开发中的系统。不过,计划表明,通过更多的收购,我们可以更快达到我们需要达到

第二章

的位置。1992年,我们看中了一个理想的机会。孟山都(Monsanto)公司正在重组业务,他们打算卖掉费希尔(Fisher)的业务。费希尔是执行器技术领域的全球领导者,它的一个正在开发中的控制系统可以与我们的系统互补。从计划得出的结论是,该收购的战略利益是明显的,我们于是加快步伐达成了这笔交易。

费希尔立即使我们具有与业内相关业务领导者竞争的能力。这得益于我们在计划周期中所观察到的对过程控制的演变趋势的深刻理解,我们很快超过了竞争对手。我们将费希尔和罗斯蒙特公司进行整合。在约翰·贝拉的领导下,我们又看准了一个机会,通过一项新的大胆举措来重组产业。新的信息技术——微型计算机和用于现场测量控制的灵巧装置——意味着控制系统可以重新设计而更有效率地工作。昂贵的中央处理站可以缩小规模,这对客户来说将是不小的节约。

以这些在好几次计划会议中磨砺出来的远见卓识为基础,约翰·贝拉在整个行业发起了重大行动,与客户、竞争者和供应商们一道开发新的标准和新的开放系统架构。同时,以新的技术规范为基础,Emerson公司成为规范的基于服务器的分布式控制系统开发领域的领跑者。新的工厂管控网系统(PlantWeb)获得骄人的成功,它使得Emerson公司一跃跻身于过程控制行业所有业务领域的技术前列。我们也建立起了大宗的服务和解决方案业务。今天,我们在所有业务领域已经被公认为行业内的全球领导者。

Emerson 环境优化技术

同样,在为 Emerson 环境优化技术建立行业领导者地位的过程中,计划也起到关键作用:它让我们作好准备在一个变化的环境中采取快速行动。20 世纪 70 年代,我们在供暖、通风以及空调(Heating, Ventilating, and Air Conditioning / HVAC)领域已经打下基础,并成为为压缩机制造商提供密封电机的供应商。我们也有好几个子公司制造 HVAC 控制装置。然而,子公司计划会议上的讨论清楚地表明,我们的地位在强大的客户面前岌岌可危。在 20 世纪 80 年代中期,一家我们与之有独家供应协议的压缩机制造商客户突然宣布,它将寻求多家供应商为其提供密封电机。这一事件本来会给我们带来问题,然而,购买私人拥有的谷轮公司(Copeland Corporation)这一机会为我们开启了一项新的战略,以这一战略来抵消上述突发事件的影响绰绰有余。谷轮公司是一家主要的压缩机制造商,当时它手头有一项神秘的、也许是革命性的技术(涡旋压缩机)正在开发之中。当它的主人提出要卖掉谷轮公司的时候,我们迅速地达成了这笔交易。

后来的情况证明,谷轮公司为整个公司的增长提供了理想的基础。它不仅为我们的密封电机提供了现成的市场,而且使我们整合得到一个高附加值的产品——压缩机。更好的情况是,谷轮公司为我们通过涡旋压缩机来重塑整个行业提供了潜力。涡旋压缩机展示了更佳的性能——它比传统

第二章

的往复式压缩机有更高的能效、更高的可靠性、更低的噪音，能够使用多种制冷剂（Refrigerant）工作。说到底，有更低的成本。然而，要以低成本有效地生产这一压缩机却绝不是一项小的挑战。事实上，这一机型从未商业化生产过。它的生产要求独特的机加工和模具能力，而我们必须从头开始建立生产能力。

Emerson公司的计划过程、运作上的规范严谨和雄厚的财力在涡旋压缩机商业化生产的过程中起到了重要作用。20世纪90年代，我们为涡旋压缩机技术成功地制定和实施了一项无论是从开发角度还是从生产能力角度衡量都属于先发制人的战略。谷轮公司开发团队进行了一代又一代设计，每一代设计都跨越重重难关以求得产品性能或生产成本方面的改善。与此相应的是，最终用户对于节约运营费用的要求以及越来越多的能源规制带来了对高效率的技术方案的需求。有了最好的产品，谷轮公司便小心谨慎地就涡旋压缩机的应用与广泛领域的原始设备制造商（Original Equipment Manufacturer / OEM）协调，同时也小心谨慎地增加能力以为未来的市场需求作准备。谷轮公司在推出新产品、管理客户关系方面表现出色，使规模生产和成本优势得以推进，这就使得谷轮公司在90年代末成为压缩机领域的全球领导者。

我们成功的关键要素都是在计划会议上打造出来的。我们发展出一种特许经营战略（franchise strategy），它可以保证我们北美、欧洲和亚洲的工厂在通用的设备和工艺流程的基础上能同时增加制造能力。这一方法可以抵消投资风险。因为不管在哪个区域投资,以产品单位计量的生产能力是可以互换的。还有,我们的业务平台和子公司的管理层共同努力,将所有的 HVAC 产品和服务为客户捆绑打包或捆绑成系统。比方说,我们开发出一整套适合超级市场与便利店使用的模块式制冷系统。以此为基础,我们又在开发下一代可以将现场制冷设备与中央控制站相连接的数字通讯技术。这样一来,我们就可以为零售客户的制冷需要提供综合性的低能耗、低成本的解决方案。

总而言之,通过计划和执行,我们实现了对一个很有意思但相当脆弱的企业的转型,该业务年收入从几亿美元上升到 90 年代末的 30 多亿美元。收购谷轮公司是一个关键步骤,而真正的成功则来自于我们有效地开发新型涡旋压缩机技术,来自于我们增加生产能力和对竞争者先发制人的特许经营战略,来自于提供服务与解决方案的经营理念——它大大增加了我们为客户提供的价值。

Emerson 网络能源

Emerson 网络能源业务是从多家子公司和在 20 世纪 70 年代与 80 年代收购的几家独立公司演变而来的,这些子公司和企业最终发展成为卓越的业务。例如,我们的工业控制业务是为工业客户制造不间断电源。另一个交流/直流(AC/DC)电子业务,则是为电子设备制造商生产小型交直流转换电源的企业。1987 年,我们收购了力博特(Liebert)公司,它

第二章

是计算机房和数据室温度、湿度及其他环境因素控制系统的行业领导者。力博特也生产用于某些相关用途的不间断电源。通过这一交易,我们发现在我们的一些业务之间存在有趣的联系,我们也具有电源管理这一诱人的业务方面的基础。随着在年度计划周期中多次与这些业务领导人见面,我们对面前的机会看得越来越清楚。

1989年,Emerson取得一项重大进展,我们与以香港为基地的BSR国际公司(BSR International PLC)建立了合资企业。BSR拥有多种业务,它的一个名为雅达(Astec)的业务部是大批量电源转换装置的全球领导者。这项交易使得Emerson公司多个业务单位得到加强,还给了我们最终全盘收购雅达的选择权——我们用了为期10年的时间完成这笔交易(详细内容请参见第三章和第五章)。这笔交易除了提供给我们在亚洲的大批量电源转换装置加工和技术开发能力外,还为我们开辟了这一地区的市场。

在20世纪90年代,这些业务得到巩固,并在全球对信息技术(计算和通信能力)的需求不断增长的基础上成长。由于雅达将业务极力拓展到中国,使Emerson公司对亚洲的了解及对生产电子产品的认识与日俱增。这一企业实体也给了我们在设计和生产两方面与任何全球竞争对手竞争的能力。

随着对全球通信覆盖能力与带宽需求的加速增长,对可靠的电信与数据网络加以扩展的需要也在各个国家应运而生。这就为提供电源和确保系统可靠性的硬件带来了不断增长的市场。尽管多数大型电信系统制造商生产自己的电源,但是到了20世纪90年代末期,他们当中的主要竞争者开始将这一部分业务外包。这样一来,他们也开始减少其内部生产能力。为了将这些实体并入,Emerson公司开始了一系列的收购活动。这一过程从收购业务主要集中在北美的北电网络(Nortel)的电源资产开始,然后,我们又从瑞典的爱立信(Ericsson)公司手中收购了类似的业务。将这两家公司与配置在这些市场的雅达的资产合并,Emerson公司由此创立了一个实体,这个实体的规模和地理范围足以为全球系统供应商提供安装和快速提升能力的支持。

但是最重要的步骤是我们从华为公司(一家中国的系统生产商)收购了另一家公司,这也是我们在该业务领域收购的第三家被剥离出来的公司。华为在2000年将安圣电气(Avansys)卖给了我们。通过这一交易,Emerson公司将业务覆盖了中国的所有区域,而且与华为建立了紧密联系。这样的安排不仅使我们能够接近在中国本土的华为公司,而且能够接近其极有实力的出口部门,他们的销售遍布全世界发展中国家。

除了创造这样的生产能力组合之外,Emerson网络能源业务平台的经理们还采取行动使我们的全球组织合理化。这些行动包括:(1)将产品设计和生产的主干迁往我们世界级的亚洲组织;(2)将分布在各个国家的销售队伍合并,以便最大限度地利用我们的客户关系。Emerson网络能源成为一个销售额达30亿美元的具有极大发展前景的平台——一

第二章

个以亚洲为基地,并具有广阔的产品开发和生产能力的世界级组织,其业务覆盖全球所有最有增长潜力的产业。尽管21世纪初的全球性短期衰退对网络能源的业务有不利影响,但是公司的长期增长前景仍然是一片光明。

Emerson 专业工具和储存技术

在那些深深植根于 Emerson 公司历史的业务平台之中,专业工具及从其分支出来的储存解决方案业务的故事最为曲折复杂。它涉及对我们业务不断、全面的再评估——这项工作使我们时刻准备着抓住重大的机会——如果出现这样的机会。结果不仅仅是我们获得了一个重组的业务和一个极有前途的新平台,而且为股东创造了重大的价值。

20世纪70年代初,我们在工具制造行业拥有多项优质资产,它们包括里奇工具(Ridge Tool)公司——主要的管道工具制造商和爱适易(In-Sink-Erator)公司——美国最大的家庭食品废物处理器制造商。同时,我们与西尔斯(Sears)公司有着久经考验而又成熟的关系,该公司在"Craftsman"品牌下营销许多由 Emerson 公司生产的消费者使用的工具。这是"自己动手"(do-it-yourself/DIY)时代的黎明时分,Emerson 渴望利用这些消费市场的增长前景。在整个20世纪70年代,我们通过收购一些诸如 Poulan 链锯、Weed Eater 芯线钳、Skil 手动电动工具以及 Dremel 业余爱好者用工具等有影响力的消费品品牌巩固了我们的业务基础。我们也收购了一些相关企业,这些企业有一些重要但并不十分著名的品牌,如 Louisville Ladder 和 Harris Calorific 等等。

尽管这些产品中有许多具有很高的增长潜能,但是我们在年度计划和控制周期中还是认识到,我们在市场上只能扮演追随者的角色。我们在市场上的定位一般是第二位或第三位竞争者的位置,但市场本身正快速变得竞争激烈——尤其是随着在亚洲的低成本生产商的崛起。我们的计划表明,从这些起点位置开始,Emerson 公司长期内无法在市场上取胜,因为它处于弱势。不过,计划又表明,我们的资产对于其他更有生存力的全球竞争者来说是很有价值的。这种知己知彼在我们所有的消费者工具业务中促成一系列创造性行动,这些行动包括出售和建立合资企业。

首先,链锯和芯线钳业务在 20 世纪 80 年代被合并,然后被出售给伊莱克斯(Electrolux)公司,它们在伊莱克斯公司的业务组合中会更有价值。同时,博世公司(Robert Bosch GmbH)[消费者用电动工具的全球领导者之一(在欧洲占据强大地位)]又对我们的 Skil 和 Dremel 这两个在北美洲家喻户晓的品牌发生了兴趣,尽管博世公司并不打算全盘收购它们。最终,我们找到一条合作之路。1989 年,我们各出资一半建立起一家合资公司,并用它来收购 Vermont American 公司——一家生产电动工具附件的公司。随着双方关系的融洽,博世公司更愿意在 Skil 品牌上投资。两年后,我们又建立起第二家合资公司 Skil-Bosch,它把 Dremel 品牌也纳入其中,这一举措使得博世(Bosch)品牌在北美消费市场声名鹊起。由联合形成的实体创造了重大的价值,最终博世公司在

第二章

1996年购买了我们在Skil-Bosch公司的另外50%的权益。就这样,我们从该项业务退出,并且获得了投资回报。要是不退出的话,从长远来看,我忧在这项业务中的前景是不明朗的。

其他创造性的行动则提高了我们的工具制造业务的价值。在继续作为西尔斯公司的供应商并与之保持密切关系的同时,我们也对其他新兴家庭用品中心作出响应,最终与家得宝(Home Depot)和劳氏(Lowe's)建立了强大的业务联系。随着家得宝扩展其产品线,它们对作为供应商的Emerson公司变得更加依赖,我们与家得宝的关系演变走过了一条特别有趣的道路。家得宝的管理层有一种强烈的想法,就是要建立为其零售环境所独有的工具品牌。他们期望这一品牌有朝一日成为五金行业的顶级品牌。为实现这一梦想,它从Emerson公司取得对其Ridgid品牌的许可,并将这一品牌应用于多种工具和与之相近的产品,有些产品从我们这里采购,其他产品则从第三方采购。这一交易又为我们的股东增加了一条创造价值的途径。

下一步便是处理Vermont American公司,这是我们与博世公司的合资公司。2000年,我们将权益卖给了博世公司。我们仅仅保留了一个附件加工单位其信(Clairson)——美国架线产品的领导者,在计划过程中我们认定这一企业将保持很高的发展潜能。在20世纪90年代中后期,我们以在储存产品生产行业收购到的其他企业[包括美卓(Inter-Metro)、Stack-A-Shelf和Knaack]来补充其信及其阁室美(ClosetMaid)品牌。结果是我们在储存解决方案领域占有极高的全球地位并拥有了一个全新的业务。Emerson 储存技术解决方案业务年收入接近 10 亿美元,如果当前的增长率能够继续下去的话,它可以成为重要的业务平台。

同时,我们的专业工具子公司——尤其是里奇工具和爱适易——持续增长并带来现金流。我们的计划和严格的运作规范使得这些业务时刻处于行业的前沿,远远领先于它们的竞争对手。

总而言之,Emerson 专业工具的故事用事例证明了我们所开创的计划和控制之道的价值。它不仅表明稳定持续的强劲表现是可能的,而且表明,这样的表现在旷日持久且意义深远的结构重组时期依然可以维持。我相信如果没有我们在年度计划和控制周期中积累的远见和规范,这一故事就不会有一个如此令人愉快的结尾。

Emerson 工业自动化

在专业工具业务平台创造价值时,我们除了保持高的毛利率和资产增长,也会对缺乏市场地位和增长潜力的业务单元进行减持和剥离。在工业自动化业务平台,我们走的是类似的道路。我们的工业自动化业务平台在历史上的地位很强大,尽管其业务主要通过诸如 Emerson 动力传输(Emerson Power Transmission)、世格(ASCO)阀门业务和必能信(Branson)等子公司集中在北美经营。基于我们对以技术为基础的业务及对全球性发展日益增长的兴趣不断提高,工业范围内的技术应用及其相关产品对我们有很大的吸引力。

第二章

　　这一原则带出 1990 年另一宗重要收购,用以扩展我们在工业自动化领域的业务基础,同时扩展至北美以外的地区。

　　新的合作伙伴是利莱森玛(Leroy-Somer),一家在法国和欧洲占首要地位的电机公司。这一交易带给我们多项好处。它巩固了我们在欧洲的地位,提高了我们的技术能力,并带来了一项很有吸引力的交流发电机业务。我们从交易的过程中了解这些可得到的好处。然而,随着更加深入地了解该公司,随着计划和控制规范开始产生效果,我们发现通过交流发电机业务创造价值的特定机会。该产品可以同柴油机和天然气发动机结合在一起组成各种规格的发电机组件(在该行业中称之为"gen sets"),包括那些由卡特彼勒(Caterpillar)和其他重型设备制造商所使用和销售的机组。在计划过程中,我们通过对发电机组件市场进行认真的分析,发现了重大的商业机会。1994 年,我们收购了 F. G. 威尔逊公司(F. G. Wilson),一家具有全球领导地位的发电机组装厂商,它也是我们交流发电机的重要客户。收购这家公司是出于这样的考虑:我们最终要将整个系统的生产能力出售给本行业一家更大的厂商,但同时要保留向最终买家提供交流发电机的能力。

　　我们的战略依计划展开。在经营 F. G. 威尔逊公司两年之后,我们与其最大客户卡特彼勒组成一家合资公司。合资公司包含了发电机组装业务,我们作为独家供应商将交流发电机业务全部保留。然后,在 1999 年,我们将我们在合资公司中的权益卖给卡特彼勒,但仍然保留了交流发电机和其他电气部件的独家供应协议。我们由此从我们的客户那里获得了更多的业务。同时,我们也通过其他收购活动(包括对MagneTek Alternators 和 Kato 的收购)充实了全球交流发电机业务。

工业自动化业务市场大而分散,其下属子公司之间的联系不如其他业务表现得那样明显:比方说,在这样的市场中不存在共同客户核心。这样一来,各种战略和行动基本上是单个子公司独立地运作,尽管我们有将变速驱动器(variable-speed drives)与电机和动力传输(power transmission)产品结合在一起的能力。为有效建立这一业务平台,我们必须对业务组合进行有力的管理,减持表现乏力与潜力不足的资产,以保证将注意力集中在最好的机会上。年度计划和控制周期对于成功地淘汰我们不再需要的资产以及投资于有最大回报的领域至关重要。今天,Emerson 工业自动化业务已成为一个年收入达 20 多亿美元的高赢利平台。

Emerson 电机科技和家电应用技术

从 19 世纪以来,Emerson 公司一直都在制造电机。而且,从 20 世纪初以来,家用电器市场一直是我们生产的电机的主要市场。这些年来,与其他业务一样,我们通过收购和其他投资活动增加了新的生产能力,扩展了相关的产品线。今天,我们是世界上的主要电机制造商之一,也是向全球家用电器行业提供技术与创新的重要供应商。我们通过计划和执行实现了这一点。

第二章

Emerson生产电机和家用电器部件的历史非常悠久,但是这并不能保证我们在近代取得成功——尽管我们努力地为成功作计划。比如说,20世纪50年代早期,我们是美国圣路易斯市的第三大电机制造商,是一个远离美国国内竞争舞台的落伍者,排名远远低于通用电气(GE)和西屋(Westinghouse)。通过不断地收购以及通过注重设计和生产上的卓越表现——在计划和控制周期中磨炼出来的能力——我们稳定地赢得市场份额和客户。不断地降低成本,稳定地投资以开发新产品功能和改善产品品质,这便是我们基本的做法。随着业务的成长,我们与诸如惠尔浦(Whirlpool)和美泰克(Maytag)等大型家用电器制造商形成了稳固的联系,这些联系带给我们很多好处。这些公司是要求非常高的客户——对定价和品质要求十分严格。我们的经营路线和严格的规范保证我们能够满足他们的要求。随着不断地获得市场份额,我们的关系已经演变为全球范围的伙伴关系。20世纪80年代,我们开始通过并购和建立新的企业在欧洲和亚洲展开经营活动。今天,我们在所有主要地区都有着强大的地位。基于与中国的海尔(Haier)公司之间的联系,我们在亚洲的地位尤其强大。

我们在20世纪90年代建立业务平台的举措为传统业务开辟了下一个充满机会的时代:提供解决方案,为客户增加更多价值。对改善产品功能与降低成本的不断需求对于像Emerson公司这样的供应商来说是一种庇佑。Emerson在技术开发领域一路领先,可以生产多种部件,这些部件可以组装起来形成系统。具有良好协调系统的设计可以提供成本削减能力，保证产品更快地更新换代，并提供诊断应用程序。诊断应用程序使得家用电器的多个元件相互作用，从而提高其整体性能。

到目前为止还是那句老话：通过计划过程，我们认准了这一机会；我们将自己定位为这一行业的系统提供商，也就是解决方案提供商。关键的一步是要用控制元件为电机产品线提供辅助支持。这就意味着要收购重要的电机控制元件（如计时器、开关等）的生产商，还要收购具有创新精神的电子控制元件的开发厂商。这些新的业务单位加上所购买的革命性的开关磁阻电机（switched reluctance motor）技术，给了我们满足客户需要的能力。

今天，Emerson公司在这一业务领域的年收入超过20多亿美元。我们有部署在世界各地的业务平台，它们在主要的家用电器制造商心目中具有重要的位置。与Emerson过程管理的业务情形一样，我们这一业务的区别性特征是针对大客户，我们已经设计了新的界面来与他们打交道。我们围绕独特的家电应用技术解决方案（如洗衣机解决方案、热水器解决方案等）而非围绕产品来组织自己，这一做法既为客户带来好处，也为Emerson带来好处。

退出的决定

我们的年度计划与控制周期对建立强大的业务平台至关重要而且大有帮助，它还是帮助我们集中精力利用最好的

第二章

机会。集中精力自然需要我们不断地重新估价业务组合，需要退出那些不能为实现总体目标作出充分贡献的业务。举例来说，这些年来，我们放弃了多个建立行业领导集团的尝试。有些是由来已久的业务，如政府项目与防务项目承包以及建筑产品等等。其他一些尝试包括近期为追逐（我们以为在）快速增长的市场（如消费类电子品市场和电力配送市场）所发起的一些行动。支持我们作出退出决策的有几个因素：一是我们没有能力将几个重要子公司整合成一个业务组合；二是增长停滞成为现实，此外还存在限制赢利能力与投资回报的其他条件。

例如，在20世纪70年代，我们的业务组合包含有好几个子公司，它们提供诸如排气扇、照明设施附件、烟雾探测器和建筑业用的壁板加热器等等，我们将所有这些都称为建筑产品业务。许多产品是Emerson公司的传统产品，它们的生产取决于我们的制造技术，也取决于成本的下降。这些业务大部分还过得去，但是我们不具有可持续的技术优势，公司的规模也不够。我们没有一家单位有望成为市场领导者。计划过程揭开了这些问题，它向我们表明，这些领域不仅竞争激烈，而且竞争会趋向全球化。我们没有办法在建筑产品业务领域建立一个保证我们满足利润门槛条件的稳固的地位。这样一来，我们就必须在几年之内通过一系列的交易退出这些行业，这些交易整体来说会给我们一个正面的回报。在这一事例中，计划使我们能够在更严重的麻烦出现之前，提早采取行动退出。

计划、执行和控制

费希尔电子(Fisher Electronics)子公司从消费类电子业务退出就是一个类似的故事。Avery Fisher 一直是美国消费电子品行业的领路人之一,当我们在 20 世纪 60 年代收购它时,这家公司已经在市场中开辟了一块利润丰厚的市场。不过几年之后,我们在计划会上清楚地看到,面对日本的竞争,美国消费电子行业在不可逆转地走下坡路,费希尔作为一家小的市场领先者,其前景将会极其渺茫。因此,我们再一次决定退出。我们安排将费希尔出售并得到了可观的回报——如果再多等一些时间的话,我们是不可能取得这样的结果的。

在另一个例子中,计划帮助我们进入,也帮助我们退出一个最初似乎很有吸引力,但后来又变得很不妙的业务领域。这一业务领域便是电力配送。在 20 世纪 70 年代第一次能源危机之后,这一业务领域看上去前景一片光明。我们在 1976 年收购一家电力配送部件制造商 A. B. Chance。随着在计划会上对这一业务领域作进一步深入研究,并在控制周期进行跟踪,我们开始发现一些未曾料到的问题。该公司的产品线所指向的目标是这一业务领域的一个正在衰落的部分。几年后,我们发现,我们无法通过技术来细分该公司的产品,我们也无法用其他的方法来创造价值。于是,我们将它卖掉,又得到一笔可观的回报来支持杠杆收购。对于我们来说,这次经验给人很多启发,其中的教益都是在计划和控制周期中提炼出来的。

一项更为重要的变化是我们在 20 世纪 90 年代早期从政

第二章

府和防务业务退出，这是自第二次世界大战早期以来 Emerson 公司一直保有的关键业务。这一业务有很多对于我们演变中的战略来说有吸引力的特点：快速的反经济周期增长、高技术含量、足迹遍布全球。由于这些原因，我们把它当作一个重点领域，并在 20 世纪 80 年代中期完成了几项重大的收购活动。但是，在 80 年代末 90 年代初，冷战的结束预示着对这些技术的需求逐步下降，重组防务业务已经成为我们迫在眉睫的需要。

面对在工业业务领域内出现的更好的机会，我们决定从政府和防务业务退出。我们分两个阶段完成了这项任务。我们将大多数受到影响的子公司剥离，这些子公司被归结到一家名为 ESCO 的上市公司的名下，其权益由 Emerson 公司股东分享。这样，我们就不需要在一个充斥着许多其他高潜力机会的时代重组防务业务。与此同时，我们为另外一个业务——罗斯蒙特航空航天公司（Rosemount Aerospace）寻找到另外一个买家，并以比账面值要高很多的溢价将它卖掉。

总而言之，Emerson 公司对计划和控制周期的信奉导致了随着时间推移而发生的深远的变化——或深远的转型。我们稳定持续的高绩效也许淹没了这些变化的重要性。从外面来看，我们似乎是在渐进地演化；可是，从内部来看，我们却是在不断地应对永恒的变化。我们总是热切地期待着新的机会和创造价值的更好方法。目前所取得的一切成就的关键就在于我们遵从计划和控制。

第三章 达成目标

组织方法和领导

领导者所取得的成就乃是其他人工作的结果。
　　　　　　——Emerson 格言

组织设计和领导人的造就——将合适的人放在合适的位置——被CEO看作工作中的头等大事。我们的计划周期使我能够认识公司上下成百上千的经理人员,并向他们面对面地传达公司的战略,解释公司的决策和行为。

但是,这还不够——远远不够。我们带着一种对具体行动的执著来设计我们的组织。在这个组织里,一切沟通都是围绕着问题、行动计划和项目展开的,一切决策都是在能够获得最好的信息的层面作出的。在这一层面,即使是小而精干的计划小组也能够为公司增加高的价值,同时也不会减缓或阻碍公司的运作管理。我们以计划和管理业务时所用的同样的热诚来计划和管理我们的组织。最后,我们对为我们

第三章

工作并强化我们所做的一切事情的领导力达成共识。一个行动导向的组织是把事情办成的关键。

以行动为导向的组织价值

有效的管理是为了有效的行动。不过,组织经常发生阻碍有效行动的情况。组织会滋生和助长官僚主义、条条框框、繁文缛节和地位差别;组织会导致不必要的工作和人事安排,在员工层面尤其如此。组织会导致正常信息流与沟通的迂回甚至阻塞,会造成权术的盛行,有时甚至会与有正面效果的变化对着干。

随着对组织为什么停滞不前的不断理解,人们开始和这种倾向作斗争。这就需要严明的纪律,需要计划和在沟通方面进行大的投资。这也需要一个容易让人理解并依照奖励有效行为的原则而设计的薪酬体系。

在 Emerson 公司以及在董事会工作的经验告诉我,当组织无法通过三项测试的时候(参见"行动导向组织的三项测试"),它们就会碰到麻烦。如果它们不在离客户和市场最近的层面制订计划、控制利润和作出决策,如果它们只管盲目增加员工人数而使组织规模不断膨胀,如果它们主要只是通过正式汇报渠道来沟通,那么就需要特别注意了。这些是测试一个组织对具体行动的偏好程度,我们对自己以及对诸如需要了解的竞争对手或潜在伙伴一直坚持做这样的测试。

第二章指出 Emerson 公司在什么层面制订计划和控制

利润。对于总部的职能人员,我们要求机构小而精,有才能,并要求他们围绕自己的职能展开工作。Emerson 公司在其总部一直保持相对较少的职能人员,并坚持要求他们务必尽可能高效率地工作。我们最大的部门是财务部(包括现金管理、计划和并购业务)和采购部门(参见第四章),我们也密切关注总公司的员工数量,并将其保持在最低水平。

行动导向组织的三项测试

1. 组织在什么层面制订计划和控制利润?

    如果一家组织不在同一层面做这两件事,如果该层面与客户和市场不是尽可能地贴近,那么,请插上一面警示旗。因为这样做可能会产生很多不必要的评估,向公司高层领导传递的信息可能既不及时也不准确。

2. 公司总部的职能人员有多大规模?

    大的班子容易滋生政治腐败,阻碍可带来正面效应的变化。同时,让优秀的职能人员浪费时间去监督大部门和管理庞大的财务预算,这无疑是误用他们的才能。

3. 公司内部的沟通流程是什么?

    如果信息基本上是只有通过正式报告渠道才可以沟通,就必须引起注意了。组织应该围绕计划、行动、问题和机会展开沟通。沟通应该直接在需要知晓而且能够执行计划的人之间进行。

第三章

正如后面将要提到的，我们将人力资源部门划分为三个办公室。它们分别负责全球员工关系管理、组织计划和薪酬管理。每一个办公室都有一名直接向 CEO 报告的经理。同样的，我们的首席法律官（CLO）、首席技术官（CTO）、首席信息官（CIO）和首席营销官（Chief Marketing Officer/CMO）都有一些直接向他们汇报的经理，并且他们都将大部分时间用于操作层面的管理。我们还设置了一名经理（在助手的协助下）来担任精益生产领域公司创建的先锋官。

请注意，我们没有设立总公司公共关系部。从 20 世纪 50 年代起，我们就发现将这一职能外包给一家机构[福莱国际（Fleishman-Hillard）公司]成本会更低，效果会更好。由他们一名高级客户代表直接配合我们的高级管理人员工作，并与我们的副总裁、首席营销官（CMO）和一名负责与股东沟通的助理司库相协调。

简单的组织和重要事务的轻重缓急

几年前，Emerson 公司历来最好的高级管理人员之一拿给我一份 Emerson 公司的运营经理们要去执行的行动计划清单。清单上包含公司高层领导需要聘用的七位帮助执行这些计划的人名。

我和他坐下来，再抓过一把剪刀，将清单拦腰剪断。"现在我们需要聘用多少人？"我问他。"三位，"这位高级管理人员回答说。然后，我又将清单拦腰剪断。"现在我们需要聘用多少人?"他回答说:"一个也不用了。"结果,我们能够在一名员工也不增加的情况下完成各个子公司所要求完成的所有重要的行动计划。一切重要的事情总是会有办法完成的。

偶尔我们也听一听关于增加人员的建议,不过,大家都预测答案是"不需要"。我们避免增加人员,因为太多的人员只会创造新的工作和增加开支。对应于我们在公司总部所聘用的每一位人员,我们常常需要在各个子公司聘用其他的人员——试想一下在一家有60多个子公司的公司里会有怎样的人员乘数效应!

因此,每当有人想要聘用员工时,他们知道需要有非常充分的理由。我们控制公司人员规模所用的最好的测度指标是向各个子公司收取运营费用。从1975年到1998年,这一费用率为销售额的0.67%,这是我们所知的最低的公司运营费用之一。这一百分比在20多年来一直不曾改变的事实反映了我们对员工职位的控制水平。1998年,我们将这一比率增加到0.70%(增加0.03%,或者说,大约是每年500万美元)以便为日益膨胀的采购职能提供资金(参见第四章)。我们相信,在众多大公司中,0.70%依然是一个相对小的运营费用比率。在公司层面的两个最大的成本中心是采购业务和法律事务,后者为日益膨胀的政府规制和不断演变的会计标准所必需。

Emerson公司也极力保持沟通的开放、坦率和高效,以

第三章

及使沟通经由那些处理我们业务的必要渠道来进行。这就是我们不明确公布公司组织架构图的原因：我们不希望人为的障碍来影响我们就那些需要及时讨论和采取行动的事务的沟通。不过，出于计划的目的，我们的确有业务平台和子公司组织架构图。如前所述，我们的年度计划和控制周期为就最重要的业务问题进行沟通提供了大量的机会。我们的公司政策和管理过程也倾向于摒弃公司内部政治。最后，我们也极力避免不必要的沟通和信息增加系统的负担，这是我们不需要的。

我们对沟通的重视不仅让管理人员受益，而且也让一线员工受益。

沟通式管理

在运作层面，保持行动的灵活性取决于有效的双向沟通以及公平待人——这是 Emerson 公司的两项经受住了长期考验的原则。激励人的最好方法是让他们消息灵通，并迅速公平地解决问题，消除他们的担心。我们大多数在美国的工厂都没有工会，我们更愿意将这一情形保持下去。这并不是因为我们反对工会——在被收购的企业里，只要那里存在工会，我们都会与工会有效地合作——而是因为与第三方打交道会增加成本和分散注意力，这将影响我们在全球经济中的竞争优势。如果管理层能把自己的工作做好，就没有必要与第三方打交道。

主管人力资源的资深副总裁菲尔·哈奇森（Phil Hutchison)使用沟通式管理(communicative management)这一术语来描述我们在运作层面的做法。这不同于参与式管理(participative management)。对于某些观察者来说,参与式管理意味着某种工作场所的民主,这种民主如果走到极端就有可能让一个组织瘫痪。沟通式管理,顾名思义,注重的是双向沟通——解释我们正在做什么以及为什么这样做,听取员工的意见和担忧并作出相应的反应。要有效地做到这一点就要求走一条权力下放的道路。

在双向沟通方面我们投入了很大的精力,这包括要求所有层面的经理人员经常与为他们工作的员工见面。这一安排始于公司最高层,作为高层领导人,我们也期望每一位子公司总裁与所有员工单独或分组见面,至少每年见一次面。高层经理也是主要的信息传播者,他的工作任务包括传达 Emerson 公司的计划和行动的内容和依据,也包括传达好消息与坏消息。我们的经理也认真听取员工的想法。这一类极重要的信息有助于我们不断地改善运作。

每一个子公司都要制订和执行一个年度沟通计划,该计划的一个特点是要传达关于业务状况以及未来一年的前景信息。子公司经理们通过年度业务状况介绍,通过在工厂举行的经理与员工之间的季度会议,通过经理们与随意抽取出来的员工小组之间的月度会议,以及通过频繁举行的部门会议与工作小组会议来传递这一信息。我们期望在工厂所有层面的经理们每天都进行"走动式管理"(manage by walking around),从而让员工们都知道周围在发生什么事情,让员工

第三章

们感受到整个组织的脉搏。

我们也定期对世界各地的员工展开保密的意见调查——一般每两年一次。这一做法始于1954年,是在我们的政府业务与国防业务部门举行完一次罢工之后。当时,我们需要对员工的动机有更好的了解。我们要求员工就我们在管理、监督与沟通方面的表现好坏打分。"组织氛围测验计分表"(climate profile score)以一项单独的测度指标来衡量每一个地区在保持积极的员工士气方面表现的好坏。例如,图3-1表明了每一员工小组的士气在上升。豁免组由好变为优,非豁免组由满意变为好,计时工组保持在满意水平,但分值略有上升。

图3-1 组织氛围计分比较

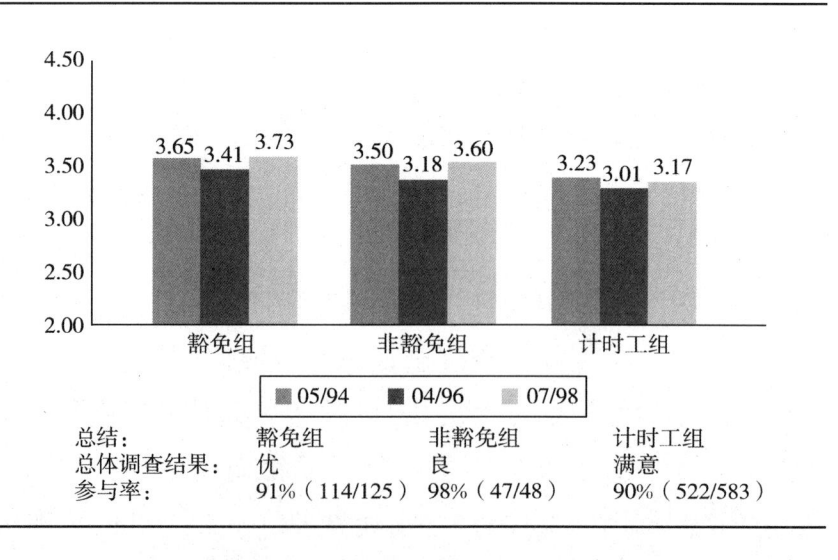

	豁免组	非豁免组	计时工组
05/94	3.65	3.50	3.23
04/96	3.41	3.18	3.01
07/98	3.73	3.60	3.17

总结:
总体调查结果: 豁免组 优　非豁免组 良　计时工组 满意
参与率: 91%(114/125)　98%(47/48)　90%(522/583)

然后,我们对测试结果进行分析,它们会告诉我们运营

达成目标

单位在一个特定时刻的具体表现以及长时期的表现趋势。因此,这是一项很有价值的测度指标,能够使管理和监控得到持续的改进。这一项调查也作为对人力资源部尽责程度的考核指标。在每一次调查之后,我们都要撰写一份五至十页的分析报告供子公司管理者、业务领导和 CEO 审阅,他们对这些结果极其重视。调查结果也作为管理者激励举措的组成部分,一个持续的倾向(上升或下降)将对薪酬有显著的(正面或负面)影响。

双向沟通的重要性不仅表现在它的沟通次数,而且表现在内容方面。它的内容着眼于与业务有关的重要信息。只要员工理解了工厂及子公司的各项战略、计划、机会、挑战和经济现状,他们就能够将为 Emerson 公司作出的贡献最大化。例如,我们认定,每一位 Emerson 公司的员工都可以回答四个关于其工作的基本问题:

1. 你目前致力于哪方面的降低成本活动?
2. 谁是"敌人"——谁是我们的竞争者?
3. 在过去的六个月里你与管理人员见过面吗?
4. 你理解工作所面对的经济环境吗?

在一次对我们工厂的采访中,《商业周刊》(*Business Week*)的一位记者一时兴起,提出要检验我们的这一说法。他想向一组随意挑选出来的员工问这四个问题,我们就让他随机去问。当所有员工提供了明确而又直接的回答之后,结

第三章

果表明，他们既通过了记者的测试，也通过了我们的测试。

为行动导向的管理制订计划

一个以行动为导向的组织也必须依赖以行动为导向的经理人员。因此，我们在发掘、培训和造就经理人员和公司领导人方面不惜大量投入。这是 CEO 和其他高层官员必须亲自处理的一项重大事务。负责组织计划的公司副总裁保罗·麦克奈特（Paul McKnight）指出，Emerson 公司 CEO 同时也是公司的首席人力资源官（Chief Human Resources Officer/CHRO）。我们持有的信念之坚定由此可见一斑。

我们的做法以四项原则为基础，这四项原则体现了在一家如我们一样高绩效的公司个人与组织之间的予取关系（参见下面的"旁观者看 Emerson 企业文化和个性"）。我们坚信以下四项原则：

1. 才华出众的经理人员是整个公司而非某个子公司或其他业务的资产——尽管他们碰巧就在那里工作。
2. 公司有义务为这些经理人员创造机会。
3. 这些机会将包括工作轮换和责任延伸。我们依其先前的工作成就而非证书与经验的多少来提升。
4. 我们的经理人员有义务提升自己的职业生涯。我们提供机会，但利用机会的还是员工本身。

旁观者看 Emerson 企业文化和个性

2003年,作为与外部沟通有关的工作的一部分,广告公司 DDB 环球传播集团(DDB Worldwide Communications Group)对 Emerson 公司的企业文化进行了一项评估,并为"是什么将 Emerson 公司造就成一家以行动为导向的组织"这一问题提供了旁观者的视角。

公司文化:什么使 Emerson 企业文化独具特色

我们是什么?

- 以财务表现为中心,以追求绩效为动力
- 我们的一切言行都直截了当
- 对卓越的狂热追求
- 具有竞争力:永远处于求胜的状态
- 一切朝前看
- 永远将自己看作工程人员
- 强有力的领导
- 合作精神

我们想成为什么?

- 齐心协力
  ——所有的部门都与客户合作,共同寻求为客户创造更好的解决方案
- 以客户为中心

第三章

——让我们的客户能够更容易地了解我们,并与我们保持业务往来

公司个性:Emerson 公司特征的关键部分

　　　　活力:我们不遗余力地寻求答案
　　　　敏捷:聪明,有见识
　　　　自信:从不自我炫耀实力
　　　　真实:你看到的就是你得到的
　　　　决断:我们知道自己需要做什么

　　我们在计划组织和人力资源方面所投入的巨大努力反映了我们对这些原则的坚定信念。我们不使用标准或现成的体系来发展组织。恰恰相反,我们依靠的是自己发展起来的两种方法。

　　第一种方法是组织评估,它构成每一子公司年度计划和控制周期的组成部分。评估期长短各不相同,视各个子公司的规模而定。参与评估的有子公司总裁、人力资源高级管理人员、业务领导人、Emerson 公司 CEO 和保罗·麦克奈特。我们评估所有经理人员的现状和绩效;考察他们转而承担更具有挑战性的任务的可能性;评估他们可以担负的特定责任。我们也讨论子公司的管理需要,包括从上一年延续下来的任务的现状以及人员多样化的最新情况。最后,我们要评估下一年度可能遇到的主要问题。比方说,如果一个子公司计划在亚洲拓展业务,我们就一定要确认它有管理资源来使

计划取得成功。与计划会议和利润评估会议的情形一样,我们为每一次组织评估准备一份总结报告,它们将作为关于下一年度要处理问题的档案文件以及下一次组织评估的基点。

在为组织评估作准备的时候,子公司经理们将以具体的绩效标准对所有部门负责人或更高级别的经理进行评估。每一位经理的情况都总结在一张简单的图表中,图表中注明当前职位、服务年限、薪酬总额以及接班人的相关信息。图表上还用彩色代码表明对该经理人员的绩效、潜能、合作精神或同公司和其他子公司一起就对股东而言至关重要的问题展开工作意愿的评估。每一子公司也公布其高潜能(high potential)经理人员的名单。图3-2给出的是一个例子。

图3-2 "给我绿标"样表

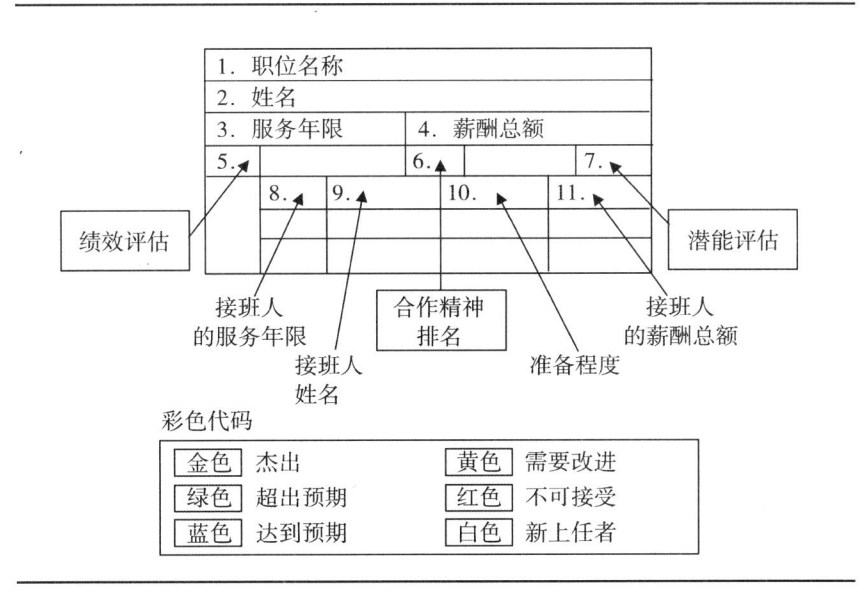

1. 职位名称				
2. 姓名				
3. 服务年限		4. 薪酬总额		
5.		6.		7.
	8.	9.	10.	11.

绩效评估 → 5.
潜能评估 → 7.
接班人的服务年限 → 8.
接班人姓名 → 9.
合作精神排名 → 6.
准备程度 → 10.
接班人的薪酬总额 → 11.

彩色代码

金色	杰出	黄色	需要改进
绿色	超出预期	红色	不可接受
蓝色	达到预期	白色	新上任者

第三章

　　第二种组织计划方法是由我在一家大型工程建筑企业观察到的做法改造而来的。这家企业的业务由许多完工期不同的大型项目组成。大多数项目要持续数年,然而,在任何给定的时刻都有新的项目上马和别的项目完工。为了帮助关键管理人员和技术人员在一个日益变化的环境中完成计划任务,公司研制出一套使用代码卡片的可视化跟踪系统,并将其悬挂在墙上向人展示。卡片上的代码将显示某个人的技能和经历,并显示他何时从他参加的项目中退出。每当一个当前项目有职位空出,或一个新的项目需要配备人员的时候,项目计划者只要朝墙上看一眼就可以很快挑选出合适的人选。

组织规划:公司员工的观点

　　"你想象不到组织规划对我们有多么重要,"一位业务领导人说。"每年我都必须和 CEO 讨论我的团队员工——谁干得最棒,谁在费力打拼,谁可以从一项新的工作受益,谁会大大有助于这项或那项行动。在考虑这些事情的时候,我也会得益于 CEO 的经验和智慧以及他对我的人员和其他我不太熟悉的人员的评价。"

　　"讨论和训诫就是好,尽管我们并不机械地跟随图表行事。有一次,我们在亚洲的子公司有了一个职位空缺,查尔斯·奈特建议我把这一职位分配给一位从事公司计划工作的年轻管理人员。我见过这个人,我也满意我看到的一切,不过，我并没有想到他适合做这项工作。我们就这件事情谈开了，而且我们越谈越觉得这件事能成。我们就这样决定下来，结果这成为一项了不起的任命。同时，在会面开始时，我们也为亚洲工作的候选人找到了一个好去处。"

1980年，我们在总部的一家组织办公室里建立了类似的系统，里面挂有公司每一个管理团队的图表。我们每年以组织评估以及对管理人员所作的跟踪记录为基础作一次信息更新。图表上张贴有每一位经理的照片，其个人技能和经历用彩色代码注明。这样，某位财务经理的图表看上去就会与某位工厂经理的不同。就像墙面上所展示的那样，这些图表将为人力资源计划提供大量的信息和有力的视觉帮助。当一个职位空出时，我们很快就会知道哪一个人选是最适任的，哪个人最有可能替代某个得到升迁的人的职位。

这两种组织计划做法——组织评估和彩色代码图表——让我们知道什么时候有人正处在执行重要任务的过程之中，因此不得对他作人事调动，通过这样做也为我们将工作重心放在跟踪和执行上提供了支持。

这些原则和方法也帮助我们处理有时就子公司之间的人事调动或从一个子公司向一个业务平台或总公司调动人员展开的紧张对话。子公司经理自然不太情愿将他们管理团队的关键成员拱手让出。另一方面，他们也懂得这一系统的好处及其最大的公正性。不管短期内的损失多么令人痛苦，子公司经理都会得到保证，补充给他们的人员肯定会成

第三章

为另一位强有力的为公司努力工作的贡献者。

Emerson 风格的管理层发展

在 Emerson 公司,管理层的发展——包括高级行政管理人员、新招募的 MBA 和领导人的发展——都会在创造以行动为导向的组织方面为组织规划作出有益的补充。

首先,公司的管理层是自我选择出来的。人们因为我们的文化和成功的声誉而被吸引到公司。如果不适应在这里工作,他们很快就会认识到这一点。除了自我选择之外,我们的管理人员一般有四个来源。第一个来源(到目前为止也是最大的来源)是长期服务的员工。我们认为,成功的运作要求管理层的连续性。Emerson 公司的子公司或总公司高管年龄一般都在 45 岁到 50 岁,至少在公司服务 15 年以上,85％以上的升迁人选都是来自公司内部。我们认为,这一做法有助于提高士气和保持文化的凝聚力。这一政策同样适用于 Emerson 公司的国外业务,我们使用有限的由其他国家调派来的人员。我们的大多数业务都由当地的员工负责。

人员的第二个来源是并购活动,它占 Emerson 目前高层管理人员的 40％,其中包括 COO、几位负责两项主要业务的资深管理人员、多位总公司高管以及许多子公司总裁。如果某家被收购公司的高层经理愿意留下来——在大多数情况下,他们会留下来——他们很快就会脱颖而出。

第三个来源是我们每年要招募 20 到 30 位高潜质的 MBA 毕业生,并将他们安置在目前不能胜任的岗位上。在加入公司的头两年,我们为他们指派导师,并通过领导者发展计划来支持他们。此后,他们的成功与否尽在自己的掌握之中。其中的佼佼者会脱颖而出,而其他人不进则退,事情就是这样简单。事实上,其中的大部分人都会留下来。这些成功故事包括三名首席执行官办公室(OCE)成员——董事会主席和CEO范大为、高级执行副总裁和CFO高文及高级执行副总裁彼得斯——以及总公司、业务平台和子公司的许多其他高层管理人员。

最后,我们为一定的工作雇用一些有经验的人,因为吸收新思想对于我们来说非常重要。当需要我们内部所欠缺的专业化经验时,我们也从外部雇用员工。例如,在决定要加强公司的营销业务和开发Emerson公司品牌时,我们就雇用了一位经验丰富的营销顾问贝尔(Kathy Button Bell)作为我们的首席营销官。与此类似,我们从外部聘请了物理学博士兰德尔·莱德福(Randall Ledford)担任首席技术官,他曾在得克萨斯仪器(Texas Instruments)公司经历了出色的职业生涯。拉里·克里默(Larry Cremer)是采购部门领导,来自惠尔浦(Whirlpool)公司;公司精益制造的先锋雷·基夫(Ray Keefe)来自伊顿(Eaton)公司。我们的高层管理人员中,大约有10%~15%来自外部。

不管他们是怎么来到Emerson公司的,高绩效的经理们都是通过我们的管理过程和管理体系而引人注目的。我们的管理过程和管理体系除了服务于其他目的外,还被作为培训和评估的工具。有五年以上服务经验的有出色表现的经

第三章

理们会被考虑纳入 Emerson 公司领导培训计划（Emerson Leadership Program），这是一项为期一周的高强度培训计划，每年两次将分布在世界各地各个企业的人才集合在一起。培训计划以 Emerson 公司管理过程为中心，公司高层官员构成培训计划中的教学班子。这项计划因此为公司上下的经理们提供了一个论坛，在那里他们可以相互认识，可以见到也可以把自己展示给公司高级领导人。参加这一培训计划的人员还可以得到个人反馈，这对他们的职业生涯大有促进作用。

按结果付酬

Emerson 公司的薪酬政策——按结果付酬——沿用的是一些 30 多年来并没有太多变化的原则。与其他许多大公司一样，我们向高层管理人员提供工资与短期和长期激励相结合的一揽子薪酬方案。Emerson 公司的这一做法将薪酬的显著部分置于风险之中——相比其他许多大公司的同类做法，在 Emerson 公司就更为显著了。然而，它也强化了员工的行为，并驱动着我们所寻求的结果。

每一位子公司管理人员都享有底薪，以其子公司依可测度的目标衡量的绩效表现为基础，年底还可以另外得到额外薪酬。额外薪酬按照一个额外工资——中心点工资（centerpoint）——的倍数计算，中心点工资是我们每年年初在作年度财务评估时设定的总的目标报酬的一部分。视分公司绩效表现的高低，中心点工资乘数下可以低到最低点的 0.35，上不封顶。如果子公司实现其预测绩效目标——以相互认可的承诺为基础的一些数目——乘数便为1,管理团队的成员将取得其中心点额外工资。干得越好,乘数越高;干得越差,乘数越低。

图3-3中的矩阵反映了以销售额和收益额为基础的管理层薪酬部分所隐含的行动理念。一个实现了其考核期预测指标——销售额2 120万美元,EBIT(息前与税前收益)(earnings before interest and taxes)13.7%——的子公司经理们可望获得1.0的中心点工资。如果销售额能再多出10%,毛利率再上升两个百分点,这些经理们的中心点工资还可以加倍。

计算目标薪酬的公式是由CEO设定的。由于我们强调连续性和一致性,随着时间的变化,我们并不对公式作太大的改变,尽管我们的确针对变化着的业务需要作一些调整。目前,销售额和收益额占60%的权重,存货周转率、应收款(DSO,一个测量应收账款的指标)和资本周转率占余下百分比的大部分。其他因素包括员工评议调查结果以及与特定子公司的经济动态相关联的指标。

长期激励包括三类股权激励。设计这样的激励是为了强化绩效目标,通过股票的实际拥有为个人财富增值,用以留住关键的高级管理人员和作为论功行赏的依据。我们大约有3 000名经理人员享有股票期权,它是每两至三年一次斟酌给予的奖赏。300到350名对公司的长期财务成功有直接影响的资深管理人员被纳入绩效股权计划,其报酬以四年

第三章

图3-3 额外工资计划的销售额/利润矩阵

	销售额（美元或当地货币，千元）								
EBIT 利润	18 693	19 330	19 967	20 605	21 242	21 879	22 517	23 154	23 791
15.6%	1.0								2.0
15.1%		1.0						1.6	
14.6%			1.0						
14.1%				1.0			1.0		
13.7%	0.75				1.6	1.0			
13.3%					**1.0**				
12.9%							1.0		1.6
12.6%					0.65			1.0	
12.3%	0.35								1.0

> 与目标对比，销售额和利润越高，可望得到的额外报酬越大

> 与目标对比，销售额和利润越低，报酬越少，但不会少到为零

> 沿一个坐标轴（销售额）的单方面改善或下降会影响到乘数，但影响的幅度要小一些

EBIT：息前与税前收益

期内的每股赢利增长为基础。我们每三年制订一个新的绩效股权计划,以保证计划的连续性和吸引力。

最后,少数几个高层管理岗位的继任人选享有有限制性的持股计划。这一奖励非常丰厚,是作为超出一般水平的有竞争力的机会而提供的奖赏。这项计划为期10年以上,因此,可以对参加者构成重大激励,激励他们长期留在公司。

我们在管理层薪酬上的做法有几点值得强调。第一点,如前面提到的,我们的计划很多年来未曾有变化,它一直由高级副总裁乔·安·哈蒙·阿诺德(Jo Ann Harmon Arnold)管理。第二点,也如前所述,相当比例的薪酬能否获得具有不确定性。好的薪酬不是一项权利,恰恰相反,必须年年通过努力来赢得。高于市场上一般的绩效表现意味着高于市场上一般的报酬水平。

第三点,年奖是以公司上下适用了数十年的绩效考核指标、权重和目标为基础的。所有的规则都适用于每一个人,每一个人都了解这些规则。第四点,一年中Emerson公司的计划和控制周期可以确保对照工作进展与目标稳步地进行沟通,因此,到年末时不会对绩效实际表现感到惊奇。最后,各项目标强化了公司的短期财务目标,尤其是利润持续性增长目标。没有一个由这一薪酬方法所支持的以行动为导向的组织,我们就达不到这些目标。

总结:行动导向的组织

以行动为导向的好处数不胜数。政策和体制可以保证

第三章

决策者作出好的选择,同僚和下属也就知道他们必须做些什么来执行决策。人们知道正在发生什么事情以及什么事情是重要的,他们得到激励,并因为良好的绩效表现而受到奖励。组织评估和计划保证合适的人做合适的事。相应地,我们的人员流失率在我们这样的行业里很低,只有较少的高潜质员工离开公司;在高级管理岗位层面,离开的人不到 4%。前 15 位高层管理人员在 Emerson 公司的平均服务期为 26 年。这一连续性是非常宝贵的。它促成了面向团队的、有凝聚力的、以"赢"和"持续性"为中心的文化。

我们也通过使用上述三项测试和坚持经常、坦率地就业务现状进行沟通,长期不懈地致力于降低对有效行动的阻碍。这一政策也带给我们极大的好处:它可以加强员工跟管理层之间的关系。不断沟通意味着每个人都知道什么是被期望的。我们的体制将互相指责和钩心斗角逐出公司。其结果是组织可以迅速满足人们的预期,并长期保持在正确的轨道上运行。

使我们的计划和控制周期行之有效,以及确保有一个以行动为导向的组织的关键就是有效的领导。除了发掘有才能的经理、通过高强度的作业来培养他们以及根据他们的成就来奖励外,我们还向他们传递有效的领导者品质。

领导能力:创造一个人人可以展示才能的环境

Emerson 公司有一个传统,那就是从外部邀请发言嘉宾参加公司年度计划会议。1979 年秋,有一位客人提出了一个我一直冥思苦想的问题:"是什么因素造就了优秀的企业领导人?"

这位客人是马歇尔·洛布(Marshal Loeb),他是《时代》杂志的一位撰稿人(后来成为《金钱与财富》的总编辑,现在MarketWatch.com工作)。我们邀请他来帮助我们了解和展望20世纪80年代的挑战。滞胀什么时候结束?还会有下一次能源短缺吗?美国在下一个十年首要的经济与外交任务是什么?我无法记起我们是从哪个问题开始的,但对马歇尔在晚餐会上提出的这个问题却印象深刻,我们刚刚经过了一整天的会议与汇报。

马歇尔提出这个问题的时候,我并不是一点准备也没有。那时,我已经43岁,并且已经在Emerson公司工作了六年。我一直都和企业领导人打交道,而且,很久以来一直在考虑企业领导问题。我用几个一般的观察来回答他的问题。首先,我认为领导是后天学成的而不是天生的。区别是否称得上领导的是他们所做的事情以及激励其他人所做的事情,而非他们的基因、外表以及拥有的证书或信念。

其次,正确的领导方法不止一种。我见过许多有多种领导风格的企业领导人。有些是认真负责型的领导,另外一些则很会授权;有些精力充沛且性格开朗,另外一些则比较文静;有些更多地依靠胡萝卜(意:奖励)政策,另外一些则更多地使用大棒(意:处罚)政策;有些在危机关头表现出色,其他一些则似乎更适合长期规划。以我的经验来看,这些领导人都有一些共同的特点,这些特点是我回答马歇尔提问的基

第三章

础。

我喜欢罗列清单,尤其喜欢罗列有 10 个要点的清单。很多次,我就一个话题写下一个长长的清单,上面列出很多要点。经过考虑我将它们整理归类,明确它们之间的关系。如果可能,我会将清单压缩到只包含 10 点内容。清单太短可能使我们看不到区别或遗漏要点,清单太长又显得散漫。"10"并非一个有魔力的数字,不过,它刚好可以让你记下你的要点。

我给马歇尔的回答包含 10 个要点,他后来刊载在 1980 年 2 月的《时代》杂志上(参见"奈特谈领导力")。这一清单得到很多读者的认同,也经受了时间的检验。当它被刊载出来时,我收到很多正面的评论,也曾从那些看到过重印版或复印件的人那里收到不少信件。尽管我们对这 10 点的顺序以及其中的某些语言作过修改,在 Emerson 公司我们仍然使用类似的清单进行培训。

奈特谈领导力

想了解怎样才能成为一名领导者的人最好听一听查尔斯·奈特的见解。查尔斯的父亲莱斯特·B. 奈特(Lester B. Knight)现在 72 岁,他是一名优秀的管理顾问。早在奈特还在芝加哥比较高尚的北岸(North Shore)成长的时候,他父亲就努力将其培养成一名优秀的领导者。15 岁时,老奈特为他的独子打好行装,前往一家客户位于一个加拿大小镇的铸

达成目标

造厂工作了一个夏天,体验蓝领工人的生活。此后奈特又在瑞士、德国和阿根廷做过暑期工,在大学进修工程和商务管理,在康奈尔大学校队踢过美式足球并打过网球。刚刚20出头的时候,奈特就担任起 Lester B. Knight & Associates 公司欧洲业务的负责人;30出头的时候,他成为整个公司的负责人。后来,他出人意料地推翻了老爸的宏伟计划。

在36岁那年,奈特离开了他的家族公司,加入了圣路易斯的一家重要客户,Emerson 公司,并很快成为该公司的CEO。老爸怒不可遏。从此,他花了七年时间才弥合裂痕,部分原因是因为奈特已经表明他具备快速学习的能力。Emerson 公司现在已经跻身于美国管理能力最好的公司行列。去年,公司销售额稳定上升到26亿美元。在许多产品领域,它正在挑战比它更大的通用电气公司和西屋公司(Westinghouse)。目前,44岁的奈特已经成为一家美国大公司最年轻的董事长之一。

奈特认为,在商业活动和政治活动中(事实上,在任何一项活动中)领导力由10个基本要素构成。他也承认,其中有些听上去是显而易见的,甚至近乎老生常谈,但是将它们整合在一起则极具说服力。下面就是奈特的清单:

第一条:你必须能够了解轻重缓急,并设定优先次序。我永远记得父亲说的话:"奈特,你的健康是第一位的,没有它就没有一切。家庭在第二位。公司生意在第三位。你最好看清楚并安排好前两件事,这样你就可以料理第三件事了。"

第三章

第二条：你需要有处理棘手问题的能力，而不能把问题交给他人。让下属去作困难的决策有失公正。面对有挑战的问题，领导人必须全力投入，亲自应对，并制定好对策。

第三条：设定高标准，并严格要求。任何接受平庸的人——无论是在学校，工作场所，还是在生活中——都是容易妥协的人。当领导人妥协的时候，整个组织也会妥协。

第四条：你必须有迫切感。做某件事的时候，即使你认为它可能不正确，这也绝对优胜于什么事也不做。如果没有迫切感，你的组织就会崩溃。

第五条：注重细节。了解好事实是良好决策的关键。每一个我犯下的错误——人人都会犯错误——都是因为我没有花时间，没有作出足够的努力。我在了解事实方面做的不够好。当然，你可能得不到所有的事实，最后你没有了解到的5%或10%的事实可能并没有太大作用。

第六条：你需要执著地追求。我们随时都能找到执著的人，他是那种不会在白天乘飞机去城里开会而是会在前一个晚上乘飞机以保证准时到达的人。

第七条：对于你无法做到的事情，不要浪费时间。不要去尝试不可能的事情。要集中精力去做可能做到的事情。

第八条：你需要有应对失败的心理能力。我对于那些不允许员工出错的组织大感不解。只有你能够接受某些错误，才会有创新。

第九条：对人严厉而又公正。要求严格意味着制定标准和要求卓越的表现。选择人才时不作任何妥协对于一位领导而言可能很困难。当我们更换一名子公司总裁时,最初推荐的 60% 都属于妥协。但是,当你作选择时,不能让情感挡住你的去路。

第十条:除非你从中找到乐趣,否则你无法成就任何事情。显而易见,我从我的工作中找到很多乐趣。我每天早上在 6:30 和 7:30 之间到办公室。其他管理人员知道这一点,因此他们也尝试尽早到办公室。我希望他们也感受到了工作的乐趣。

马歇尔·洛布,"总裁观点:讨论变化之指导"(Executive View: A Guide to Talking Change),《时代》,1980 年 2 月 25 日。经马歇尔·洛布许可重印。

下面是有效的企业领导人所具有的 10 项素质,这些素质也是创造一个人人都可以展示才能的环境所必需的关键因素(参见第一章中的总结图表)。逐项看,它们似乎是不言而喻的。然而集中起来看,它们有助于为产生出色的组织绩效创造环境。

1. 矢志成功。 领导始于对成功的执著追求。我们大家都见过一些我们认定肯定会成功的人,他们中的大多数人都将极大的精力投入到项目或工作中。他们面对问题时坚韧不拔,直到解决。对成功的执著追求需要精力和坚韧不拔精神的结合。对成功矢志不移的追求是具有传递性的。它会使组织受到激励,无论组织规模大小。不言而喻,谁都愿意成为一个矢志成功的团队中的一员。同样,人们会很快发现

第三章

执著追求的缺乏。执著追求的缺乏也是有传递性的,它会把他人的绩效也拉下来。

约翰·贝拉便是不屈不挠、矢志成功的一个例子。作为Emerson过程管理的领导,约翰是一位化工工程师,其早期职业生涯是在孟山都(Monsanto)公司度过的。他后来加入Emerson所属子公司罗斯蒙特并很快得到提升。当我们在1992年收购孟山都的费希尔控制子公司时(这一交易极大地促进了我们的过程管理业务),约翰已经有更大的想法了。他想改变竞争的格局,他想带领Emerson公司不仅生产和销售智能部件,而且将部件嵌入到智能网络中,这一灵活的开放系统几乎能够控制连续过程工厂(continuous-process plant)中的所有操作。我们的竞争对手那时还没有这样的远见卓识,他们的兴趣还放在无法兼容的系统上。

面对让客户和竞争者改变思维的艰巨任务,约翰没有被他们大声的、有时甚至是激烈的反对所吓倒。他帮助建立并且领导了基金会现场总线组织(Foundation Fieldbus),该组织是一家包含业内所有主要厂商的全球组织。约翰说服所有成员认可了一个开放的过程控制系统架构,并制定行业技术标准。他为此辛勤工作和管理了多年,其间遭遇到激烈的反对和无数的挫折。为了避免出现利益冲突的局面,他将Emerson公司持有的好几项专利提供给该组织。

在约翰的领导下,开放式架构和新的标准渐成主流,改变后的竞争格局既有利于Emerson公司,也有利于客户和竞争对手。这就是对成功的执著追求——抱定远见卓识,并通过努力工作和锲而不舍使之成为现实。

2. 设置优先顺序。没有人会对设置优先顺序的重要性提出不同意见,但是,我还是不止一次看到组织中的争论起因是管理者没有或不能做到这一点。

他们通常会因为三个原因而陷入困境。首先,确定几项有限的行动并以清楚、合乎逻辑的顺序让人们了解这些行动——也就是让事情简化,这需要艰苦的工作和思考。其次,管理者有可能在追求错误的优先顺序,不过,他们也有可能——甚至更有可能——对什么是正确的优先顺序没有把握,尤其是在一个迅速变化的世界。他们不会花时间来更正他们的优先顺序。第三,管理者在管理冲突目标(如利润和成长)的取舍时常常会感到为难。他们不知道应该向谁进攻以及以什么样的顺序进攻,不知道一个方向上的行动会怎样影响其他方向的进展。

对设置正确的优先顺序的需要是 Emerson 公司投入大量时间计划再计划的一个原因。有些人认为我们是傻瓜,因为我们每年都重新计划每一项业务。不过,正如大家所看到的,我们的计划过程和周期使我们有机会不断审查和质疑自己的假设,从而确定什么是重要的。计划也给我们以严格的训诫,让我们在情况发生变化时,不断提出问题,不断重新安排优先顺序。

设置优先顺序的一个重要方面是让那些必须了解优先次序并依照行事的人了解它们。这就解释了我们的高级管

第三章

理人员为什么将大量时间投入到计划会议之中。他们不仅仅是去管理直接下属,而且是去管理所有为直接下属工作的人。将我们的优先顺序传达给这些更广泛的受众是非常重要的。如果只有几个人明白优先顺序是什么,组织便会出现争论。而让成百上千的人更多地了解优先顺序则会产生出巨大的杠杆效应。正如我们所讲过的,在 Emerson 公司没有人游来晃去却对公司的期望一无所知。每个人必须知道公司对他们的期望。

设置优先顺序并告知他人的一个好例子是博杰思(Jim Berges),他目前是 Emerson 公司总裁以及首席执行官办公室的成员。在 20 世纪 90 年代初期,在我们任命博杰思担任首任"利润沙皇"(profit czar)为总公司工作两年之前,他作为我们的电机和驱动装置业务的领导人正忙得不可开交。起初,他很不情愿离开这一关键职位而去从事一项看上去非常基础的工作。不过在接受之后,他对工作充满热情,以工作的轻重缓急将优先次序把握得清清楚楚。当我们在公司计划会议上宣布对他的任命时,博杰思站起来说:"我不是一个技术专家,我也不关心成长。在今后的两年,我关注的焦点是利润。不要跟我谈任何别的事情!"他的工作干得非常出色,建立起了各种体制和"瀑布式"流程,这些对我们制订利润计划至关重要。

3. 设定高标准,并严格要求。 一个领导人对于诚信、优秀品质和绩效表现等必须以高标准衡量。如果一个领导人没有设定高标准并身体力行地遵从，整个组织就不会达到高标准的要求。妥协可能使人气馁。

好的管理者会将有积极作用的紧张气氛保持在有益的水平。这并不意味着领导人要强加一种紧张的气氛，以至于人们在这种气氛下工作会感到恐惧。恰恰相反，他们应该促进那种因人们想要挺身而出应对挑战以及主动承担责任而引起的紧张。真正的领导人不断地激发员工去把工作做好。他们会提出很基本的问题，但不会接受未加思考的答案。

Emerson公司的高级执行副总裁兼CFO高文为这样的品质提供了例证。对公司而言，他是一项巨大的资产。在首席执行官办公室会议、总裁政务会议、财务评估以及其他聚会场合，他总会一下就切中我们需要面对的问题要害。他会一针见血地提出问题，但是，他对漫不经心的推理的回答会很得体而又坚决地进行追问。由高文审查工作的人都知道，在他面前必须小心翼翼。

高文的诚信待人也是有口皆碑的，他在CFO的岗位上工作多年。几十年前，高文最有能力的前任之一约翰·威尔逊就开始要求子公司经理们在财务结果上签字，而法律要求这样做是在很久之后。约翰和高文所体现的高度诚信的传统在财务报告以及我们与投资者和其他客户关系中显而易见。我们的报告是透明的，我们在分析师和投资者那里很有信誉，这两者绝不是偶然。

约翰、高文和Emerson公司的许多有效的管理者也在履行着他们自己的标准。因此，员工们不希望令他们失望。

第三章

4. 与人打交道务必严厉而公正。 每个人都需要他人的评估以便提高自己。要想帮助他们,你就需要做到严厉而又公正。

"严厉"一词常常被人误解。1978年,《福布斯》杂志刊载了一则关于 Emerson 公司的封面故事,在编者的话中,当时的编辑詹姆斯·迈克尔斯(James Michaels)探讨了"严厉"一词在商业环境下的意义(参见"不是残酷——是严厉"部分)。他指出,"严厉"一词在词典里的定义是"具有强硬或坚定的品质"。"严厉,"迈克尔斯写道,"并不意味着铁石心肠或不负责任。"恰恰相反,严厉使一家公司有效运作,使资本更具有生产率,工作更稳定并拥有更好的福利,使人们能够以低成本生产优质产品,从而为社会造福。

不是残酷——是严厉

最近在密苏里州的雷度区(Ladue)——Emerson 公司董事长查尔斯·奈特家中举行的晚餐会上,《福布斯》杂志的菲利斯·伯曼(Phyllis Berman)问奈特的妻子是否早就知道奈特会取得巨大的成功。乔安妮·奈特(Joanne Knight)——她在康奈尔大学的时候与奈特结婚——回答说:"是的。""为什么?"伯曼又问。"因为他很严厉。"乔安妮回答说。听了她的话,我不得不去查阅韦伯斯特大词典,上面是这样定义"严厉"的:"具有强硬或坚定的品质"。

达成目标

严厉（强硬、坚定）使一家公司有效运作，使资本更具有生产力，工作更稳定并带来更多的福利，使人们能以低成本生产优质产品，从而造福社会。草率运作的公司既不会获得高利润，也不会拥有稳定的工作岗位，更不会生产低价的产品。严厉并不意味着铁石心肠或不负责任。它并不意味着与减轻痛苦这种社会公德的对抗。但它却意味着绝对理性：如果老查理的工作不再有成效就得离开。如果一家老工厂生产不再有效率，它的生产也应该停止。这是资本主义所代表的：不断整合人和资源，为最大多数的人实现最大的效率，即使有些人可能会因此遭受痛苦。

我想，这便是企业与社会其他部门之间产生分歧的最主要原因之一。外部的人，尤其是知识分子们，看到裁员就会说：真是铁石心肠！这是因为他们看不到整个画面。最近，当我们收到一份现代语言协会埃迪思·克恩（Edith Kern）的讲话稿时，就深切地感受到这一点。埃迪思·克恩是位于纽约汉普斯特德的霍夫斯特拉（Hofstra）大学的英语教授，她借用一则备受赞扬的《福布斯》杂志的广告发起了对商业伦理的批判。她是这样反问的："《福布斯》是在宣扬一种生活方式吗？在这样的生活方式里，已经成功的人注定要被一个尚在奋斗的人击败吗？……仅仅就为了接下来又被打败，很可能又是被另一个人……那张广告画意在颂扬还是讽刺一个残酷的资本主义世界，在这个世界里一个人的胜利必定要取决于另一个人的失败，狗咬狗的过程非要无穷反复？"

不过，克恩教授，事实上我们什么也没有宣扬。我们不过是在描述这一世界。人的确是会变老的——换用诗人的

第三章

话，饥饿的人们的确一代将另一代踩在脚下。人和资源的组合的确不是以有效率的方式进行的，因此必须被重新安排，这种重新安排会带来无法避免的不便，甚至给某些人带来痛苦。奈特这样的人们——因为他们的确酷爱自己的工作——帮助企业持久运转，实际上给所有的人带来益处。

克恩教授认为资本主义世界很"残酷"。我们认为，"严厉"是一个更好的词。我们也认为奈特这样的严厉品质，正是美国的生活标准为何如此之高、我们的社会为何如此开放的一个重要原因。

詹姆斯·W. 迈克尔斯(James Michaels)，"不是残酷——是严厉"(Not Brutal-Tough)，《福布斯》，1978年3月20日。经《福布斯》杂志许可重印©2005福布斯有限公司。

管理者在要求他人作出绩效及承担责任时必须严厉——强硬而又坚定，正如董事会成员对首席执行官及管理团队必须严厉一样。这是一个人们容易察觉出妥协并相应地修正其行为的领域。但这并不意味着领导人可以随意武断，或在实施变化时迅速地行动。这时，我们就需要公正了。我们并不需要那些言行鲁莽的经理，尤其是在人事问题上言行鲁莽的经理。你必须给人足够的时间以确定他们的能力。必须有允许失败的空间，有从失败中学习的机会。如果问题总不能解决，再作改变也不迟。

这样的管理并不总是充满乐趣。但是，我们坚信，人们希望其表现得到评价，当他们达不到要求时，需要他人的帮助来改进他们的绩效表现。问题在于即使大多数经理能够对绩效作评估，却很少有人有能力帮助他人提高水平。寻

达成目标

找和培养那些能够帮助他人的人对于组织来说是一项关键任务。

Emerson 公司在 20 世纪 80 年代的 COO 兼总裁比尔·拉特利奇便拥有帮助他人改进的过人能力。我曾经以 100 美元奖励任何可以写出拉特利奇曾经写出来的备忘录的人。没有人拿到过这份奖励。这是因为,他的天赋在于通过员工的参与,加强员工的能力从而不必再写备忘录。他非常严厉,在要求他人解释的时候,说话也会很生硬。不过,他将这一习惯与幽默感和个人魅力相结合,就使得人们感到放松自在。当拉特利奇走进一家工厂时,他就像是传奇人物 Pied Piper* 一般;人们都愿意跟着他,因为他们知道从他那可以学到一些东西,而这些东西可以使他们把工作干得更好。

企业管理者所作的最重要的决策之一就是提拔员工,很多管理者却没有花时间把这件事做好。我们倾向于走阻力最小的道路:"嗯,某某已经忠心耿耿干了多年,值得给他一个机会了。"这些都是人之常情,但也是一种错误。要扼制这种倾向你必须足够强硬。这听上去很刺耳,但是,把人放在他们无法胜任的岗位上,比不给他们升职会造成更大的伤害。因此,至关重要的是,领导人务必挑正确的人选做他的直接下属,这样,就可以将他们的时间和能力最大化。同样重要的是必须给这些人足够的工作空间。借用本章开头的

---

* 译者注:Pied Piper 是德国哈默林(Hamelin)小镇的传奇人物。他用风笛声将小镇上的老鼠引诱到一条小河边,老鼠们就在那里被淹死。当小镇居民拒绝按约定向他支付报酬时,作为报复,他将小镇上所有的孩子诱到一座山上,结果,所有的孩子都在那里无影无踪了。这一故事据传说是发生在 1284 年。

第三章

格言来讲,管理者所取得的成就乃是其他人工作的结果。

5. 集中精力去做有积极意义和可能的事情。 当我加入Emerson公司的时候,我得到的一则最好的忠告来自董事会的一名老资格成员,Interco.公司董事长莫里斯·R.钱伯斯(Maurice R. "Dude" Chambers)。他说:"在分辨事情的轻重缓急时,不要将时间和精力浪费在你不能对其产生影响或不能被解决的问题上,要集中针对那些你可以改变结果的问题。"

许多管理者投入大量时间和精力来实现那些雄心勃勃同时又可行的目标。他们不会将时间和精力浪费在应对那些无法完成的挑战,或试图挽回那些无法挽回的事情。用长矛去刺风车徒劳无益,但是,如果集中精力去做那些可能的事,即使需要花很长的时间,也会取得很大的收获。

早些时候,我们讲过约翰·贝拉的故事,他以远见卓识改变了过程控制行业的竞争格局,我们用这个故事来说明人执著追求的力量。这一故事也可以表明集中精力去做可能的事情和有积极意义事情的好处。约翰的远见卓识是可以实现的,它激励成千上万的员工帮助他使之成为现实。Emerson公司的历史充满了这样的故事,它们对我们持续的成功至关重要。另一个突出的故事是我们在收购雅达公司时所表现出的坚韧不拔的精神。这项收购对于Emerson公司来说是一次重大的行动,它花了差不多10年时间最终得以完成。

达成目标

故事是从20世纪80年代末开始的,当时,我们已经意识到建立我们自己的电子技术业务是一项战略上的迫切要求。我们有五家子公司生产电子设备、仪器和部件,但是他们的业务集中在北美,相互之间的关系不十分密切。即使把它们结合在一块也达不到能够保证我们成功的规模。因此,在1989年我们与英国的BSR国际公司(BSR International PLC)达成一笔交易,这家公司旗下包括雅达公司,它是大批量生产转换电源和一些其他产品的全球领导者。雅达公司总部设在香港,在亚洲的表现尤其突出。

这项交易由几个部分组成。我们用五个业务单位换取BSR 45%的股份。然后,BSR将其不相关的业务出售,再将自己重新命名为雅达(BSR)公司[Astec(BSR)]。这个新公司此时已经包含了我们从前的业务单位,立即成为全球最大的生产电源转换产品的公司之一。Emerson公司行使管理控制权,并持有在今后收购其流通在外股份的期权。

至今为止,兼并的这家公司运作得很好。时间证明这项战略是正确的,尽管它实施起来并不容易,在短期整合雅达组成部分这一任务尤其困难。它有好几年都亏损。在乔治·塔姆克(George Tamke)、范大为和其他一些人的杰出领导下,我们采取了强有力的措施使其恢复赢利。这些行动包括关闭工厂、变更工作岗位和中止支付红利,所有这些行动在一些股东中引起了非难。在20世纪90年代中期,雅达渡过了难关,并保持了强劲的业绩表现,成为Emerson网络能源业务平台的基石。

第三章

　　与雅达的转型同样困难的是,持反对意见的公司股东的诉讼以及英国媒体对我们行动的恶意报道使得完成这项收购成为一次充满挑战的经历。Emerson 公司及其领导人经受了无数的攻击,其中不仅有毫无根据的攻击,而且有恶意的人身攻击——说我们是恫吓小股东的"恶棍",说我们正在为剥夺他们的红利而进行一场狗咬狗的"混战"*。同样,乔治、范大为和他们的同事经受住了考验,捍卫了 Emerson 公司的法律权利,也耐心地就我们采取行动的原因、为企业成长而再投资的需要以及对股东和公众的最终利益进行了解释。最后,我们在法院与舆论界都大获全胜。我们终于在 1999 年收购了雅达公司最后的一些流通股份,这从收购活动开始算起已有 10 个年头。从那时起,雅达成为一家了不起的企业,我们一直认定它会成为这样的企业。尽管有重重阻碍和困难,通过集中精力去做可能的事以及强调正面的因素,我们还是成功了。

　　6. 培养和保持强烈的迫切感。真正的问题从不会因为我们的视而不见而消失。问题明天还在,如果得不到解决它可能会变得更糟糕。当机立断解决运营和人事问题特别重要,因为这些问题有可能在短期内导致最多的麻烦。

　　好的领导人有一种偏好行动的心理倾向。在他们看来,处理某件事总比不处理要好。如果没有处理好,他们会一直

---

* 例如,参见"电气行业风暴中的电闪雷鸣"(Thunder and Lightning in an Electric Storm),《金融时报》,1998 年 2 月 11 日。

达成目标

尝试下去,直到成功。

Emerson公司的核心理念和管理过程帮助我们将迫切感渗透到我们所做的一切事情当中。遇到战略问题时,我们就对那些能够支持最好的决策的事实展开紧急研究。在作出决策之后,我们又立即行动来实施决策。Emerson公司在过去20年来的两大业务突破——过程管理的智能传感器和环境优化技术的涡旋压缩机——就是明证。

智能传感器业务始于1976年我们收购罗斯蒙特公司后不久。罗斯蒙特是变压传感器过程控制应用领域的领导者,但是在20世纪80年代早期,新一代电子传感器与电子系统已经使它的地位岌岌可危。我们知道,除非开发自己的新技术,否则我们最终会落在那些率先行动的竞争对手后面。

对我们来说,这一计划成功与否意义重大。收购罗斯蒙特的投入已经很大,而在几年之后我们还不得不因为智能传感器的开发再次加大投入。我们制订了一个由孟瑟领导的名为珠穆朗玛峰的行动计划。孟瑟和他的同事组建了一个工作小组,这个小组吸收了公司里面最优秀的人才。这个团队不仅发明了全新的产品,而且建立了全新及更快的创新过程,这一切都是在短短14个月中完成的。3051C数字压力传感器在20世纪80年代中期刚一上市,便取得巨大的成功,这为我们在客户中建立了很好的信誉。这项产品也使我们为下一步作好准备——从普通部件转向智能部件——走上了成为过程控制领域系统供应商的道路。

涡旋压缩机有着类似的故事。1980年我们收购了谷轮

第三章

（Copeland）公司以获得其技术。但是，增强该技术的可靠性、实现较低成本制造采用该技术的压缩机并说服客户转向我们的新产品需要更长的时间。鲍勃·诺韦洛（Bob Novello）、迪克·佩尔蒂埃（Dick Peltier）和厄尔·缪尔（Earl Muir）为此付出了巨大努力，在该技术成熟后他们在迅速进行投产的决策及实施方面也作出了巨大贡献。

在这里，我们再次下了大赌注：在90年代中期，我们将赌注下在特许经营战略（franchise strategy）上。走在需求前面，我们已经在世界范围内建立了十几家工厂。这样做有一定的风险，但我们知道当技术起飞的时候，我们会因为事先的准备而获得巨大的优势。特许经营战略大获全胜。我们不仅对竞争对手成功地实施了先发制人战略，还因为在地理上靠近我们的客户以及具备满足他们需要的能力从而收获了颇丰的利润。Emerson公司如今已经成为涡旋压缩机领域的全球领导者，如果不曾采取紧急行动，我们绝不能取得这一地位。

7. 注重细节。 人人都会犯错误，许多、也许是大多数错误都是因为我们没有弄清楚所有的事实。得到尽可能多的信息对于我们制定好的决策至关重要。这需要做艰苦的工作，而且没有捷径可走。

了解准确的事实对于作为收购者的Emerson公司的成功至关重要。因此，我们制定了在我们看来是最好的尽职调查程序（due diligence process）（参见第六章）。

达成目标

　　1992 年对费希尔控制公司的收购——Emerson 公司迄今为止最大的一项收购——表明了用正确的方式去做交易以及注重细节的好处。多年来我们一直对这家由孟山都公司拥有的控制阀门和过程控制系统制造商费希尔公司感兴趣，它可以为我们的过程管理业务提供绝佳的战略配合。我们作过一些初步的估价和分析，并且不时地向孟山都传递希望购买的意愿。由于孟山都对费希尔公司一直表示满意，直到 90 年代初期这一交易才取得进展，使交易成功成为可能。

　　孟山都对它的战略进行了重新评价，并寻求现金为其医药业务投资，我们了解到它可能对出售费希尔公司感兴趣。以首席执行官之间的接触为基础，我们与孟山都就一个交易过程达成一致意见，使我们可以以优先权购买费希尔公司。我们必须提交一个令孟山都满意而且以后即使是在尽职调查之后也不能重新讨论的报价。我们有为期 30 天的独家接触权，在 30 天内尽职调查结束后我们必须决定是否以报价完成收购或放弃收购。

　　这一过程考验着我们提交一个可信的竞价以及稍后决定是否信守竞价承诺的能力。任何错误都可能导致灾难性的后果。因此，在这种情况下我们都必须正确地了解事实。幸运的是，初步分析和估价为我们制定竞价提供了一个极好的基础。孟山都接受了报价，在接下来的一个月，我们发起了 Emerson 公司历史上最大的收购前尽职调查工作。我们组成了两个团队：一个是战略团队（由彼得斯领导），一个是交易计划和整合团队〔由鲍勃·考克斯（Bob Cox）领导〕。在

第三章

那30天的时间里,我们走访了费希尔在诶界上的每一家企业以了解事实。我们与时间赛跑。最后,我们确定我们的报价是公平价格,就决定收购该公司。两个星期后,我们议定好合同、分拆协议以及其他细节,成为费希尔控制公司的拥有者。这不仅是我们历史上所做的最大交易,也是最好的交易之一。

没有任何办法可以替代我们获得的事实。在作任何决策之前,除了获得尽可能多的信息之外,非常重要的一点是,在不知道的时候,你要去了解什么是你所不知道的——这可能是一个比你已经知道的要大得多的领域。在经历一些错误和学习过程之后,我们对什么是我们应该继续深入了解的有了一种敏锐的感觉。在对一个分析或决定感觉不太舒服的时候,即使不能解释为什么,我们也会知道要坚持做更多的工作。

8. 允许失败。 事情的进展很少有与计划完全合拍的时候,这就是我们为什么每年都要进行计划的原因。我们都想限制和控制损失,但是一个偶然的失败可能会是我们创新或学习所付出的不可避免的代价。涡旋压缩机的商业化以及成为全球过程管理的领导者花了我们很长的时间。在这两种情形下,我们都尝试过一些行不通的事,我们不停地尝试,因为我们知道自己在朝着正确的方向迈进。

一个组织必须找出正确的途径来激励人们大胆而又创造性地思考。为此,我们鼓励试验性的、有时甚至是带几分冒险的行动计划和举动——如果人们经过深思熟虑。

Emerson公司的战略投资计划（Strategic Investment Program/SIP）提供了许多可以说明我们对机会和试验的态度的例子。由于我们没有总公司掌管的研发中心，而每一个子公司都是在很紧的预算条件下运作，我们创造了战略投资计划来为子公司经理们觉得风险太大或不能为他们的预算所支持的项目提供资金（参见第五章）。战略投资计划（SIP）给了他们尝试新事物的灵活性，它也为Emerson公司提供了某些最好的成长机会。我们用战略投资计划来为诸如涡旋压缩机之类的大型项目以及许多较小型的创新活动提供资金。

我们的一个最为有趣的项目是变速电机项目，这是一个由电子控制与先进电机设计相融合所创造的机会。在20世纪90年代中期，我们依靠战略投资计划来为开关磁阻电机（switched reluctance motor）项目提供资金。开关磁阻电机是一类具有高可靠性的电子控制式电机，它的生产成本比其他任何种类电机的都要低，其应用遍及机车转向系统和车辆牵引系统、智能应用、微型涡轮发电机和工业自动化领域。尽管我们对所有这些潜在的市场都感兴趣，但是，汽车产业吸引了我们更多的注意，因为我们预见到在2010年至2020年前后，从汽油动力车向混合动力车与电动车的最终转变将不可避免。

让变速电机能够在经济的价格下工作成为一项艰巨的任务，而且真正的技术难关还摆在我们面前。我们经历过无

第三章

数失败，投资一度超过一亿美元。最后，我们终于赢得某些关键性的东西，它们是：与美国天合公司(TRW)在电子转向与刹车技术领域结成的伙伴关系，第一批采用此项技术的汽车于21世纪初在法国上路；与卡特彼勒合作的起动机－发电机项目；以及与美泰克(Maytag)合作的智能洗衣机项目。尽管变速电机的高回报将会是在未来，但我们目前至少处于很好的地位，一旦机会到来，我们就可以很好地利用它们。没有战略投资计划为我们提供试验和从结果中学习的空间，我们就做不到这一切。

9. 亲身参与。领导人如果亲自参与一些重要的问题，就会有更大的成功机会。想在置身事外的同时获得灵感是不可能的。个人的亲身参与是一项稀缺资源：没有人可以对许多问题都给予全身心的关注。

在 Emerson 公司，我们使用"松－紧管理"(loose tight controls)这一理念来指导这样的决策。我们仔细地找出重要的事情，并将其与我们的技能相匹配。领导人密切关注某些问题，而将其他问题委派他人负责，自己只进行跟踪。这样的个人自主权是高绩效组织的又一个特点。

作为CEO，我通过将精力集中于能对绩效产生最大影响的领域。在计划的过程中我会要求子公司领导人通盘考虑他们的计划并选择最好的选项。我也与他们的下属见面，并将我心目中的优先工作转达给他们。这样的会面具有较大的影响力和很强的杠杆效应：我不仅与数十名向我汇报的人一道工作,而且与成百上千名向他们汇报的人工作。

我还亲自料理另外两件事情。第一件事情,我负责对每一个工厂的薪酬和津贴一揽子计划签字,因为我们的成本基数取决于这些计划。由于同样的原因,我仔细地检查工厂层次的员工调查报告以确认没有亏待我们的员工。Emerson公司几十年来没有一家在美国的工厂被工会成功地组织起来——尽管为我们所收购的有些工厂是有工会组织的,对于这一点我感到很自豪。我们可以在没有限制和纷争——它们通常与工会背景下的集体讨价还价形影不离——的情况下有效地运作,这可是一个很大的优势。

第二件事情:我把时间投入到组织计划和管理层人事任命当中,因为,最终对我们业绩负责的是 Emerson 公司高素质的员工。

不管存在什么重大的问题,重要的是要亲自处理。我已经提供过一些例子,如过程管理的约翰·贝拉、担任"利润沙皇"的博杰思、雅达的乔治·塔姆克和范大为等的故事。另一位为亲身参与提供例证的领导人是史泰礼(Bob Staley),他在 20 世纪 90 年代领导着我们开拓亚洲市场。当史泰礼成为 Emerson 亚太区董事长的时候,他已经是总公司董事会副主席,一位向公司提供过杰出服务的经验丰富的高层领导。当时他离退休已不到 10 年的时间,他可以在不受任何影响的情况下婉拒这一项充满挑战的任务。但这不是鲍勃的风格。他转战到香港,每年平均有 200 多个工作日在路途上颠簸,走访我们的各项业务,与当地政府洽谈,招募和培养亚洲

第三章

区经理，主持计划会议，向区域介绍推广 Emerson 公司的管理过程。这些努力帮助 Emerson 公司在亚洲实现巨大的跨越，远远走在其他西方竞争对手的前面，现在我们已经有了一个极其强大的基础支持在中国的持续快速发展。我们在这一地区的惊人进展是我们过去 10 年所取得的最大的成就之一，这在很大程度上都归功于鲍勃的领导、精力和投入。

坚持亲身参与的最后一个好处是：它可以消灭组织中的钩心斗角。当领导人努力工作以解决最重要的问题的时候，这就向每一个人传递了清晰的信息。人们也就没有时间钩心斗角了。

10. 享受乐趣。 如果你享受不到工作的乐趣，那么你可能选择了错误的行业或是错误的职业生涯。如果你享受不到乐趣，那么你所领导的人以及与你共事的人也不可能享受到乐趣。

Emerson 公司管理人员的流动率非常低，其中的一个主要原因在于他们享受到了工作的乐趣，他们乐意在公司工作。有时候，乐趣源于使我们放松和释放日常工作压力的一些传统。30 多年来，我们为关键客户举办称为 Swat Fest 的年度高尔夫球锦标赛。这是一种按我们制定的某些不同寻常的规则来进行的淘汰赛，规则每年都不相同。人们可能因为一些古怪的、毫无道理的原因而被淘汰。这一赛事每年还是会创造很多欢笑和一些有趣的故事。这是我们拉近员工距离、加强客户联系的极好方法。赛事过后，大家加深了了解,在必要的时候,还可以用这种联系去加强沟通。

更重要的是,乐趣源于与那些希望做得更好的人的相互合作,源于"赢"的感受。保持我们的收益、每股收益和每股红利的持续增长记录本身就是乐趣。它给人以激励和骄傲。如果这样的记录被终止的话,带来稳定强劲的绩效表现也是乐趣。树立 Emerson 形象与品牌的行动也是如此,对于我们的员工,这是另一个类似的骄傲与乐趣。当你与聪明而投入的伙伴共同工作,因为拥有共同的目标和承诺,你会感到兴奋。

有人曾经问我怎么能够做到 27 年如一日地参加某些子公司的计划会议,"你怎么受得了呢?"人们这样问我,因为这一过程要求为每个子公司投入数百个小时的紧张工作。因为这是一种乐趣,因为我是在与那些立志要把某件事情做得更好的人在一起。赢是关键,赢真的使一切变得有趣。

第四章 卓越运营

赢利能力是一种心态。
——Emerson 格言

Emerson 因持续稳定地取得高利润率而闻名。我们所以要努力争取持续的较高赢利能力是因为这对于创造股东价值至关重要。同时,它也让我们能够进行收购及投资于开发新产品和市场,而同时改善现有运作。高额利润是我们的生命之源,也是我们对股东的承诺,我们年复一年将自己组织起来就是为了产生较高利润。

过去 20 年来,我们的平均赢利能力(以息前与税前赢利占销售的百分比作为衡量单位)一直比同类公司要高出 30% 左右(见图 4-1)。尽管要面对定价压力、竞争、通货膨胀、收购活动的稀释效应(大多数被收购企业的利润都低于 Emerson)、保持技术领导地位的成本以及其他因素,我们无论是在好或坏的时候都能做到这一点。

第四章

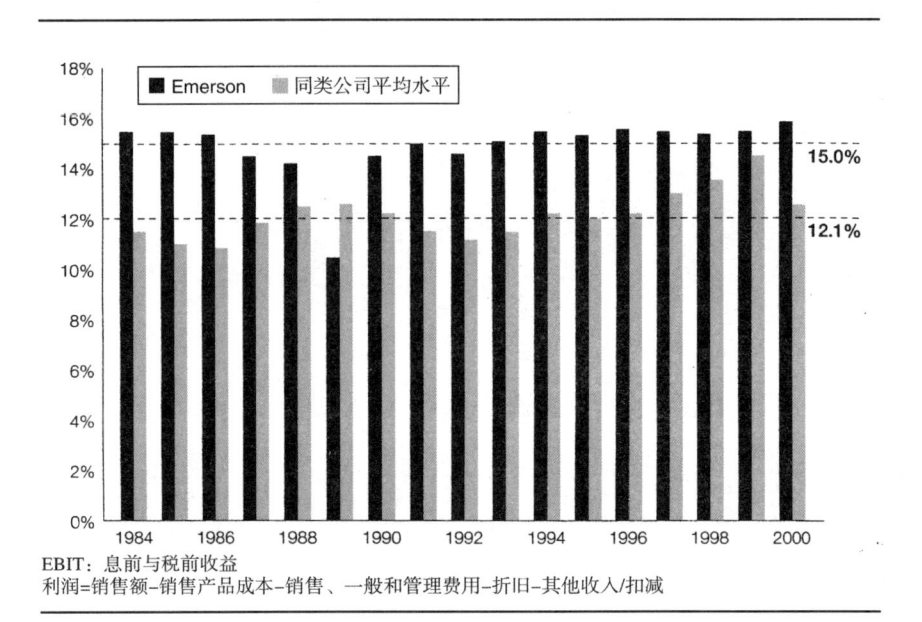

图 4–1　EBIT 利润，Emerson 与同类公司的比较：持续的骄人绩效

EBIT：息前与税前收益
利润=销售额-销售产品成本-销售、一般和管理费用-折旧-其他收入/扣减

我们持续地取得高利润的能力取决于卓越的运营——管理过程的第五个要素。它由一个根本的信念组成：赢利能力是一种心态。这就意味着我们务必采取步骤以确保我们详细地了解客户需要什么，竞争对手在干些什么，这样我们就可以把事情预先估计并有效地作出反应。由于竞争已经变得更加全球化，利润的压力已经显著地增加。结果，我们对卓越运营所采取的方法的复杂和高深程度与推进时需要的强度都不断上升。我们把计划和控制系统组合在一起，这种做法使我们能够找出取得理想赢利水平的挑战，采取相应的行动并监控工作的进展。

我们有些行动深深地植根于 Emerson 的历史之中，而其他一些行动则是新近发展起来的。要长期达到我们的赢利目标绝不是一件容易的事情，它不断地要求我们在遭遇到新挑战以及得到新教训时进行不同的思考和行动。

将降低成本视同宗教信仰：20世纪60年代与70年代的Emerson

早在数十年前Emerson已开始注意保护利润率，那时我们还不是技术领导者，因此基本上必须以价格来竞争。为了实现低成本，我们开始使用诸如价值工程之类的技术来减少材料成本及改善产品的可加工性。我们也将工厂从位于密苏里州圣路易斯市的总部搬迁到低成本的阿肯色州、密西西比州以及其他南方州的乡村地区。

与此同时，我们实施了一项积极进取的降低成本计划。通过年度计划过程，我们建立了子公司和产品线的利润率目标。为缩小市场价格有限度上升与成本（时薪和月薪、材料费和一般费用）膨胀之间的差距，我们识别出降低成本所需的额度。在一年的工作开始之前，我们首先规定好为实现年度成本下降目标内的70%而制订的各种计划和步骤，而在该年度中识别及执行余下的30%。

在财政年度开始之前，每一位子公司的总裁在财务评估会议上介绍所制订的成本计划，计划的进展将由公司管理层在子公司的管理委员会会议以及季度总裁议事会议上加以检查。公司的制造部会制定一些指标，以此来测度实际与计划的成本下降幅度，每家工厂和子公司每月向总部汇报实际

第四章

结果。

每家子公司的总部及其相关工厂的时薪和月薪员工成本节约团队均负责实现目标。这些团队与工厂或子公司内的其他团队展开竞争,绩效最好的团队将赢得表彰。在我们美国西部的一家工厂中,绩效最好的团队队长将获得在年度牧场竞技表演大游行中乘骑领头公牛的殊荣——有一位队长曾保证他的团队每年都赢得这一份殊荣!这便是"员工参与"——我们的实践比这一术语成为教科书上讲述工作场所生产力的标准语早了好些年。

Emerson 通过多个子公司及工厂的成本节约团队取得了很大的累积效果。它足以弥补市场价格与成本膨胀之间的年度差距,从而改进年度利润。许多对我们年度成本节约目标的重要性持怀疑态度的人在参观了我们的工厂并与各个成本节约团队见面之后心服口服。这些人终于理解了公司经理们所知道的东西:节约成本已经在 Emerson 成为一种教义和生存之道。

在 20 世纪 80 年代成为最佳成本生产者

Emerson 以降低成本为中心的做法与管理过程的其他组成部分相结合,使得我们直到 20 世纪 80 年代初期都持续获得高额利润。就在那时,我们开始碰到这样的问题:一些位于低成本国家的竞争者以很低的价格提供可比的产品功能和品质。这时发生了三件重要的事情。

第一件事发生在 20 世纪 80 年代初期,我们一夜之间失去了重要的、由来已久的密封电机业务，订单都落到了一家巴西竞争对手手中。我们每年一直从位于密西西比州牛津市的现代化而又高效率的工厂向惠尔浦（Whirlpool）发出数百万件这样的电机，然后惠尔浦在印第安纳州的工厂将它们组装到家用电冰箱的压缩机上。惠尔浦也从 Tecumseh 购买组装好的压缩机，这些压缩机同样装有我们的密封电机。

这对我们来说是一笔很大的订单，而且这笔订单已经持续了很多年。可是，有一天我们得到一个不好的消息：惠尔浦通知我们说，它不再需要我们的密封电机了。事实上，它打算关闭它在美国的压缩机工厂，并停止从 Tecumseh 购买压缩机。惠尔浦已经发现，一家巴西供应商可以以远低于美国通行的价格水平提供产品，并能满足其所有的需要，包括政府新规定的更高效能水平。

对这样的决定我们无话可说，不过我们需要弄清楚到底发生了什么事。阿尔·苏特，当时是我们电机业务部门的领导人，飞往巴西去搜集资料。他所见到的一切让他大开眼界。巴西厂商已经从欧洲取得最新技术的许可，它的工程师和经理们个个训练有素、非常能干。工厂的工人们也是同样。工厂设备的现代化与高效率程度可与我们的任何工厂相媲美。由于在巴西劳动成本要低得多，而钢材和铸铁的价格又相对便宜，因此，巴西厂商能够以比美国制造商低30%的价格向美国的客户提供组装好的压缩机。

惠尔浦的决定对我们是迎头痛击。我们不仅失去了大笔由来已久的业务，而且被迫关闭我们在牛津的密封电机工

第四章

厂。我们的工厂以及在圣路易斯市的业务总部因此失去了数百个时薪岗位以及大批的月薪岗位。我们下定决心：这样的经历永远不再重演。我们也从中得到两个教训：第一，再不能想当然地认为我们是市场上的成本领导者；第二，我们必须密切关注国外的竞争对手，根据需要及时调整成本结构，以防其他产品线全军覆没。

我们很快找到机会来实践记忆犹新的教训。这一次是一家为诸如咖啡机之类的小型家用电器提供温度控制装置的亚洲供应商。它就一些选定的产品型号向我们的OEM客户报出比我们的要低20%的价格。热敏碟（Therm-O-Disc简称T-O-D）（生产这些控制装置的Emerson子公司）并不能达到像这样低于其成本的价格。同时，T-O-D的经理们意识到，一旦低成本的国外竞争对手在这些有限的产品线上争取到美国客户，他们可以很快地将其产品供应扩展到包含T-O-D的所有产品型号。这就意味着我们会失去另外一项重要业务，与之一道失去的还会有两千个在美国的时薪与月薪岗位。T-O-D于是针对所有的产品型号提出了一个小幅度的减价，这样，我们在总体上就与产品线有限的亚洲对手打个平手。客户因此站在我们一边，尽管我们的利润要低一些。然后，T-O-D制订了一个成本结构调整计划以恢复先前的利润水平，并准备应对进一步的价格竞争。

T-O-D开始在墨西哥设厂，其降低的成本不仅使我们重新取得了利润，而且更能增加对欧洲的出口。对美国的影响是损失了大约300个工作岗位，然而我们的行动却拯救了

1 700个工作岗位。

在20世纪80年代初期发生的第三个事件,再次给我们带来了教训。这次事件同样是因我们电机产品的一家大客户传来的信息而起。这家客户给我们看了一封来自一家供应商的信。可笑的是,这家供应商正是我们的日本合作伙伴,它写这封信是为在他们出厂的电机中每一百万台有80个部件有缺陷而表示道歉。这一水平比我们最好的美国工厂中所记录的还要好过10倍。这又是另一家产品品质比我们的产品要好得多的供应商——谢天谢地,它不是我们的竞争对手——向我们的客户道歉,并表示要作出改进!

这些事件全都向我们表明我们的做法有问题。尽管每年的运营成本都在减少,而且客户很少就产品品质提出投诉,但是竞争力的基准正在发生变化以反映新的标准:全球最好,而非美国最好。在业务管理方面,我们正在进行错误的比较——即自己与自己相比。客户最在意的东西不是价格增长的幅度有多小,而是他们有什么样的替代选择。在全球经济达到一个新的成熟状态的情况下,我们的客户忽然间有了具吸引力的替代选择。

在20世纪80年代初期,我们意识到,全球竞争已经影响到小部分的产品线,而我们预计它很快就会扩散到其他业务领域。我们很快就会处于比以往大得多的价格压力之下。随着价格的不断下降,传统的成本下降不再能消除可能的价格上升与成本要素膨胀之间的差距。我们可以通过新的管理技术与设备更快地改善生产率,但这也不会快到符合我们

第四章

的赢利目标。我们必须做一些与众不同的事情。

在20世纪80年代,我们重新定义一个新的最佳成本生产者战略来应付与日俱增的全球竞争。我们的理念是,我们不单单在价格方面还要在客户所感受到的价值——产品、服务和价格的最优组合——方面展开竞争:我们要最佳的成本,而不是最低的成本。

最佳成本生产者战略最初由六个要点组成(参见"Emerson的最佳成本生产者战略:20世纪80年代"),它将Emerson新旧管理政策和原则熔于一炉。我们保留了传统上强调的规范化成本节约计划、有效沟通以及持续的资本开支。不过,我们不再将自己作为基准,而是紧紧盯住表现最佳的竞争者,不论它们在哪里。

Emerson的最佳成本生产者战略:20世纪80年代

- 承诺提供全面优质产品及令客户满意
- 熟悉竞争对手以知己知彼
- 以制造战略为中心,在过程及产品设计领域与对手竞争
- 有效的员工沟通和参与
- 无论是好还是坏的时候都坚持规范化的成本节约计划
- 承诺通过资本开支来支持战略

例如，我们依照客户的要求设定了更高的质量标准，以期达到世界上最高的标准。达到这一新标准要求我们在制造管理、工厂组织和业务的其他领域实施重大的改变。我们采用了统计质量管理方法以及及时生产存货管理方法，这就要求我们向工厂管理人员提供额外的培训，并与某些供应商和客户重新谈判交易条件和修正关系。随着改进质量从而满足客户的退货率要求，我们发现内部废料和重复作业的减少以及客户更少的退货便足以抵消上升的成本——我们在改进质量方面所作的投资，并且还绰绰有余。更高的质量不仅满足了竞争要求，还成为降低成本的另一条途径。

为在公司偱下推进要求更高质量的改进计划，我们指派了一名公司总部领导来推动这一变革。D. 西尔斯（D. Seals），我们子公司爱适易（In-Sink-Erator）的前总裁同意接手这一任务。他用最少的人手开展这项工作，并就制定目标、提供培训和监督结果与子公司管理层互相合作。

执行质量改进计划最难的部分在于说服人们相信对质量进行投资事实上最终会降低成本。大多数经理认为改善质量会导致成本增加。这是一个沟通方面的难题，我们最终通过示范和坚韧不拔的毅力攻克了这道难题。另一个大的问题是让经理们不再拿他们当前与预测的绩效表现跟历史绩效表现作比较。我们要求他们同最强大的竞争者作绩效比较，这也需要思维方式的改变。

第四章

从成本节约到成本抑制

最佳成本生产者战略的一个关键前提是只要我们的制造和采购基地仍然处于高成本的国家，不管生产率和质量改进计划有多么令人鼓舞、多么成功，绝不会自动地让我们获得全球竞争能力。我们需要补充和完善成本节省计划，它可以减少每个零售或产品的劳动和材料含量，从而抑制每年单位劳动成本和单位材料成本的增加。换言之，我们需要减少这些单位成本的年度膨胀率，并尽可能使之成为负增长。制订成本抑制计划需要我们改变管理方式，因为它要求有别于传统的成本节省和生产率提高计划所要求的分析、行动和监测手段。

我们首先集中精力降低计时劳动成本。好几个子公司有从美国的高成本地区向低成本地区转移工厂和工作岗位的经验。我们在子公司层次设定年度时薪膨胀的测度指标，目标是将工资控制在一个稳定的水平。随着把低成本国家的新工作岗位纳入每个子公司的工资册，我们可以阻止甚至是扭转这些长期的成本膨胀趋势。

许多子公司的经理最初抵制转移工作。他们担心建立新的海外工厂的成本和风险以及对美国本土员工的福利有不利影响。不过，随着日益加剧的全球竞争迫使多种产品价格下降，工作岗位转移的经济理由逐渐占了上风。受到最大价格压力的子公司，如 T-O-D，最先开始搬迁。T-O-D 在墨西哥建立工厂所取得的成功缓和了对成本和风险的担忧。

与此同时,我们证明在美国工作岗位的净损失比起因延缓转移工作岗位而丧失竞争力的情形下损失的岗位要小得多。即使在美国就业下降的情况下,我们的员工依然保持很高的生产率。

随着其他子公司在墨西哥进行投资,我们发现,最初的启动阶段过后,在墨西哥的新工厂的产品质量和生产率水平可以与美国工厂相媲美甚至更好。这样的绩效表现反映在墨西哥和美国员工之间的工资差异上。这就意味着我们即使在员工、主管和技术岗位雇用更高教育水平的人员也可以产生可观的成本节约。在墨西哥,一名有学位的工程师的工资成本只有美国高中毕业生年薪的25%;而同样在墨西哥,一位有数学和识图知识的职业高中毕业生的工资成本相当于其边境以北的美国职业高中毕业生工资的15%。

随着更多的业务部门在更大的产品线范围面对强烈的竞争,我们需要加速从高成本国家向低成本国家转移工作岗位。同时,一个很清楚的事实是,在面对同样的功能表现和产品质量时,美国消费者是以价格作为购买基础的。"购买美国货"(Buy American)运动并不会挽救美国的制造业工作岗位。我们甚至发现,自己的员工也有购买那些与我们的产品旗鼓相当的进口产品的情形。子公司管理团队最终意识到(尽管有时有些勉强)当面对全球竞争时,在国外设立工作岗位意味着拯救他们的业务以及拯救如不这样做便可能会失去的美国工作岗位。

这样的信息一旦被人接受和理解,我们的行动就非常迅

第四章

速了。在1983年和1988年之间,我们关闭了50家位于美国的工厂并在低成本国家设立了大约5 000个工作岗位。我们向墨西哥大举推进,趁机利用maquiladora计划所带来的好处,沿美墨边界在自由贸易区建立工厂,我们从这里将产品发回美国,而只就产品增值部分支付关税。许多子公司也在墨西哥——在蒙特雷(Monterrey)、瓜达拉加拉(Guadalajara)、墨西哥城和其他地区——建立另外的工厂。

90年代的利润计划

Emerson管理过程的一项基本原则是要求连续不断地扩大运营利润率,以抵消因增加产品种类和全球覆盖范围而进行的收购活动所带来的稀释效应。在20世纪90年代初期,我们开始艰难地挣扎,而且在有些年份实际上利润也在下滑。回想起在1992年秋天为公司计划会议作准备的时候,我们焦急地看到公司主体——撤除收购和剥离活动影响下的公司——在五年期间几乎看不到利润有任何增加。我们显然需要采取一种新的做法。

我们将博杰思调离重要的运作管理岗位,委派他负责重振和改善我们的利润增进过程——以尽快地找出问题和解决问题。作为"利润沙皇",他领导着一小群由采购、劳资关系、信息技术、生产制造和国际发展方面的人员组成的参谋班子。

博杰思和他的团队花了一周时间尝试分析什么事情出了错。他们找回1987年的子公司计划会议记录本,以了解曾经预测在1992年底达到3.5%利润增长计划的组成内容，目的是为了弄清楚我们为什么会落后于计划。这项工作有几项重要的发现：

> 增长的下降：我们曾经预测的增长为7%，而90年代初期的经济衰退导致连续五年的增长率实际上仅为2%。我们曾预期通过锁定成本来获得杠杆效应，然而预期并没有实现。

> 定价压力：我们曾预测价格每年按1.5%增长，低于80年代初期的平均值。然而，由于经济衰退和日益激烈的全球竞争，实际的价格涨幅只有计划的一半。

> 材料成本的膨胀：由重新设计、采购行动和价格调整导致的成本下降并不足以抵消直接材料成本的膨胀。

> 工资成本的膨胀：由于缺少销售数量的杠杆效应，以及由于员工福利费用每年膨胀超过4%，工资成本相对于销售额依然增加。尽管在经济衰退期间我们减少了月薪员工的人数，但这一行动并不能抵消缺乏增长与价格上升的不利影响。

> 从抑制计时工资成本获得的好处太少：计时劳动成本相对于销售额略有改善，但并不像预测的那样多。我们曾经希望销售增长，这样就可以支撑处于低成本地区的新工厂。由于没有实现增长，我们在高成本地区的工人比例大大高于计划。

> 增加医疗福利费用：我们经历了远超过预期的医疗保险费用的增长。

第四章

> 来自西欧的利润率压力：我们在西欧的利润率低于美国。而且在某段时间，由于子公司没有向低成本地区推进以设立工作岗位，西欧公司的利润率一直在下降。

面对 90 年代初期的弱势价格和销售环境，我们需要加倍努力来抑制年度成本增长，我们采取了多种措施来应对挑战。

利润瀑布

第一步是研究更好的方法来测度和理解我们的利润问题。在高级执行副总裁兼首席财务官高文和团队其余人员的帮助下，博杰思研制了一个以 Excel 为基础的数据资料，它能够为制定五年预测提供精确的基础。这一软件将销售数量、价格和成本组成部分（材料、计时劳工、薪酬和一般费用）结合起来，并在上一个五您计划的实际结果的环境下对预测进行估计。这一分析工具名为"利润瀑布"（profit waterfall），它很快被用作一年期财务评估和五年期计划的基础。

整个数据资料由 45 个图表组成，它们以统一的方式来记录销售数量、价格、毛成本和净成本膨胀、成本下降、杠杆效应、工作转移、产品线组合、货币以及个别产品线的制造—购买决策的影响，以供评估和讨论。我们识别出抑制成本膨胀的行动和就改善生产力而减少成本的行动。我们将实际工作转移与那些依赖于在一个增长最快的工厂里生产的产品的时薪节约区别开来。每一成本节约计划可以与其对第五年计划的材料、劳动、工资和一般费用的影响直接挂钩。利润瀑布数据资料于 1992 年 11 月研制，1993 年 1 月在第一次子公司会议上测试,并在同年8月底开始向其他业务部门推广。

从关于销售额增长与定价的保守假设开始,我们为这一新工具的使用提供了指导意见。我们发现,传统的计划方法过于侧重增长。通常我们期望能按照乐观的销售增长预测和传统的成本节约方案来实现利润率的目标。我们发现,销售预测从销售额和价格增加两方面来衡量都显得过于乐观,许多子公司都无法实现这一利润率目标,公司总部也就无法实现总的利润目标。

为终止这种不现实的预测,并驱使管理层彻底考虑强有力的行动以在艰难环境中改善利润率,我们坚持要求各个子公司就计划利润作保守的假设。我们不允许比市场更快的增长以及未来的定价会好于前五年的定价或与之持平的假设。他们还必须为那些在过去的实际结果中经常出现但从来没有被预测到的不可预见的成本因素留出余地。我们提供按世界地理分布的工资和福利费的膨胀假设以及按商品大类分类的材料费用的膨胀假设。在这一段时间的计时工资和福利费率需与先前持平或低于先前水平。我们然后为每一子公司设定为期五年的利润改善的严格目标。

勤勉的价值

瀑布过程对细节的特别强调,使我们能够很早就将精力集中到各项业务所面临的各种挑战和必要的成本选项上。

第四章

"在瀑布分析中,我们无处躲藏,"执行副总裁孟图裴(Jean-Paul Montupet)说:"如果你相信这一过程并正确地作分析,它会告诉你需要做些什么。"

考虑当时的挑战:没有源于增长的杠杆效应、价格很少或没有增加、成本持续膨胀及面临在这一环境中增加(有时甚至是显著地增加)利润率的紧迫任务。我们知道这是一项艰巨的任务,但是,在当时的经济和竞争条件下,我们务必把这项任务拿下来。我们相信,保守估计以及瀑布设计的严密将促进人们广泛意识到对更多、有时甚至是更强硬的降低成本行动的需要。

利润评估

子公司计划会议总会涉及对利润率的讨论。会议一般由负责运营的副总裁主持,并受议程的议事范围所限制,以致一般放在一天会议结尾时的一两个小时。由于我们缺乏像瀑布过程一样的一体化发展工具,在许多情况下利润改善计划并不能与会议上的其他陈述紧密衔接。

很快我们就明显地感觉到,我们需要更多的时间来陈述、质疑和批评瀑布过程所需要的深度分析。如第二章中所提到的,我们决定将传统计划会议分成两个阶段。第一个阶段集中精力讨论以保守的增长假设为基础的利润率计划,第二个阶段集中精力讨论销售数量增长计划。

我们也认定,我们需要执行计划的人更深入地投入到利润率计划当中。博杰思和他的团队到每一个子公司的总部去作利润评估,并要求比出席圣路易斯计划会议人数还要多的经理人员广泛参与。运营管理人员肩负制订计划和完成瀑布过程图表的任务。

在评估时,负责运营的副总裁对计划作全面介绍,包括介绍工厂转移至低成本地区的战略。工厂经理们介绍生产率改善行动计划,工程经理们介绍产品再设计和材料替代计划项目,人力资源经理们介绍每一工厂五年期的工资与福利计划,采购经理们详细介绍抵消预期材料成本膨胀的计划。我们也对抑制工资总额和人头数(包括月薪工人)以及改善资本(尤其是存货)效率的计划感兴趣。财务经理出席会议但一般不作任何介绍,这里的表演舞台只属于运营专家。

除了得到更大范围的子公司管理人员对利润计划的深刻理解和专心投入外,这样的会议也给了每个职能部门的人一个机会来理解他们的工作领域对子公司成功的直接影响。比方说,看到人力资源经理们将工资与福利计划与利润的影响相联系是一件很有意思的事情,他们全都意识到自己在抑制成本膨胀压力中所起的作用,意识到向工厂员工告知我们所面临的市场现实的需要。这些会议也给我们一个机会来全面评估子公司运营经理的表现。

在每次利润计划会议结束时,我们或是接受提交的计划版本,或是取得管理层同意,将内容(更低的增长或价格假设,在低成本地区的更多的岗位,更好的材料生产率)变更后,重新提交。当最终计划到手时,由博杰思将它整理成一

第四章

份备忘录文件呈递给 CEO、COO 和业务平台领导人,一两个月之后,子公司总裁将在增长会议上提交一个扼要的总结。

瀑布解读

下面的例子(参见图 4－2)通过使用一个典型子公司的瀑布流程图来说明利润评估过程是如何运作的。图表表明了负面的成本影响与抵消负面影响的行动在瀑布模型中的流程。

利润瀑布始于历史的实际数值,以及对价格、销售额、成本膨胀、成本下降和其他成本因素作出未来估计,并将其转换成对过去或未来五年的运营利润的影响。将过去的绩效绘制在瀑布体系中可以为未来的预期提供一个基础点。比方说,当一个子公司预测到一个与过去结果不一致的正面利润变化时,它就会识别出计划的风险,我们就需要对这个风险展开讨论。

在这个例子中,子公司计划将运营利润率于五年中从14.2%提高到16.3%——由图表上部和下部的深色线条来代表。为取得这样的绩效,分部必须克服某些障碍——从"价格"到"其他"的负面成本因素。如果子公司不采取行动来改善赢利能力,赢利能力将受到这些因素的严重侵蚀。

价格变化直接影响赢利能力。如前面所提到过的,我们的利润评估指引是在经济和竞争压力驱使价格水平走低的情况下制定的。为了防止出现不符合现实的利润预测,我们坚持价格预测不得比前五年的更为有利,这一例子预测了价

图4-2 2000—2005 Emerson子公司X利润瀑布分析

对利润率的影响

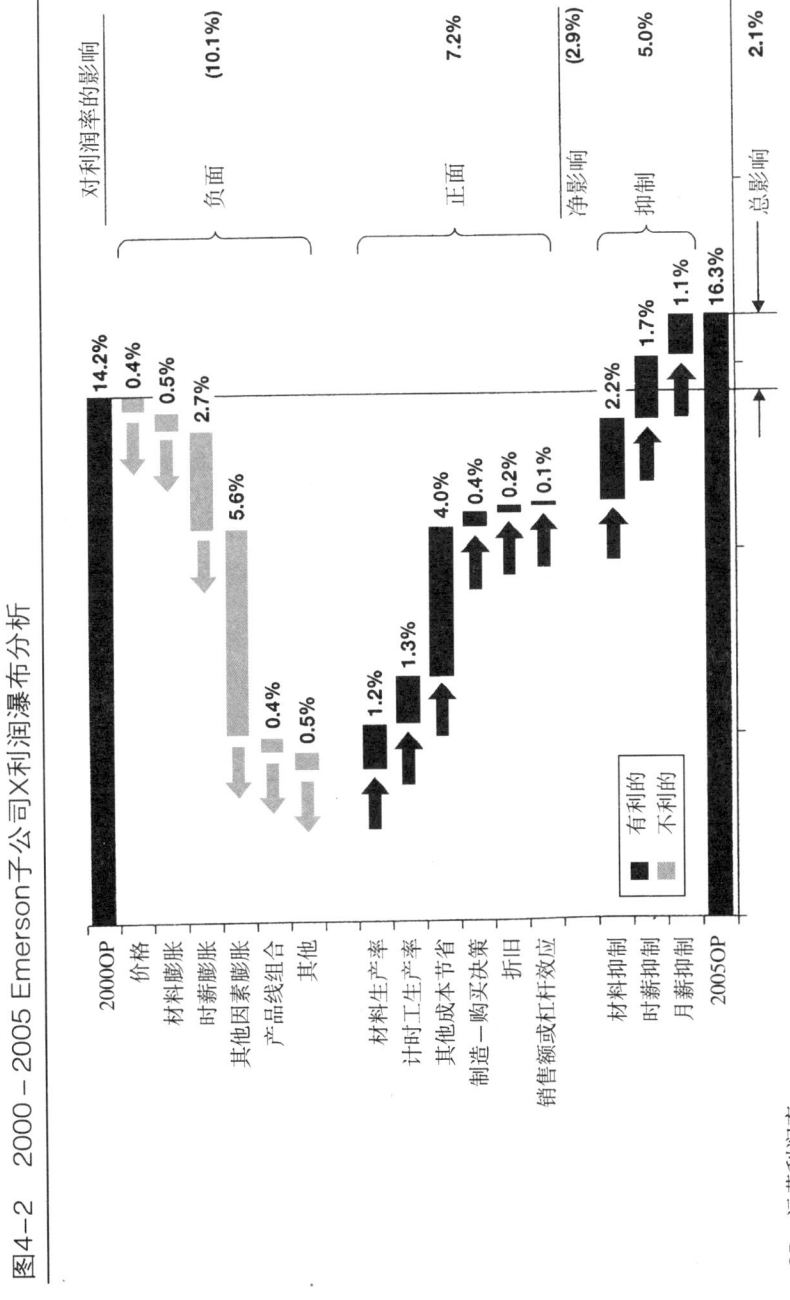

负面 (10.1%)
正面 7.2%
净影响 (2.9%)
抑制 5.0%
总影响 2.1%

2000OP: 14.2%
价格: 0.4%
材料膨胀: 0.5%
时薪膨胀: 2.7%
其他因素膨胀: 5.6%
产品线组合: 0.4%
其他: 0.5%
材料生产率: 1.2%
计时工生产率: 1.3%
其他成本节省: 4.0%
制造—购买决策: 0.4%
折旧: 0.2%
销售额或杠杆效应: 0.1%
材料抑制: 2.2%
时薪抑制: 1.7%
月薪抑制: 1.1%
2005OP: 16.3%

有利的
不利的

OP：运营利润率

格下降，它对利润率的影响是 0.4%。当然，在实施这一计划的时候，子公司并不一定要固守这一限制，如它能成功地增加产品销售价格，对利润的影响也可以是正面的。

毛膨胀率是在公开市场上成本的增长幅度。瀑布模型将毛膨胀率又细分为几个组成部分：材料膨胀、时薪膨胀和其他膨胀。材料膨胀对应于商品价格在历史上的增加或对应于预测的增加。时薪膨胀包括工资和福利费用两方面的增加。其他膨胀包括月薪工人薪酬的增加以及如租金或运费之类管理费用的增加。

产品线组合包括各产品线的增长率如何影响赢利能力。如果赢利更多的产品线的增长快于赢利较少的产品，那么子公司看到的将是正面的产品线组合。这个例子中，子公司将期望赢利较少的产品线比赢利更多的产品线更快地增长。与价格走势分析的情形相同，Emerson 利润率评估指引规定，产品线组合不得比过去历史资料看上去更为有利。

其他负面因素是一个包罗一切的类别，它允许子公司为未曾预见到的成本作计划。出于计划的目的，这一类别同样不许比过去更为有利。

所有负面影响的和为 10.1%。如果子公司不采取行动改进赢利能力，那么负面因素的组合会将利润从 14.2% 压缩到 4.1%。

在负面成本压力下面的部分，图表标注的是子公司为改善赢利能力所需要采取的行动——由"材料生产率"和"月薪抑制"之间的线条所代表。前几个线条表明制造产品减少材料成本或劳动成本所导致的成本下降。材料成本的下降一般要求产品重新设计，以减少生产时耗用的材料量，或允许用便宜、低成本的部件替代较为昂贵的部件。计时工生产率允许单个工人生产更多产品单位，或允许更少的工人生产一个产品单位，也可通过使用更有效率的机器来改进计时工生产率。其他成本下降适用于支领月薪的人头数和其他管理费用。

在本例中，子公司预期通过诸如将一项作业外包给一个更有效率的供应商之类的"制造—购买决策"行动产生0.4%的成本节约。如果子公司可以用比供应商更低的成本制造部件，那么，它可以通过内部生产来实现节约。

折旧也可以从两个方向影响营业利润率。折旧效应是一个测量折旧成本在折旧期内如何变化的尺度。一个子公司的成本节约计划通常要求增加资本设备，而资本设备会增加折旧成本。一个使用精益生产技术或外包业务来减少资本的子公司可以通过降低折旧来增加运营利润率。

利润评估准则要求杠杆效应的影响不得比过去的更为有利。当子公司能够将其固定成本分摊到更大的销售额上时，它就可以获得有利的杠杆效应。重要的是要理解成本减少与杠杆效应之间的紧密关系。例如，当子公司制定了一个可以使工程师们更为有效率地设计产品的计划时，它就减少了工程成本。如果子公司能够销售更多以同一设计为基础的产品，则可以将固定工程成本分摊在更大的销售额上，从而可以产生更大的杠杆效应。

第四章

　　成本节约的正面影响之和为7.2%。负面成本影响与成本减少的正面影响的净效应在20世纪80年代和90年代给我们的许多子公司带来挑战。当我们的反应只局限于一些传统的降低成本活动时,由全球竞争对手施加的重大定价压力导致我们的利润持平甚至下降。即使使用了诸如六西格玛(6 Sigma)之类的先进管理技术,单凭节约成本的努力还是不足以让我们实现利润目标。因此,成本抑制行动变得非常必要。

　　成本抑制行动与毛膨胀紧密相关。这些行动包括各个子公司旨在抵消上升的成本的努力。例如,为抑制材料成本,子公司将寻找同一材料的低成本供应商。Emerson的采购办公室曾经发起好几项旨在抑制成本的行动。我们依靠这一能力来寻找原材料的最低价格,我们通过多个子公司的集体采购来获得材料的杠杆效应,从而享受数量折扣。Emerson还在世界各地设立采购办事处,以便在低成本国家寻找供应商并建立合作关系。

　　为了控制计时劳动的薪酬成本,子公司发现低成本劳动力也可以完成相同的工作。节省来自于两方面,一个是工作从高成本的工厂转移到低成本的工厂;另一个是低成本的工厂相对高成本工厂增加产量。两种作用降低了平均计时劳动薪酬以及节省成本。在这个例子中,子公司只能够抑制2.7%计时薪酬中的1.7%。这样的话,计时劳动薪酬将会在五年内上升。为了完全抵消计时劳动薪酬的膨胀,子公司需要将更多的工作转移到低成本国家。

月薪与时薪抑制的做法相似。当一个子公司以低成本的中欧钢材采购商替代高成本的西欧钢材采购商时,它也就抑制了月薪成本。

这些抑制行动合在一起对利润率贡献了5%,这就允许子公司实现其目标:运营利润上升2.1%。注意,与成本节约计划相比,成本抑制努力要求以不同的方式配置资源。经验表明,成本抑制行动比成本节省要求的资源更少,而带来的回报却更大。通过将工程师们从再设计项目转移到采购资格认定部门,子公司可以更有效地分摊其月薪岗位的人头数。通过使用低成本工程和设计人员(由月薪工作岗位的转移而实现),受资源条件限制的子公司就有可能同时实施成本减少和成本抑制行动。

所有的五年期利润率计划都有向上的潜力和向下的风险。从保守的假设出发要求采取更有力的成本抑制行动,这样就可以增加实现或超过利润目标的可能性。

强化成本抑制

除了实施新的利润率计划过程之外,我们还加倍努力去重建利润。分析表明,我们在抑制工资成本方面已经势头不足,一方面是因为低增长的缘故,另一方面也是因为在20世纪80年代受到最大压力的子公司已经将其业务很大一部分转移到低成本地区。其他许多子公司却没有这样去做。管理层一般认为,他们的产品或生产过程的技术性质不能适应在墨西哥制造。然而,在90年代初经过三年的努力挣扎以

第四章

及严谨的利润瀑布分析使得这些经理相信，他们也必须转移部分生产以保持竞争力。那时，我们位于墨西哥蒙特雷的电机工厂正由当地墨西哥管理人员经营管理，他们运用了我们所有的最佳流程，其绩效以每一种测量指标来衡量都超过了我们在美国国内的工厂。持怀疑态度的子公司经理们一个接一个去访问蒙特雷，离去的时候觉得大开眼界，认为他们也可以在那里取得成功。走向墨西哥的步伐戏剧性地加快了。

欧洲又是另外一种情形。折磨着我们美国子公司的低增长、低价格环境也同样地啃噬着许多欧洲子公司的利润，严厉的劳动法使得我们毫无办法去应对各国工会所要求的工资增加。在 80 年代，有好几个子公司在爱尔兰建立了工厂，但由于该国高科技的发展导致工资水平大幅上扬，与一些工会打交道的困难经历也使我们对这种解决方案失去信心。

随着苏联在 80 年代后期和 90 年代初期的解体，中欧表现出某种程度的吸引力。斯蒂夫·苛蒂诺维斯（Steve Cortinovis）和他的小型国际团队走遍匈牙利、斯洛伐克、捷克共和国和波兰，以寻找我们可以建造工厂的现成设施或场地。他们访问了多个由西方承包商开发的工业园区，很快就了解到新设施的成本会很高，投产的时间会拉得很长，难以满足我们的迫切需要。后来，我们找到了斯洛伐克的乌玛（Vuma）公司作为收购目标。

以 Nove Mesto 为基地，乌玛公司有好些大型的厂房——虽然有些陈旧，但结构却很结实——和一幢办公大楼。它曾经是前苏联军工厂的自动设备供应商,拥有出色的设计师、机械师和机器制造人员,就是没有订单,并且工资只有德国的1/10。该公司已经被私有化,我们可以以合理的价格收购其股份。我们找到阄欧洲版本的墨西哥子公司。

我们着手使乌玛公司设备升级,以容纳从西欧迁来的子公司,有六家子公司很快搬迁过来。Emerson总部提供资金、人力资源、厂房维护和物流服务,但是每一个子公司都为自己的运营活动负责。后来,其他子公司也搬迁过来。现在我们在Nove Mesto有2 000名员工,包括设计工程师和斯洛伐克当地的管理人员。我们在匈牙利、波兰和捷克共和国找到了其他规模较小的场地,今天,它们的运营活动也非常成功(参见图4-3)。

同时,子公司在控制高成本地区工厂的工资与福利费膨胀方面也有创造性的表现。以对全球竞争现实的了解以及从利润率评估中获得的经验为基础,工厂经理和专业的人力资源管理人员将变革和改观的需要转达给我们传统的工作队伍。例如,美国年度一般工资增长的平均率从高于4%下降到低于3%。我们也以隔年一次性的支付来替代一般工资的增加。我们引入了二层工资结构,扩大临时工的使用范围。重新设计医疗计划,员工支付部分有所增加。随着管理团队忙于满足利润评估过程所设定的目标,好的主意从一个子公司传到另一个子公司。尽管采取了这些强硬的行动,我们的员工意见调查分值实际上却有所增加,这表明了我们沟通政策的巨大效应以及员工对我们所面临挑战的理解。

第四章

图 4-3 Emerson 在东欧和俄罗斯设厂经营以服务当地市场

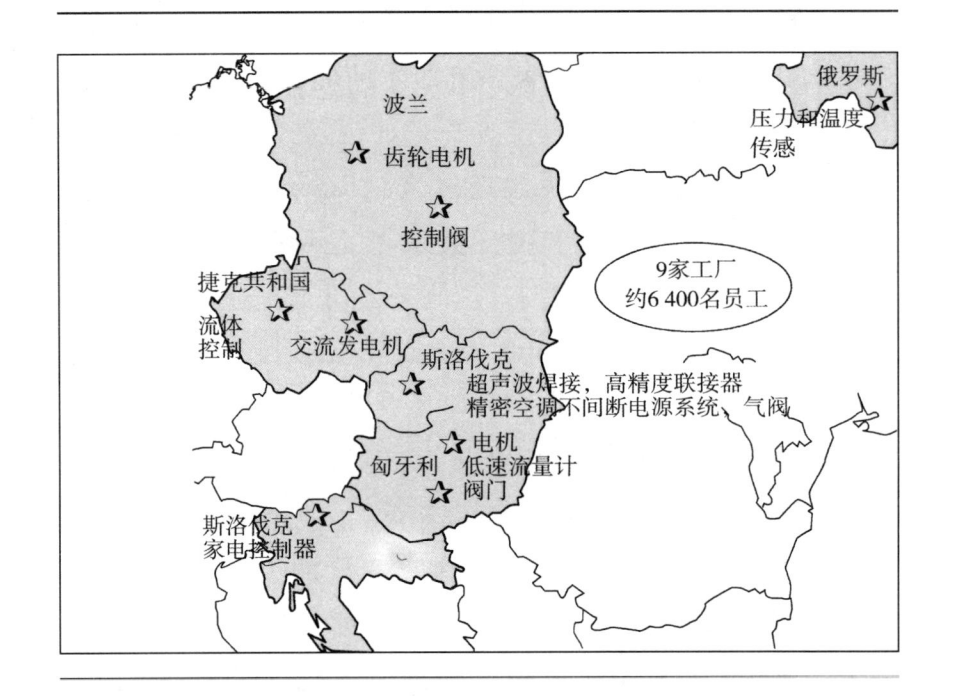

地图内容：
- 俄罗斯：压力和温度传感
- 波兰：齿轮电机、控制阀
- 捷克共和国：流体控制
- 斯洛伐克：交流发电机；超声波焊接，高精度联接器；精密空调不间断电源系统、气阀
- 匈牙利：电机、低速流量计、阀门
- 斯洛伐克：家电控制器
- 9家工厂 约6 400名员工

在实施利润率评估过程的头五年，我们将平均工资和福利费成本的年度增加抑制到1％或更低，这是一个被后来的"利润沙皇"阿尔·苏特、克雷格·阿什莫尔（Craig Ashmore）和孟瑟都一直保持着的记录。同时，我们在低成本的亚洲区域，尤其是在中国开展了更多的运营活动。我们在中国南方收购了一家重要的、成功的制造企业，并通过其设施与能力的杠杆效应来支持子公司向这一地区的转移（关于 Emerson 公司在中国运营活动的详细说明，请参见第七章）。如在其他地区一样，我们在中国取得某些成功之后，其他子公司也纷

纷仿效，在那里以及在其他亚洲国家通过建立合资公司、收购活动或建立新的独资企业来开展运营活动。

在80年代初期，我们在低成本国家基本上没有设立有意义的计时工作岗位。然而，在那些地区连续投资20年过后，我们几乎40%的计时工作都在低成本地区。如前所述，这有助于我们将年度时薪膨胀率抑制在大约1%左右。这与我们在美国其余工厂的3%～4%的年度膨胀率形成对照。总薪酬成本的膨胀率减少2%～3%意味着在2000年销售额水平上年度节约五千万美元。同时，以低成本国家拥有的总计时工作的大约40%为基础，年度节约在九亿美元以上——大约占了利润率的6%。

新的工作重点将放在材料上

对1987年计划的分析也让我们意识到在控制材料成本膨胀方面的惊人弱点。供应商的材料价格增长超过了我们产品的价格增长——这是一个极大的错误！而且，显而易见的是，对于某些更进取的子公司来说，转移工作岗位的做法并不可能永远持续下去。在90年代初期，有些子公司已经有70%～80%的工作岗位转移到国外。

我们的总成本有40%以上与材料直接相关。然而，按照自主管理模式，采购传统上是交由各个子公司的管理层控制的。我们有一个公司小组为诸如电机钢片和磁铁线圈等几种商品进行合约谈判，然而再清楚不过的是，通过跨子公司进行采购所带来的杠杆效应可能节约更多成本。

第四章

一件值得庆幸的事情是,1992年,惠尔浦公司的拉里·克雷默(Larry Kramer)加入我们公司,担任公司主管采购业务的副总裁。作为供应商,我们注意到克雷默改变了惠尔浦公司的游戏规则,他实行了集中化的商品管理,通过购买能力实现了杠杆效应,整合了供应基础,并在全球寻找最佳成本的供应来源。事实上,正是克雷默在80年代将巴西的压缩机供应商带到美国,让我们开了眼界。

克雷默面对的新挑战是惊人的。他来自于一个比较单一的公司,在这个公司里有标准的体系和零件编号方法,较少的供应商,品种相对较少却大量购买的商品。在新工作岗位上,他发现我们有大约60个子公司从200多个地区进行采购,没有共同的零件编号和共同的供应商。商品非常多样化——从核子级的不锈钢和防爆铸铁到电源半导体和微处理器应有尽有。从开始工作的那一天起,我们就无法告诉他买了什么,买了多少,付了多少钱以及在哪儿买的。

克雷默和博杰思共同想办法解决这一难题。利润瀑布模型中包含有一个简单的图表,以量化在过去五年发生的材料成本的膨胀程度,并对下一个五年进行预测。我们识别出70个商品大类,然后请了一家经济预测公司分析每一类商品的历史成本膨胀率和预测成本膨胀率。各个子公司提出其相关商品的年度购买量之后,就可以求得在过去每一大类的实际膨胀率和下一个五年的预测值。

我们将从市场预测得到的数字称为毛膨胀率,实际发生或预测到的膨胀率称为净膨胀率,二者之差称为抑制量(containment)，有时也称为差额(spread)。这些都是比较粗略的计算，然而，在九个月之内我们可以从整个公司的运转之中得知，与由外部提供的政府数据相比我们做得怎么样。现在我们就可以找出最大量购买的商品，并开始协调一致地解决它们的问题。显而易见，我们需要在这个领域做更多的工作。

同时，克雷默和博杰思也认为，了解其他在全球有多个产业的公司是如何管理采购问题对我们将会是一件好事。我们雇用了一家咨询公司，该公司最近发布了一项关于全球最好的采购方法之基准研究。我们请它对照这些基准评测我们各个子公司并对其评分。我们帮助他们设计了调查表，然后培训一些人员进行调查，这样我们就可以低成本、高效率及时地完成这一工作。

调查的结果很有启示性，并促使我们采取了以下的行动，这些行动都在1993年公司计划会议上公布过：

1. 采购组织
   - 增加采购部门具有学位人员的数目。
   - 各个子公司集中管理采购。
   - 拓宽子公司采购领导人的视野。
   - 在公司总部集中管理主要商品的采购。
2. 供应商关系
   - 将购买内容整合起来，向较少数目的供应商购买。
   - 采用严格的指标发展长期定购协议。
3. 战略规划

第四章

➢ 为每一商品制定长期战略。

➢ 向战略性而非向战术性采购活动投入更多的资源。

4．信息技术

➢ 大大增加向采购活动投入的信息科技资源。

由于子公司自主的传统，各项行动都是在子公司层次进行的。在利润评估和财务评估过程中，子公司经理使用瀑布图表和其他分析设定测度指标和目标。首先，我们指派几个人去领导由大量使用某一同类商品的子公司的采购代表组成的团队，从而将子公司层次的主要商品集中起来管理。这些团队在数据收集方面做了大量的工作。然后，我们根据粗略的瀑布数据得知结果，比方说，我们每年在铝模铸件上花费了多少资金。然而，要将供应商有效地整合以及要为实现最佳成本而发挥大量采购的杠杆效应，整个团队就需要对合金、壁厚、模具条件、模具所有者、当前采购数量、当前供应商、单价、运费条件等有很好的了解。

尽管碰到很多障碍，我们的团队依然取得了进展。各个子公司也积极响应挑战，对采购人员进行升级，将采购部门的领导提升至公司主要领导层次（一般要对总裁负责），采购成为每一次子公司董事会会议上的主要话题，我们也将大部分的采购责任从工厂转到各个子公司总部的一个高绩效的团队。我们开始看到效果。数据告诉我们，在80年代后期我们仅仅减小了毛成本膨胀率的0.3％，然而，在90年代中期我们将市场预测的膨胀率降低了1％，相当于四千万美元的成本改善。

同时,我们努力改进原始的数据收集方法。我们的商品清单扩展到包含475项编码,创建了更细的分类以帮助商品采购团队寻找利用杠杆效应的最佳机会。我们研制了一个成本膨胀模型,这个模型可以允许各个子公司按月预测一个商品类别中每一个部件的预期价格变化。当这一数据在子公司层次或公司总部层次汇总之后,它可以为我们提供一个早期预警系统,并指引我们沿什么方向集中注意力和资源。当在8月份制订年度财务计划时,克雷默和他的团队就为每一个子公司设定非常具有挑战性的膨胀抑制目标。我们责成他们采取行动去降低成本膨胀模型中预测到的材料成本增加(或促进其下降)。

将采购活动提升到另一个层次

早期的成功令人鼓舞,但我们开始注意到,产品或服务的年度定价从略微上升变成了大幅度下降。抑制成本膨胀不再为我们所接受:我们需要驱动材料成本的绝对减少。我们鞭策克雷默将游戏提升到另一个层次。在为1998年公司计划会议作准备的时候,他提交了他的计划:

1. **投资于负责主要采购的专职公司商品采购团队。**临时性团队——由总公司领导和子公司人员兼职组成——已经取得过一些成功,但是还是需要给予更多的注意。子公司员工已经肩负专职工作责任,并不总是能够参加团队的会议。人员的工作内容总是在不断地变化,缺乏连续性会导致工作拖延。克雷默要求

第四章

专职工作人员来推动计划的实施,以帮助他应对挑战。

2. 为亚洲采购办事处(Asian procurement office,简称APO)配备人员。早期向亚洲转移的子公司,如热敏碟(T-O-D)和雅达,已经找到能力强而又成本低的供应商,它们可以提供诸如塑料模具、金属冲压部件和螺钉机部件等等。增加一个可以为所有子公司开发供应商来源的公司总部资源中心将会派上很大的用场。

3. 发展全公司性的物料资料库(material information network 简称 MIN)。收集供谈判用的信息任务仍然很艰巨,它限制了任何一年可涉足的商品数量。许多种类的材料对于我们有限的资源来说数量太少,但是它们合在一起就显得非常可观,可以创造有利的机会。我们需要一种方法准确而又轻松地分析所有的材料需求系统,挖掘有助降低价格的机会。

克雷默的提议在首席执行官办公室激起了激烈的辩论。将商品采购团队集中在公司总部有别于子公司自主的神圣理念。如果由公司总部选择的供应商不能按时交货或有质量问题,将由谁来承担责任?中央决策有可能影响子公司的赢利能力。我们将看到财务成果的所有权从我们一直相信能够为公司贡献最好的成果的人们手中旁落。在公司总部层次增加大量的人员有违保持精干、不被干预的中央人员队伍的一贯做法,它也与公司向子公司收取占销售额 0.67% 的最低公司费用的一贯做法不相容。我们对庞大的信息技术投资一直持怀疑态度,因它看上去绝不会有好的回报。克雷默的项目将会很庞大而且很昂贵。

然而,我们的客户正在将他们的供应基地扩展到全球,由此价格压力带来的现实要求我们采取更进一步的行动。业务领导们支持克雷默的提议。在公司计划会议上,这项提议被介绍给由子公司领导人组成的更大范围的听众。大家也同意总部收取的公司费用将增加到 0.7%,从而为这一举措提供资金支持。会议伊始,我们就告诉与会者我们再不能承担由自主采购而引起的代价,我们期待他们给予新的行动全面的合作,我们的行动已经提升到下一个层次。

随着专职专业人员投入工作,我们的主要商品采购行动的强度也显著提升。尽管团队仍然需要子公司的认同和合作,但是他们已经不必再向供应商低声下气地乞求了。这些团队的活动范围遍布全球,他们满世界寻找最佳成本供应商。必要时,他们也帮助供应商开发工艺过程以满足我们的特定需要。我们的团队曾与一家墨西哥钢厂合作制造电气应用级的电机矽钢片,也曾与一家铸造厂合作制造灰口铁无气孔铸件。

我们为亚洲采购办事处配备了经验丰富的当地专业人员以发展新的供应基地,并将其推介给我们在美国和欧洲的子公司。亚洲采购办事处团队很早就意识到,要让当地的供应达到预期的质量和交货标准,需要下大力气发展供应商。借助于该区域一些大学的帮助,我们发展起培训计划,并配

第四章

合评估工具,为新的供应商提供了一条发展大道去满足我们的要求。不过,在许多情形下,我们找到那些已能满足其他跨国公司严格标准的供应商。大的子公司会向公司的总部办公室增加他们自己的人以加快发展速度。

我们仍在为及时、可靠地收集直接的材料数据而大伤脑筋。我们设想建立一个材料信息网络作为数据库,以便我们简易可靠地存取与全球采购活动有关的关键信息。这一做法要求使用一个系统能够从位于27个国家的247个地区的子公司的系统抽取相关数据,涉及110万个独立的零件编号和33 000家供应商。每一个零件编号与一个特定的公司商品代码相关联,每一家供应商与一个特定的识别码相关联。量度单位的标准化、货币兑换、语言翻译和软件的开发都向我们提出重大挑战。

我们分两步来建立物料资料库。首先,我们集中精力于诸如价格和数量之类的规则性变化的动态数据,这一部分工作很容易做。在第二阶段,我们主攻对零件的描述。在可能的地方,我们使用制造商的零件编号。然而,在大多数情形下,我们必须提供参数性的数据——如合金、尺寸、重量和铸件的壁厚——以便最终将同类的部件汇总。为辅助这一努力,我们在菲律宾建立了全球材料数据中心。在那里,当地有才能的工程师们不断搜索各子公司的数据库和图纸,以挖掘有关物料描述性字段的信息。

1999年,我们首次尝试使用一个称为逆向竞标(reverse auction)的以互联网为基础的技术。一些合格的某类商品全球供应商为电子交换系统中的订单竞价,在整个竞价过程中价格持续下跌。这种逆向竞标的动力机制真是妙不可言,因为来自印度、东南亚、拉丁美洲、东欧和其他地区的供应商为赢得业务而针锋相对地竞争。这一尝试的初步结果表明节省超过了20%。我们建立一个团队来管理这一过程,并为子公司人员培训。我们现在把逆向竞标过程作为一个比较工具在整个公司使用。在公司商品采购团队、物料资料库和亚洲采购办事处的辅助下,它每年的应用都在显著地增加。今天,我们使用物料资料库来为逆向竞标项目自动搜集零件编号数据,并通过零件编号自动跟踪已经完成的逆向竞标过程的执行。

逆向竞标过程也为我们外包非核心技术和制造过程提供更新、更低的基准成本数据,这些非核心技术和制造过程包括金属冲压和机加工、铝制模具铸造、塑料模件成型和其他过程等等。在许多情形下,我们通过外包不仅降低了零部件成本,而且降低了对资本的要求——从资本回报率来衡量,这对我们来说是双倍的好处。

像建立物料资料库和通过逆向竞标过程来采购这样的举措是很好的省钱方法,因为我们可以更容易地将需求与低成本材料的来源相匹配。同时,我们也听从提升子公司和公司总部采购人员的教育水平的建议。我们与开设了以采购和物流技术为重点的MBA课程的大学建立联系,他们的毕业生成为我们新雇员的首要来源。

整个材料成本膨胀抑制计划表现出很好的发展势头。

第四章

在21世纪初期，公司商品采购经理的控制权扩大到覆盖60%的总采购量，10%的年度采购量是通过逆向竞标过程完成的，15%是从亚洲采购来的。随着计划的影响力不断增加，年差额（annual spread）（材料成本的毛膨胀率与净膨胀率之差）增加到2%以上，年度材料成本削减的数额超过一亿美元。

精益生产

我们也对自己处理产品质量的做法加以反思。在80年代和90年代所采取的行动将产品质量提升到世界先进水平，但是我们仍然继续追求不断变化的目标。客户现在无一例外地期待产品的高质量，并开始索要更多的好处。从日常所作的客户满意度调查来看，我们发现，对于可靠的交货期以及更短交货周期的要求位列调查清单之首，我们必须以我们对待产品质量时所具有的积极态度来对待客户的期望。

为满足这些需要，要求我们对组织和经营工厂的方式进行另一轮根本性的变革。速度——物流的速度、信息的速度、变革的速度——成为新的当务之急。来自伊顿（Eaton）公司的高级管理人员雷·基夫（Ray Keefe）加入到我们公司，并领导我们学习和使用精益生产的原理和技术。他设定将交货周期减半的目标并大大地改善我们的交货期可靠性。为实现这一目标，我们必须处理好一些内部绩效问题，包括加速提高生产率和改进资产管理。这些问题也成为精益生产计划的目标。

精益生产是一种减少材料在工厂的流程时间、消除浪费、消除无增值的活动、在生产的源头保证产品质量的结构性的管理方法。Emerson实施精益生产计划采取了以下的步骤：

1. 我们就精益生产原理培训了四千多名高级管理人员和经理人员，并让他们先行了解一些他们将被期待去领导的根本变化。

2. 我们设立了一个精益企业倡导者培训课程，以创造一个领导者和实施者的临界群体，并减少聘用外部顾问。到目前为止，已经有五百多人从这个课程毕业。

3. 我们使用一致的方法确定关键生产战略目标，详细展示有关的过程，识别及排定将要实施的各个项目的优先次序。

4. 我们建立了一套指标，以测量从最初计划到完全实施各个子公司投入精益生产的程度，我们全年都向公司总部报告这一套指标。

5. 在所有计划会议和利润评估会议上，我们围绕精益生产活动的计划和进展展开强制性的讨论。

这一努力始于1999年，结果表明，它对我们的运营产生了重大影响，并且为客户带来了很有价值的益处。许多子公司报告说，他们成功地满足了关于交货周期的要求，这一周期要求只有精益活动开始推行时的1/3。交货延误的次数减少一半，生产率提高25%。我们使用资产的效率也比以前高得多。生产场所所需面积比从前减少20%，但仍

第四章

然维持了很高的生产数量。另一个成功的故事则是存货周转率,它上升了 32%,给我们带来了相当于五亿美元的现金流量。

当前,精益生产计划仍在演变和扩展之中。我们使用六西格玛工具帮助消除过程变动。我们制定了精益企业项目,意在将精益原理从工厂的工作场地扩展到业务过程改进(从订单录入到设计)、供应链管理和需求管理。后一项目以清楚和理解客户的真实需求模式为中心,而非以针对订单作出反应为中心。

电子商务

在 90 年代后期,通过利润计划以及传统的改善生产率与更新式的成本抑制行动,我们得以保持运营利润。直到 2000 年,1/3 以上的员工是在低成本国家,我们的材料成本抑制项目一路进展顺利。在价格销售持续下降的环境下,我们需要更多的有利元素来支撑最佳运营项目。

我们转向新型的电子商务技术,在几个选定的成本节约和抑制项目中,我们成功地使用了这一技术。彼得斯离开关键运营岗位,然后成为我们的电子商务领导人。他就在全公司范围应用电子商务可能获得的好处展开分析,分析结果包含以下的内容:

> ➢ 可以将一定百分比的月薪工程人员岗位(过程控制系统的产品设计和项目实施)配置到低成本国家。
> ➢ 通过一个全球物流运作系统整合原材料、零部件和成

品的库存和发运。
- 在低成本国家建立客户服务支援中心和职能单位（如设立应付账款职能）。
- 通过将信息流自动化、消除与客户和供应商的人工界面以及公司内部的人工界面提高行政管理人员的生产力。
- 集中管理出差维护、修理与运作（maintenance，repair and operating 简称 MRO）等服务的采购。

总的说来，彼得斯的分析最初为我们找到了 2% 的利润改善空间。电子商务技术不仅节约资金，而且会带来其他好处。群集工程（swarm engineering）（指派众多工程师同步开发一个项目）可以大大缩短产品开发周期（参见第五章）。类似地，有很好的人员配备的客户服务支援中心可以极大地改善客户服务。

随着彼得斯研究的深入，他很快便清楚地了解到子公司单独处理电子商务不仅不现实，而且既费资金又费时间。电子商务的实施有巨大的规模经济，实施过程的复杂性和不断的系统运行将对许多子公司构成挑战。同时，多个子公司的共同客户也坚持只用单一联络点来输入订单。

于是，我们制定了一个方法，这包括支持电子商务应用的软件、硬件和通信系统的标准化，供应商的整合，使用低成本地区的软件工程师来辅助开发和实施。这一做法的经济效果是巨大的，集中处理采购业务的不断成功也帮助我们赢得了子公司管理层对集中化的服务共享方法的支持。

第四章

我们制定了两项衡量整个电子商务行动进展的指标：月薪的管理工作岗位配置于低成本国家的百分比以及子公司通过应用电子商务而实现的总的成本减少或成本抑制量。这两项指标成为子公司在总裁议事会议、财务评估以及利润评估会议上汇报的一部分。2002年度利润评估包含在五年之内将在低成本国家的月薪人头数的百分比提高到30%以上的计划，届时，总的成本减少或抑制量将等于两个利润率百分点。

我们在决定整个公司应采用电子商务工作方法的同时也获得了业务外包的好处。许多在印度、菲律宾以及其他地区的公司能够以比我们内部低得多的成本提供客户支援中心服务和工程服务。全球物流公司提供的服务不仅为相容的Emerson子公司在货物运输过程中的全球仓库和集装箱使用，也为满足他们其他客户的需要带来杠杆效应。结果大大减少所占用的仓库空间成本和货物发运成本。外部公司同样运营有更大的数据中心，它们通过将其一般费用分摊到所有客户而产生杠杆效应，能够为我们提供更低的单位储存和交易成本，比我们使用自己的设施所能做到的还要低。

尽管最近的利润评估表明，最初估计从电子商务获得2%的利润好处有望在2007年实现，但显而易见的是，我们在将来将获得更多的好处。

卓越运营之总结

在过去的几十年里，Emerson 稳步致力于改善其卓越运作能力，专注于以新的以及更好的方法去了解客户和竞争者，积极地开展全球竞争，更有效地使用公司资产。尽管处于不利的环境，我们还是努力实现增长和保持赢利。这是一项长期艰巨的工作，它在未来也不会变得更容易。我们通过艰难的选择、强有力的行动及变革——当我们必须变革，否则就会悔之晚矣的时候——而取得成功。

图 4-4 是对我们多年来以强有力的成本节约计划和制造管理为基础，为实现最佳运营而使用的某些技术、工具和项目的总结。80 年代以来，随着全球化以及竞争压力的加剧，我们增加了新的项目和行动，如将注意的焦点集中到以设计保证质量而非以检查取得质量以及在低成本国家开设新的工厂。以后，随着竞争压力持续升级，我们提升了我们的努力，将关注的重点转向诸如改善采购和供应链管理、精益生产、抑制月薪成本、使用电子商务以及外包非核心业务和过程之类的事情。在许多这样的行动中，我们指派总部高层领导去主导攻坚战的工作。这些领导带着极少的人马与子公司管理层一起去制定目标、提供培训和检查结果。

到目前为止，我们的做法很奏效。在整个 90 年代，我们以运营利润率来衡量的绩效表现不仅超过同类公司（参见图 4-1），我们还发现，将工厂和工作岗位配置在低成本国家对

第四章

产品质量不会造成负面影响；恰恰相反，产品质量有大幅度的提高。正如一些管理专家们所注意到的，取得更好的质量与降低成本并行不悖。

图4-4 过去30年来的最佳成本生产者和最佳运营活动

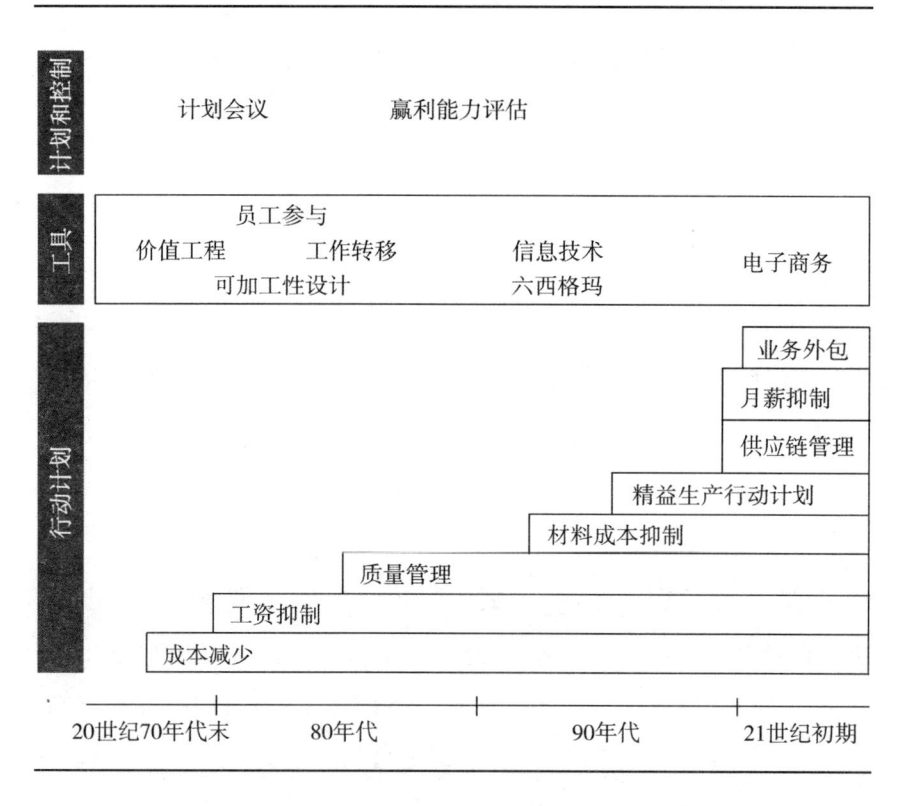

计划和控制	计划会议	赢利能力评估		
工具	价值工程　工作转移　员工参与　可加工性设计		信息技术　六西格玛	电子商务
行动计划	成本减少	工资抑制　质量管理	材料成本抑制　精益生产行动计划	供应链管理　月薪抑制　业务外包
	20世纪70年代末	80年代	90年代	21世纪初期

最佳运营战略是管理过程的一个关键组成部分，如果没有对它抱有坚定不移的信念和始终如一的奉行，Emerson不可能取得这样的绩效表现。我们深知这一原则不能有丝毫改变，因为商业环境将不断带给我们重大的挑战。毫无疑问，我们在实现最佳运营时所强调和支持的特定的行动将会

随着客户要求和期望的演变、随着竞争对手发展出新的战略和给客户新的承诺以及随着新技术的发展而变化。只要我们遵守最佳运营的主要原则——满足客户、了解竞争对手、发展有竞争力的全球计划以及很好地管理资产——我们仍然会是一家保有赢利能力而又健康的公司。

第五章 从技术跟随者到技术领先者

技术领导地位创造可持续的竞争优势。
——Emerson 格言

在20世纪70年代初，Emerson 的计划工作显示，我们正面对两项与技术有关的严重挑战。第一项挑战是我们是市场跟随者——紧跟着市场，但不是领导者。我们相信，这种地位不是长时期可持续的。除非我们在自己的业务领域取得技术领导地位，否则就不可能保持强有力的财务绩效表现。

第二项挑战是我们需要提升技术基础。我们大多数产品都是以机械、电气或机电技术为主，但全球正迅速地走向电子时代。无论如何都必须提升公司的技术水平，否则，我们就要因为自己的平庸表现而承受风险。

战胜这两大互相关联的挑战是 Emerson 在过去三十年

第五章

来所取得的最大成就之一,也是我最感到自豪的事情之一。我们今天在所有重要的市场上都是领导者,每年在工程和研发(Engineering & Development)上的投资都在五亿美元以上。新产品占了总销售额的40%,比20世纪70年代的3%增加了很多。

这一章将讲述我们是如何取得这样的成绩的。我们的成功是全程投入以技术为基础的竞争策略,以及如何有效地管理过程的结果。

技术领导地位和竞争优势

要取得技术和管理过程上的领导地位需要耗费巨大的财力,要求持续不断地进行高水平的投资。但是,技术领导地位所带来的好处远远超过成本。这些好处包括以下内容:

> 通过提高产品性能和改善客户基本的经济效益赢得为客户增加重要价值的机会;
> 与众不同的产品。这种产品能够抵御商品化、具有持久的生命力,并且带来溢价;
> 赢得通过最新颖而划时代的设计和支持服务以提升先进产品的机会;
> 赢得将产品和服务联系成具有高附加值的解决方案的机会,使之成为与客户建立持久关系的基础;
> 有效地大幅度节省营运成本;
> 率先获得新技术,从而有机会为业界制定技术标准,从而改变竞争规则;

> 获得专利知识产权,提升竞争优势。

简而言之,由技术领导地位带来的好处是压倒一切的。在20世纪70年代早期,我们没有意识到这一切的好处,但我们知道,控制我们的命运、成为行业领导者以及取得真正过人绩效表现的最好途径是成为技术领导者。问题是我们如何从当时所处的位置达到目标。

Emerson 技术管理的根本理念

Emerson通过管理过程将自身转型为一个技术领导者。我们由上而下,包括董事会和高层管理团队均表现出决心,从开始对目标的重要性就已有共识。我们设定严格的目标,为如何实现目标而制订计划,跟进和控制进程,并按结果给予奖励。我们以能够开发新产品的机会和对将来业务效益的帮助作为严格选择投资行动计划和项目的标准。因此,我们把关注的重点放在应用技术而非理论研究上。这样做的时候,我们谈的是"D(发展,Development),而非 R(研究,Research)"以及"E&D(技术工程及开发,Engineering & Development),而非 R&D(研究及开发,Research & Development)"。

与此同时,我们发展了一套在过去三十年可以让我们有效地应用技术的独特做法和技巧。例如,每年都无一例外地增加在E&D方面的投资;我们为新产品的销售制订计划并跟踪新产品的销售;我们为单一子公司没有办法支持的行动计划和项目提供特别的资金;我们为外部关键技术来源开放

第五章

新的通道；我们将各个子公司的独立产品整合成为具有更高价值的客户解决方案；我们扶植新技术项目和行动计划，并以公司资源来支持它们；最后一点，我们对成就予以嘉奖。

为赢得领导地位全力以赴

我们知道，赢得领导地位需要付出高昂的成本，但是，与总是落在他人后面的代价相比，前者会更具有可持续性。因此，取得技术领导地位和提升我们的技术基础就成为公司第一要务。在这一点上，我们得到 Emerson 董事会的鼎力支持，并在好几位长期董事的领导下往这方面进行努力。美国空军（US Air Force 简称 USAF）的伯纳德（"本尼"）·施里弗[Bernard ("Bennie") Schriever]将军（已退休），在董事会担任首席技术顾问直到 1994 年退休，时间长达 26 年之久。作为专业空军军官，施里弗在 50 年代领导美国的洲际弹道导弹计划。与第二次世界大战研制核子武器的曼哈顿计划相似，洲际弹道导弹计划（ICBM）是有史以来最为复杂的技术部署之一，而施里弗将军则是美国最杰出的技术专家之一。他于 1973 年应格里·洛奇（Gerry Lodge）的邀请，后来又应维恩·卢克斯（Vern Loucks）（来自 Baxter 公司）和迪克·洛因德的邀请加入 Emerson 董事会。格里·洛奇是一位勇于冒险的企业家，他对与电子技术相关的业务具有远见卓识。维恩·卢克斯和迪克·洛因德则具有指导工业公司进行技术开发的多年经验。

我们行动的第一步是赢得董事会与公司上下对长期技

术投资的全力支持。我们把所需的支持转换成金额,从建立在 E&D 方面的投资循环开始。大约自 1975 年开始,我们决定每年增加开支,在此后的 25 年,工程和开发按照销售的百分比连年上升(见图 5-1)。不管经济环境的好坏,我们都会加强向客户提供先进技术的能力。

图 5-1 每年不断增加的工程和开发支出

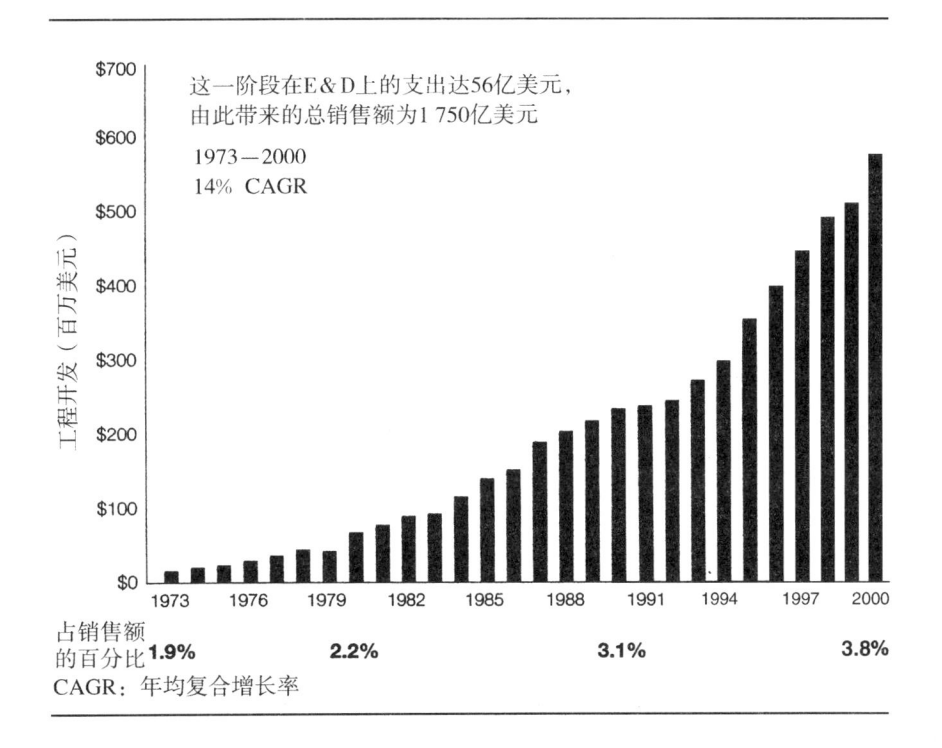

这一阶段在 E&D 上的支出达 56 亿美元,由此带来的总销售额为 1 750 亿美元

1973—2000
14% CAGR

占销售额的百分比 1.9%　2.2%　3.1%　3.8%

CAGR:年均复合增长率

加速开发新产品的项目

除了坚定地支持增加 E&D 年度开支之外,我们还将新产品开发作为公司的另一项当务之急。一项内部评估显示,

第五章

我们在这个领域存在严重的问题,我们知道必须以不同的方式来处理这个问题。我们从 Trane 招聘了史泰礼[一位我认识多年,在康奈尔(Cornell)大学受过教育的工程师]来领导新产品开发。

史泰礼的工作从制定一项新的衡量指标开始:我们将新产品销售定义为过去五年内提供新功能的产品所产生的销售。然后计算由新产品销售而来收入的百分比,并制订改进的目标。最初的发现令人沮丧。1973 年,Emerson 收入中只有 2.1% 来自新产品。按照这一比例推算,我们意识到自己大致是以 50 年的周期来更新 Emerson 的产品线。而我们的产品在任何时候的平均寿命都超过了 25 年。随着技术更新速度的加快,假定与电子技术相关的业务在领导潮流,我们知道我们必须进行一场意义深远的变革。

史泰礼开始与各个子公司紧密合作,以加快推出新产品的步伐。作为一个在整个 Emerson 范围适用的比较尺度,新产品销售指标允许我们将对技术的重视渗入几乎所有的业务领域。这一指标成为子公司计划会议上的一项必须的议程,对它展开详细讨论。不过,即使我们已经将指标建立起来,在最初的几年里还是出现了一些混乱,为了使问题得到澄清,我们也对诸如产品线扩展与采购项目之类相邻的范畴进行跟踪。这些范畴对于我们那些苦于缺乏开发活动的子公司经理来说非常重要。跟踪这些范围至少使他们感觉正在取得进展,不过,这些参照基准也突出表明了对于变革的需要。

同时,我们要求子公司管理团队增加对作为加速增长举措的产品开发的投资。我们用这些与新产品有关的活动,来填补基础销售计划与公司总增长目标之间的差距。经过对新产品计划的详细调查和跟踪,我们为每一个子公司制作一幅示意图以增加新产品活动和缩短产品生命周期。之后每年我们都创造出可观的新产品数字(参见图5-2)。

图5-2 新产品销售

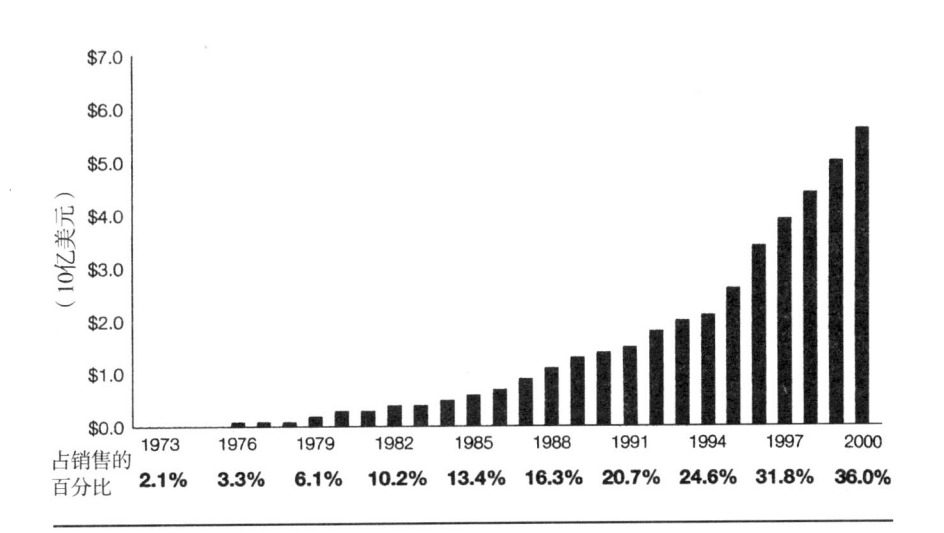

年份	销售额(10亿美元)	占销售的百分比
1973		2.1%
1976		3.3%
1979		6.1%
1982		10.2%
1985		13.4%
1988		16.3%
1991		20.7%
1994		24.6%
1997		31.8%
2000		36.0%

战略投资项目

我们向技术领导地位的迈进受到子公司自主传统的制约,这包括期望每一个子公司必须为其技术开发自筹资金。我们强烈的利润观念与对长期投资的需要不断处于对抗之中。我们最好的子公司经理对这些相互矛盾的压力进行平

第五章

衡,并建立必要的投资能力来支持他们在新技术投资方面的努力。然而,有时候最佳的机会和战略的规模和潜力是如此之大,以至于一个特定的子公司不足以为之提供资金。我们设计出战略投资项目(Strategic Investment Program,简称SIP)来处理这一类情形,而且三十多年来一直坚持这一计划。

如在第三章中所讲到的,SIP 为子公司罗斯蒙特的珠穆朗玛峰计划(第一代灵巧传感器)、谷轮(Copeland)的涡旋压缩机、Emerson 的变速电机和驱动装置以及数十项较小但仍然有重要影响的项目提供了资金。每年我们都要对一些建议进行审议,这些建议可能吸纳的资金为可利用的 SIP 资金的两到三倍。我们按项目的轻重缓急来作决定——支持一些项目;在另外一些情形下为子公司补充一部分资金,否决或暂缓实施另外一些项目。

正如 Emerson 最重要的基础技术所作的一项客观评审所证实的,SIP 一直运作得很好。这一计划允许公司管理层在子公司不能承担风险的时候去承担这些风险。

为技术开发重新指派角色和职责

出于对 Emerson 传统和管理过程的考虑,我们设定目标促使子公司采取积极的行动来提升技术能力。我们任命了公司技术领导人——即后来的首席技术官(chief technology officer/CTO)——委派给他的任务是帮助子公司实现其目标。

有好几位重要的技术专家担任过我们的CTO,但是在创建一流的公司技术职能部门方面,没有人比哈尔·福特(Hal Faught)起的作用更重要。哈尔·福特于1979年至1992年领导这一职能部门。此前他在西屋(Westinghouse)和美国邮政总局(U.S. Postal Service)担任高级研究经理。他提高了人们对技术问题的意识,发展了培训项目,鼓励人们与可能就技术问题提供帮助的Emerson其他同事沟通,并且开辟渠道去认识外界的最佳做法。

继福特之后担任CTO的物理学博士兰德尔·莱德福(Randall Ledford)也为公司作出了重要的贡献,他为我们提供了高级的研究方法和工具,以丰富我们对技术的计划和管理。例如,一项称为技术路径映射(technology road mapping)的技术可以帮助各个子公司安排其产品和技术开发努力的顺序,并就此与供应商、客户和Emerson其他子公司进行协调。

我们通过在各个子公司任命杰出的技术业务领导人担任CTO的对等职务来支持技术行动计划。这些人领导运作层面以及业务平台层面的行动计划,有些人还被纳入由CTO担任主席的Emerson技术理事会。技术理事会定期召开会议以交流信息和有关见解,并指出技术发展趋势和可能对业务有重大影响的潜在断层变化。这一小组也领导一些重大技术活动应对如在软件、电子和材料等领域对多个子公司和业务带来的影响。同样地,Emerson也偶尔举行由技术人员和外部专家参加的特别会议,以研究某些特定的技术或新出

第五章

现的技术问题。

公司的技术职能部门也负责管理 Emerson 的知识产权，尤其是公司不断增加的专利（见图 5-3）。在以技术为基础的竞争中，拥有技术优势关系到企业的生死存亡。因此，我们用好几项专利保护我们的核心技术开发，如变速电机、涡旋压缩机、灵巧传感器和过程控制系统与网络，这些专利权都被有力地实施。这一类知识产权也是公司的重要资产，我们竭尽全力保证我们实现其全部价值。

图 5-3　新 Emerson 的新专利

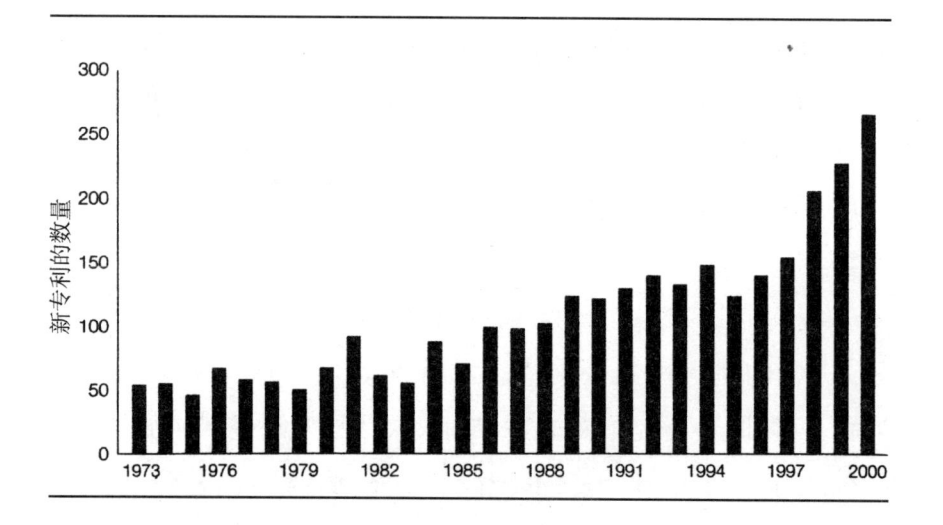

为技术来源开辟新的通道

我们在转型过程中采取的另一项关键步骤是努力获得世界上最先进的技术。其中部分依靠企业并购计划，寻找在技术上显然是全球领导者的公司作为以后的发展基石。这一思维指导我们进行了一系列最重要的收购，包括（过程管理的）罗斯蒙特、高准（Micro Motion）和费希尔，（环境优化技术的）谷轮，（网络能源的）雅达和安圣电气（Avansys），以及电机和自动化业务的利莱森玛和 Switched Reluctance Drives Ltd.（简称 SRDL）。这些交易都极大地扩展了我们的技术能力。

Emerson 在内部创造技术的做法也发生了重大的变化。20 世纪 70 年代，我们基本上是依靠一个建立在一系列公司开发实验室基础上的集中化模式。其基本理念是，一个独立的小组负责创造新技术，这些新技术将由独立的子公司个别推向市场。但是，我们发现这一做法行不通。这些努力缺乏工作重点，得不到足够的资金支持，一般也不是很有效。于是，我们发展出不同的做法，这样的做法是在为子公司所管理的项目提供支持，而不是组织独立开发特定产品的公司开发中心。新的做法也使我们认识到技术在更广范围的适用性，它将工作范围从产品开发扩大到包含加工需要、电子和通信能力以及（尤其是）与材料相关的科学研究。

新做法的核心是努力创建技术专家中心，专家中心在有些情形下以业务为中心，在另外一些情形下则以技术为中心。从 80 年代后期开始，我们对这些卓越中心进行投资，以有效采用一些正在对许多子公司产生影响的技术趋势；我们也会因企业业务活动需要而投资其卓越中心。这些中心演变成五个主要的小组：

➢ 电机技术中心（Motor Technology Center）

第五章

➢ 过程控制应用的半导体技术中心(Solid State Center for Process Control Applications)
➢ 高级设计中心(Advanced Design Center)
➢ 卓越软件中心(Software Center of Excellence)
➢ Emerson 设计工程中心(Emerson Design Engineering Center)

这些中心服务于多个目的。例如,电机技术中心从事对电机、驱动装置和多个子公司有潜在影响的控制装置的 E&D 重点研究,它也致力于提高产品性能,致力于研究对制造电机更有效的方法。该中心既考察短期可能性,也考察长期可能性,包括研究下一代先进电机的制造方法。

Emerson 努力使我们的组织居于前沿的一个例子是通过在 20 世纪 90 年代中期收购转换磁阻驱动设备有限公司(SRDL),一家以英国为基地的咨询集团公司,来扩张电机技术中心。SRDL 是一家主要应用广泛的革命性电机技术的公司。随着电子部件成本的下降,使得已知的技术应用于电机方面在经济上变得可行,这家咨询公司在应用技术领域的经验,成为很有价值的能力。它的团队领导着下一代电机开发项目,包括用于家用电器产品、供暖通风及冷气(heating, ventilating & air conditioning 简称 HVAC)和自动化领域以及一些新的(对于 Emerson 来说)应用技术领域(如电动转向系统和电动汽车)。同时,利莱森玛也加入到为标致汽车公司设计电动汽车的团队之中。

随着我们认识到制造过程也是竞争优势的来源,Emerson 也进一步拓展了在技术开发方面的做法。在 80 年代,随着我们为赢得过程控制领域的领导地位展开竞争,传感器的开发成为决定产品性能的关键因素。作为对这一态势的响应,Emerson 创建了半导体中心——一座晶片制造设施,它使我们的过程控制分部得以提升传感器性能,同时也从内部保护了我们的知识产权。这一制造过程是将罗斯蒙特及与之对等的过程控制其他分部打造成仪表制造技术领导者的关键元素。这一专门技术最终成为工厂管控网(PlantWeb)行动的最重要组成部分(将在本章后面的部分讲述)。

多年来,其他电子技术领域的进展给我们很多的业务带来严峻的挑战。我们的技术人员发现他们必须正视对软件、通信协议应用程序以及诸如专用集成电路(application-specific integrated circuits 简称 ASICs)之类高级硬件的需求。起初,我们建立起小型专家小组并使之能为公司上下提供服务,他们要么服务于特定的技术,要么服务于特定的应用领域,如 HVAC 或家用电器控制装置等等。

同时,公司的技术领导也与诸如巴特尔研究院(Battelle Research Institute)——一家著名的材料技术研究中心、爱迪生焊接学院(Edison Welding Institute)以及许多在对我们的业务极为重要的领域有研究能力的大学建立了重要关系。每一个这样的关系都提供了极好的知识来源,并起到了独立研究中心的作用,它们成为特定技术以及最佳技术管理领域的前沿思想和有效信息的交换所。我们的努力最初集中在美国,然而,随着业务的全球化,我们在国外增加了更多其他

第五章

的研究中心,并最终将它们连成一个全球技术网络。这些世界各地——包括在印度与中国——的研究中心,赋予我们极强的竞争优势。

在20世纪90年代,我们将我们的专门知识网络定型,组成高级设计中心,它可以向所有的业务部门就设计过程提供咨询和帮助。高级设计中心位于俄亥俄州的哥伦布斯市。在那里,它与巴特尔研究院紧密联系,可以充分利用内部与外部资源的杠杆效应,在产品开发、制造以及与材料有关的问题方面为Emerson提供帮助。这一网络现在已经连接上一百多家独立的组织,成为一个全世界优秀技术人才的虚拟网络,并为Emerson应付最紧迫的挑战。

在软件开发领域上,我们使用了一个类似的模型。卓越软件中心设在计算机科学的世界领跑者卡内基·梅隆大学,它为Emerson在这一关键技术领域的需要提供支持。

我们在中国的材料性能研究中心的故事说明了虚拟网络也帮助我们在美国之外建立强大的联系。在90年代中期,我们认识到中国有巨大潜力作为一个低成本的制造地区和采购零部件的地方(参见第四章和第七章)。不过,一件再明显不过的事情就是,我们不能依赖以西方国家为基地的技术资源来支持在中国的发展。因此,我们发起了一场行动去寻找和开发当地资源以满足我们的需要。

我们是从与哈尔滨工业大学的著名教授王其隆建立关系开始的。他把我们介绍给中国的主要大学。然后,我们开始资助博士生计划。这一行动是从1996年在位于北京的人民大会堂举行的签字仪式开始的。Emerson 各个子公司划定研究的主题领域，我们则在哈尔滨工业大学、天津大学、清华大学、上海交通大学、吉林大学以及焊接与机械行业研究院设立研究项目。这些项目和其后的项目均取得了很大的成果。他们为 Emerson 带来了超过十五项专利，帮助发掘有潜力的员工，并且加强了我们与各学府的联系。现在，Emerson 和各子公司在中国的业务都经常广泛地依赖这一技术网络来支持日常需要。

1998 年，我们采取了下一个步骤：在上海交通大学建立材料性能检测中心。我们与两位专职的大学人员签订合同，他们充当我们与这所大学著名的材料系以及上海附近的其他研究机构打交道的联系人。他们负责找出最好的人来负责我们的研究项目，监督他们的工作，并准备最后的报告。在第一年，我们启动了大约 20 个项目。他们的成功导致需求激增，几年之后，这个中心的研究项目已经超过二百多个。在那以后我们又在广州的华南理工大学（South China University of Technology 简称 SCUT）建立了一个类似的研究中心。

整合我们的资源以及与中国和其他地方最好的机构合作为 Emerson 的设计人员带来了与全世界专家接触的机会。高级设计中心以好几种方式来组织子公司的支持，包括咨询、技术项目以及为特定的应用研究而举行的创造性演练。如今，我们在全世界的虚拟技术网络所拥有的资源（包括大学、国家实验室和技术研究所）超过一百多家。

第五章

不过,最有效地利用这一虚拟网络的还是通过我们在90年代所形成的一个称为设计评估(design review)的业务过程来实现的。这一做法被应用于整个公司范围内的主要新产品开发计划中。在新产品制造方法最终定型之前,设计评估将借重从虚拟网络和巴特尔研究院的人才资源,以及其他学术界或产业界专家来增加价值。我们首先组建一个团队,然后,该团队对一家子公司的新产品设计团队进行为期两天的访问。第一天,外部人员听取子公司关于产品设计、技术决策和技术挑战的介绍。这是一个既没有质询也没有讨论的单向交流。在这天工作结束前,外部评估团队提出他们对设计问题的看法和质询。这将作为第二天讨论的基础。

从多种观点来看,设计评估过程对新产品开发都作出了重大贡献。它在最后的方案敲定之前向我们的设计提供直接的建议。子公司的工程师和设计人员得到与世界一流技术人才一起交流的重要机会。最后,这一过程也巩固了Emerson与一些杰出的业界技术专家之间的关系,这些专家后来以多种方式为我们作出了贡献。

最后一个由Emerson技术领导层所创造的优秀的中心的例子,是位于印度普那(Pune)的Emerson设计工程中心。这一努力代表着我们历史上第一次建立了一个包括整个公司范围的工程中心,在一处共用设施里为多个子公司和业务平台服务。其目的是为我们的子公司提供一个在低成本高效率的环境中获得当地资源能力的途径。该中心通过一流的设计过程来运作,它可以通过积累知识和保护知识产权的过程来设计跨越多个地理区域的产品平台。今天，几乎有三十多个子公司在这一中心从事作业，以支持 Emerson 日益增长的对开发资源的需要和技术的不断提升。

员工表彰

除了肯定技术在总体上的重要性，我们也特别强调在这一领域对员工的表彰。从 20 世纪 80 年代中期开始，我们设立了一项包含两个层次表彰的技术奖励计划。第一个层次的表彰是 Emerson 技术奖（Emerson Technology Award），奖励员工在项目或行动计划上所取得的成就。我们每年颁发二至三个奖项。第二个层次的表彰是 Emerson 技术领导奖（Emerson Technology Leadership Award）。自从这一计划开始以来，我们已经大致颁发了 12 个奖项。

技术奖表彰创造了以先进技术为基础、在市场得到证实的优秀新产品的团队。每年有 20 个以上的项目由子公司提名，其中又只有 10% 被选中。胜出的团队被邀请到位于圣路易斯的公司总部，在公司计划会议的晚餐会上在整个 Emerson 管理团队面前庆祝他们的获奖。这已经成为公司的一大传统，奖项令人艳羡。

Emerson 技术领导奖获得者，1987—2002

1987 年　莫里斯·詹姆斯（Maurice James）（Emerson 工业控制公司）

第五章

　　　　　斯迪夫·奎斯特（Steve Quist）（罗斯蒙特公司）

1988年　哈尔·福特（Hal Faught）（Emerson 公司总部）

1989年　维恩·希思（Vern Heath）（罗斯蒙特公司）

1990年　乔·阿多詹（Joe Adorjan）（Emerson 公司总部）

1991年　伯纳德·施里弗（Bernard Schriever）（Emerson 董事）

1992年　尼尔·罗耶（Neal Royer）（Emerson 电机公司）

1994年　伯纳德·布朗（Bernard Brown）（威诺 White-Rodgers 公司）

1995年　厄尔·缪尔（Earl Muir）和理查德·佩尔蒂埃（Richard Peltier）（二人都任职于谷轮）

1996年　尼尔·斯图尔特（Neal Stewart）（雅达）

2000年　约翰·贝拉（John Berra）（Emerson 过程管理）

2002年　查尔斯·奈特（Charles Knight）（Emerson 公司总部）

　　技术领导奖是授予个人为创造技术优势作出了显著贡献的终身成就奖。这些获奖人都出类拔萃，从专门技术领域的专家到优秀而又极具冒险精神的新产品计划的领导人。

公司高层管理人员、董事会成员以及运营和技术经理们都有资格获奖。

成为技术领先者

在20世纪80年代中期,我们在E&D上的稳步投资、对技术领导地位的执著追求以及在管理过程中所采用的许多行动计划和技术都开始开花结果了。实际上,每一个子公司都取得了重大进展,有些子公司,如电机——我们最老的业务——获得了巨大的收益。我们继续投资以增加电机中的电子控制和其他高技术含量,从而更有效率地制造电机产品。这些行动将我们从跟随者转型为技术领导者。我们在美国超过了西屋公司和GE公司从而成为最大的生产者。以源于电机技术中心和利莱森玛稳定的、源源不断的创新和改进为基础,我们已经稳稳地走在全球电机领先者的前端了。

在许多成功的故事中,处于技术领先地位的好处在Emerson环境优化技术业务、Emerson过程管理业务和Emerson网络能源业务——我们三个最大、最快速成长的业务平台中最为明显。新技术和精明的技术管理使我们能够重塑整个行业并取得全球竞争优势,大大超越传统竞争对手。尽管强有力的组织、了不起的领导人、优秀的计划和有效的执行在技术开发中都起着重要的作用,但是成功的根源还是在于我们向市场推出客户所看重的技术的能力。最后,这些业务也把我们领向一条实现重要的内部转型道路,在这一转型过程中,80年代传统的自主式业务部门的结构让位于90年

第五章

代后期的有效的一体化业务组织。

涡旋压缩机

Emerson 环境优化技术业务所取得的第一个强有力的技术优势发生在 80 年代后期和 90 年代初期的谷轮（Copeland）子公司。那时,谷轮是大量用于住宅中央空调往复式压缩机的成功生产者之一。有关能源效率的法律即将实施,预示着对满足系统要求的高性能压缩机的需求将不断增加。

在 80 年代,谷轮致力于名为"涡旋技术"（由涡旋的压缩机部件而得名,这样的设计可以比往复式技术提供更大的效率优势）的新型压缩技术的研究和开发。通过对涡旋机械的强力开发以及在生产能力上先发制人的强力投资,在美国以及全世界,谷轮成为本行业涡旋技术转型过程中的领先企业。这些投资的规模大得惊人,投资的目的一是为了改善涡旋技术,二是为了建立装备以备全球增长需求。SIP 资金的投入和 Emerson 与谷轮管理层在长期艰难的技术开发过程中给予的强有力的支持对于项目的成功至关重要。

鲍勃·诺韦洛（Bob Novello）是一位在 70 年代随一家被收购的仪表制造企业加入我们公司的工程师和 MBA,他负责将涡旋压缩技术商业化。他依靠新产品平台、全球制造能力投资和建立业界伙伴关系而精心制定的战略来实现目标。为了在亚洲的住宅和欧洲的商业市场获得有影响力的市场地位,谷轮创建了在全球范围内部署的平台。随着能源效率的要求越来越高以及对制冷剂越来越严格的限制,涡旋压缩技术的表现持续超出所有其他技术的表现,并为谷轮持续地取得卓越的成果奠定了基础(参见图5-4)。更重要的是,作为一家拥有十多个子公司的企业以及全球空调与制冷行业的主要硬件供应商,谷轮成为Emerson环境优化技术平台的顶梁柱。

图5-4 由涡旋压缩技术带动的HAVC销售额

- 2003年涡旋压缩机销售额为10亿美元
- 所有细分市场的销售额都在增长
- 2003年销售额增长率超出市场增长率达3倍

涡旋压缩机销售额

5年CAGR
制冷 9.9%
商用空调 33.2%
住宅空调 13.4%

CAGR:年均复合增长率

工厂管控网

新技术和优越的技术管理也改变了Emerson过程管理的游戏格局。我们在60年代加入过程控制技术行业,而在这一行业的大幅度增长还是在1976年,收购罗斯蒙特——差压式传感器的全球领导者之后的事情(参见第六章)。在80年代,仪表制造行业非常繁荣,但是,Emerson在行业内

第五章

的其他市场（如控制系统）只是个跟随者，我们在控制阀领域根本没有地位可言。

1992年收购费希尔一举弥补了这些不足，它为我们建立了控制阀生产领域的全球领导者地位，并带给我们一个有竞争力的名为 Provox 的控制系统。收购费希尔这笔交易为 Emerson 提供了在过程控制领域全方位突破的可能。由于我们的组织只是一些独立子公司的集合，因此，整合这些公司的任务将会是一项重大的挑战。

非常幸运的是，我们面对的管理挑战与一个技术上的关键转折点形成巧合。过程控制行业正在从事一个从模拟向数码控制方法的转型。在我们评估数码控制技术前景的时候，一件对我们来说显而易见的事情就是，由于我们在仪表制造和控制阀制造领域有领先的市场地位，新科技将为 Emerson 带来重大的优势。由于这一转型似乎对我们的现场设备（field devices）（Emerson 是这一领域的全球领导者）有利，而对其他集中式的"大匣子"控制设备不利（这属于我们的传统竞争对手的优势领域），以至于没有人愿意采取行动开发新技术。意识到数码技术对 Emerson 的未来至关重要，而且，该技术要求对多个技术平台进行开发，在范大为和约翰·贝拉的领导下，我们发起了一系列开发行动计划。

为了建立数码过程控制架构，该行业要求将以下要素加以组合：

> ➢ 以个人计算机及灵巧仪器为控制系统，相对于传统的中央处理方法来管理信息的流通。Emerson 的过程管

理系统发起了一项重大的举动:开发该行业第一套以个人计算机为基础的控制系统,并将其命名为DeltaV。

> 智能型的现场装置,包括具有提供现场控制决策能力和事前诊断能力的仪器和控制阀。Emerson的仪表和控制阀业务部门积极投资基于基金会现场总线协议的微处理器技术,这样就可以利用因电子技术的进步而成为可能的新的竞争能力。

在90年代末,我们将这些要素组合成一个名为"工厂管控网"的一体化架构。与此同时,这一行动又催生了第四项称为资产优化服务(Asset Optimization Services)的新业务。这个新的业务的目标是整合和利用可以从各个装置处获得的所有新的信息以强化工厂表现。此外,通过有效地利用这一信息,我们的做法也大大地促进了维修作业,提高了生产能力。

Emerson工厂管控网的故事是以技术转换作为产业转型的极好例子。新技术在五年的时间被设计、试用和完善。它为过程管理的客户在提高效率、能力和生产率的同时,创造了减少资产成本的一个非常好的机会。客户因此而获得新层次的竞争能力。所有这一切成为可能都归功于Emerson及其高级管理团队在向客户提供强有力的、可靠的技术方面的远见卓识。

除了向客户提供更大的价值外,新的架构要求我们的子公司以一体化、综合性的方式展开合作,向客户提供整合了

第五章

大量的技术和产品的解决方案。这便是转型的基础,这一转型改变了 Emerson 过程管理的业务,使之从经营大约 15 个相对独立的子公司,变为针对全球客户所面对的问题和挑战而提供整合的解决方案。

正如《控制》(Control)杂志针对高绩效者所作的年度调查排名所显示的,客户非常看重我们的方法。2005 年,Emerson 在 28 个产品类别中独占鳌头,并且在最相关的 42 个产品类别中有 41 个名列前三位——这是迄今为止在全球竞争者当中的最好的成绩。而工厂管控网连续四年赢得控制系统的最高排名。这样的绩效表现带给公司重大的回报:过去五年我们在过程控制领域的市场份额从占全球市场的 10% 上升到 15%。

可靠的能源

技术能力的增强对于我们在网络能源领域的战略也是极其重要的。组成这一业务平台的原先的子公司——在环境精确控制和不间断电源产品线领域的力博特公司,在高能转换设备领域的世格流体控制(ASCO),以及在大批量生产电源领域的雅达公司——都是其各自领域内的技术领导者。直到 20 世纪 90 年代,当信息技术革命戏剧性地扩大对这些应用技术的需求的时候,每一业务单位都是独立运作的。随着全球对信息依赖程度的增加,各行业对系统的可靠性表现出浓厚的兴趣。这就为 Emerson 创造了可观的增长机会。但是,这个机会只有当我们保持处在这些动态技术领域的前沿的时候才是可行的。

我们开始围绕网络可靠性这一主题建造业务平台。90年代的好几项收购活动使我们与电信业客户的关系提升到全球化的层次。我们从主要的电信设备供应商——包括Nortel、爱立信和中国的华为公司——收购了好几家电源制造业务。这些公司网络使我们能够分享全球各洲电信网络的安装业务。这为我们带来两个重要的机会：将部件制造业务与雅达的大批量电源设计和制造业务结合起来，并将每一个实体的系统业务与力博特和世格现有的宽泛的产品线合并。

Emerson为这些行动制定的技术战略不同于为环境优化技术业务和过程管理业务制定的战略。网络能源业务的关键在于顺应在低成本区域制造部件，需要高速引进新型、低成本的电力电子方法。这些能力必须与在世界上的每一个地区就地提供定制解决方案的能力相结合。我们在低成本区域开辟制造业务，大胆地将设计整合进全球平台之中，并且同样在低成本地区建立起大型技术开发工程资源基地，其规模在全球范围内也是无人能及的。

让投入 E&D 的每一美元产生巨大影响

Emerson在世界上低成本地区的不断扩张，为更有效地使用研发费用开创了新的方法。在中国、印度、菲律宾和其他一些国家，工程技术人才的成本相对于西方只是很小的一

第五章

部分,而这些人才都是高素质的。在这些地区的工程师们都是优秀技术教育的受惠者。这些人才的可获得性与即时的通信和合作性软件相结合,大大地拓展了我们"工程能力的频段"。

我们不仅可以以固定的支出水平雇用更多高素质的工程师,而且可以用新的方式来部署这些额外的工程师。例如,集群工程便是这样一项技术,它指派大批的工程师团队对一个项目进行集群攻坚,并把项目分解成可以并行完成而非先后完成的步骤。

图5-5就说明了这一点。开发新直流系统的传统方法可能需要50名工程师花四年以上的时间去顺次开发不同安培的部件。在集群工程之下,90名并行开发某些部件的低成本的工程师只需要大约2/3的时间就可以完成这个系统。这一做法不仅通过快速的开发周期节约了金钱,而且能够使我们将更新、更强大而又不那么昂贵的电子部件结合进来。一言以蔽之,它加强了我们的成本领导地位。

整合这一做法的关键步骤是收购安圣电气——中国华为公司的电源业务。这一交易带给我们一个在中国和亚洲其他地区良好部署的销售网络,它提供了一个中国工程技术人员的成熟基地,这些工程技术人员业已着手应用最新的大功率电子方法。为配合市场部为下一代全球产品平台定位的努力,管理层迅速地扩大了工程队伍的规模及其工作范围。

图 5-5 集群能力举例：DC 系统

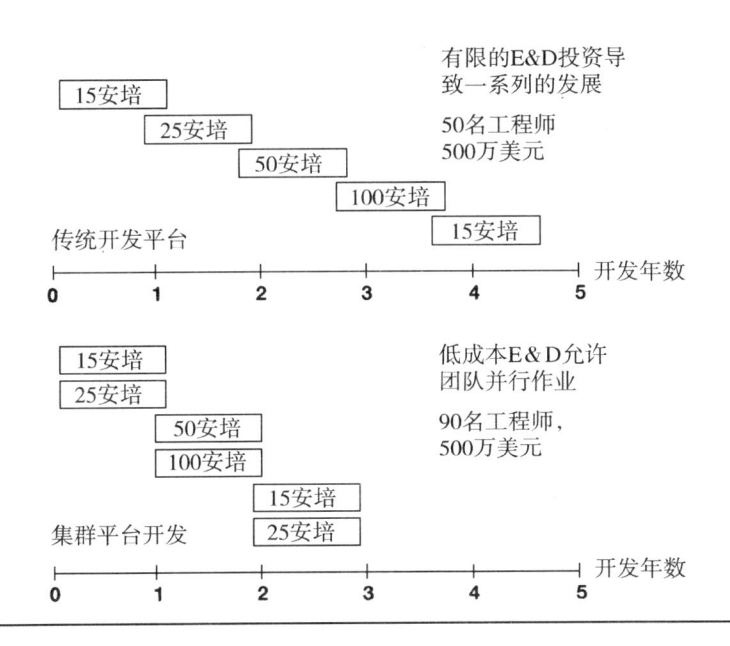

```
传统开发平台
  [15安培]
     [25安培]
        [50安培]
           [100安培]
              [15安培]           有限的E&D投资导
                                致一系列的发展
                                50名工程师
                                500万美元
0    1    2    3    4    5  开发年数

集群平台开发
  [15安培]
  [25安培]
     [50安培]
     [100安培]
        [15安培]
        [25安培]                 低成本E&D允许
                                团队并行作业
                                90名工程师，
                                500万美元
0    1    2    3    4    5  开发年数
```

经过这一转型，比起我们的竞争对手，Emerson 有更多的开发者在每一产品范围内从事作业。通过简化全球产品的平台，我们进一步扩大了影响力。这就意味着我们的资源将在全球范围内由所有的产品线所共享。因此，与一些仅仅在世界上一个地区运作的竞争对手相比，我们有更多的可利用资源。

这一开发上的影响力是我们网络能源战略中的一项关键要素。它使得 Emerson 在应用前沿技术方面比竞争对手更为有效。借助集群工程理念，Emerson 能够比竞争对手更快地向市场推出新的电力电子应用技术，这就带给我们速度上的优势。更重要的是，产品向市场的高速导入使得产品寿命周期更短，这就为我们的客户提供了更大的利益。

第五章

今天，Emerson网络能源业务平台在全球范围以及在多种产品和服务领域拥有强大的优势，依靠这种优势我们可以建立和支持全球性的网络基础设施需要。我们可靠电源的相关能力范围包括从大功率部件到环境监测和电力系统。应用范围从宽带电信和计算栅格甚至延伸到处理芯片层次的可靠性问题。最为重要的是，我们的技术能力和规模使得我们能够应对与这些应用领域及与可靠性相关的新挑战，并使我们的战略出类拔萃。

技术领先总结

在20世纪90年代，Emerson完成了从技术跟随者向技术领先者的转型。在所有业务中，我们已经将技术基础从机械和机电技术提升到电子技术，在这一过程中，也改变了我们的客户和观察者对公司的看法。拥有前沿技术是我们的业务平台的特点，我们正在收获重要的利益。

从部件供应商转变为服务和解决方案供应商，我们管理演变的能力是特别重要的。在Emerson，无论你走到哪里，在所有的业务平台、在所有的子公司以及在所有的地理区域，我们都处在满足客户的最高增值需要的地位。这一能力不仅给客户也给股东带来好处，因为满足这样的需要会直接转化为快速的业务增长。

技术管理在公司已经达到很高的优先程度，它在今后仍然会是Emerson战略的一个关键组成部分。

第六章　收购与管理过程

有效的尽职调查是收购的基础。
——Emerson 公司格言

数十年来，收购在 Emerson 公司的成长和成功历程中一直处于中心地位。它们是 Emerson 财务模型的关键组成部分（参见第二章图 2-1）：没有收购活动，我们就无法始终如一地实现年度收益以两位数增长的目标。即使我们有能力改进营运利润率（operating margins），单单依靠现有业务的自身增长也无法实现我们的目标。

收购不但提高财务业绩，还为我们带来额外的好处：帮助我们实现业务组合的多样化和再定位，帮助我们获得新技术、市场、能力以及人才。正是由于这些原因，收购活动对于我们来说至关重要。

在多年的实践过程中我们学会了如何进行成功的收购。1973 年至 2000 年间，我们完成了两百多项收购，累计投资额

第六章

超过100亿美元。对于收购后拥有五年以上的公司,我们取得了大约15%的内部平均回报率,超过80%的投资都取得了超过资本成本的收益率(参见图6-1)。如此高的收购成功率是极少见的。许多学术研究发现,收购是一条实现成长的高风险途径;平均而言,由收购得到的回报大大低于资本成本。

图6-1 收购活动一直是管理流程的重要组成部分

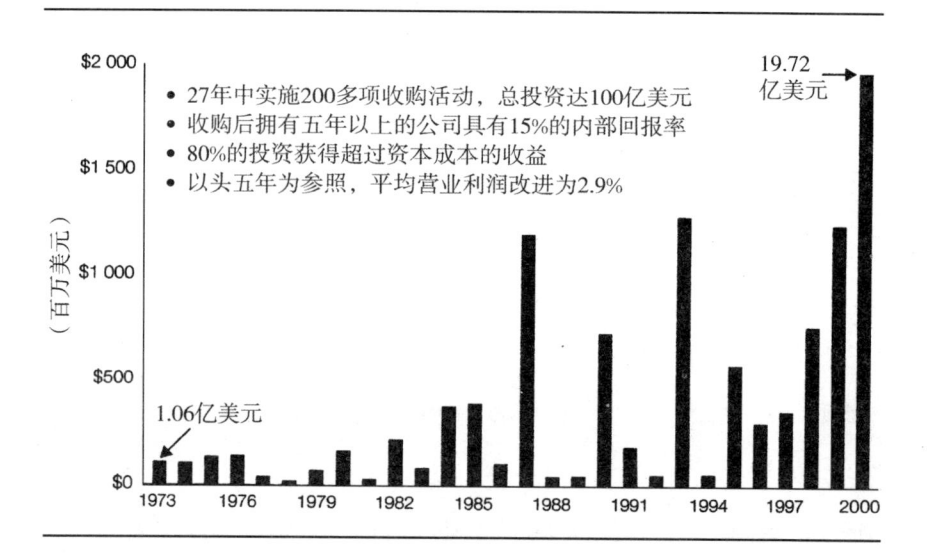

- 27年中实施200多项收购活动,总投资达100亿美元
- 收购后拥有五年以上的公司具有15%的内部回报率
- 80%的投资获得超过资本成本的收益
- 以头五年为参照,平均营业利润改进为2.9%

（1973年：1.06亿美元；2000年：19.72亿美元）

在收购领域取得如此的成功,Emerson管理过程起了至关重要的作用。同样重要的是,收购也引领我们成为技术的领导者。收购的过程帮助我们选择优良的收购对象,有效地管理并购后的整合,并帮助我们使被收购的公司很快取得高效的业绩。

成为有效的收购者

Emerson 公司在 20 世纪 50 年代中期就已经成为积极的收购者。1957 年至 1970 年间,我们收购了 20 多家公司。这些公司中的威诺(White Rodgers)公司、美国电机(US Electrical Motors)公司、里奇工具(Ridge Tool)公司、热敏碟(Therm-O-Disc,简称 T-O-D)公司、布朗宁(Browning)公司、爱适易(In-Sink-Erator)公司、威格(E. L. Wiegand)公司和艾可控制器(ALCO Controls)公司都极大地增加了公司的收入,为公司赢利作出了很大的贡献。这些收购也为 Emerson 公司带来了新的业务、客户和人才。收购后的公司保留原有管理层并让其独立运营的决定,对公司以及融入公司年度的计划和控制周期具有深远的意义。

在此期间,我们也收购了一些业绩不理想的公司。其中一个案例是一家小型普通照明产品制造商。另一个案例是一家消费电子产品制造商,它拥有好的品牌,但缺乏技术和规模来与日本企业竞争。Emerson 在这些案例中有很多值得学习的地方,比如什么样的业务能够给 Emerson 公司带来成功以及什么样的公司能够在 Emerson 旗下发展壮大等等。当时,我们也缺乏交易评估和并购整合的规范和流程。

1970 年,我们基本上停止了战略性的收购活动。与我们有长期关系的外部法律顾问向董事会建议说,大型的企业收购交易面临来自联邦反垄断官员越来越多的审查。于是 Emerson 公司开始将收购活动的中心转移到小型交易上,以

第六章

扩展产品线和获取新的技术。

1973年10月我成为公司的CEO。上任不久,在计划过程中我明显地感到不重新启动大型的并购交易,公司就不能维持健康的赢利增长。我还希望我们能够获得并购带来的其他好处(参见下一节中的讨论)。于是我指定乔·阿多詹担任公司计划部门的新领导人。阿多詹几年前以财务分析员的身份加入公司。他在工作中精力充沛、才智出众,对工作尽职尽责。在一个参谋小组的辅助下,阿多詹开始寻找收购对象,并着手制定一套更加系统的收购程序。

我们立即又变成了更加活跃的收购者,从此以后每年都做几宗甚至多宗重要交易。不过,我们与其他许多积极的收购者不同。我们的收购活动完全是出于长期考虑而不只是为了获得短期财务回报。我们不是一个通过金融技巧来挣钱的控股公司,而是一个拥有实业的企业,我们对被收购企业接管后可以大大地增加它们的价值。我们特别关注收购对象管理层和企业自身的质量,这是交易后成功整合的关键。

指导原则

自20世纪70年代中期以来,每年我们都要评估数百家收购对象,它们中的每一家都有各自的管理难题和风险程度。为了把握如此之多的机会,我们建立了一套收购程序,这些程序是我们多年的成功经验和失败教训的充分体现。

这套程序是一个通过专职的、经验丰富的专业小组寻找和评估战略收购对象的过程。在本章稍后部分我们将更详细地描述这一过程。以下是收购程序的指导原则，它们是收购程序成功的关键。

1. 所有的收购活动都需要高层管理者的亲自参与。 由于收购活动对我们的战略和财务绩效具有重大的影响，所有的并购交易，无论规模大小，CEO 都必须积极参与并作出最终决定。这不是一种形式，而是要求 CEO 对交易过程日常参与，包括目标公司的业务计划、价值评估以及管理层的素质。没有 CEO 的事先允许，不能与收购对象谈论收购价格或价格范围。CEO 也要参与尽职调查、定价与合同谈判等重要事宜。在收购过程中，我们也依靠公司董事会的经验和知识，所有收购金额在一千万美元以上的交易都需要董事会的评估和批准。这个金额标准比一般与 Emerson 规模相似的公司设定的标准要低得多。

2. 每一项交易都必须指派发起人。 根据以往的经验教训，我们要求每一项交易都有一个发起人，一位对这项收购交易有归属感，并愿意为交易承担责任的高级管理人员。根据交易性质的不同，发起人可能是子公司总裁，也可能是业务平台领导人。发起人必须愿意签名承诺，实现支持我们所愿意付出的收购价格的业务计划。发起人是收购项目在公司内部的代言人，负责向 CEO、董事会和 Emerson 公司管理团队的其他成员推广该收购计划。在严谨的、有时甚至是以

第六章

激烈的辩论为特征的 Emerson 公司文化中,收购计划获得通过是非常艰难的。因此也就有了"没有痛苦就没有收购"这样的 Emerson 公司格言。

发起人在收购交易达成后的角色也同样重要,他必须确保收购计划的实施以及预期协同效应的实现。同时,他还要指导和辅助新的管理层融入 Emerson 公司文化。在整个整合过程中,发起人就是制定整合日程和监督整合进度的工作团队负责人。

我们很少违反收购项目必须有交易发起人这一要求,因为违反的结果往往令人不快。1998 年我们对日本企业小仓因特克斯有限公司(Okura Intex Ltd.)的收购就是一个例子。这是一宗进展得很快的交易。我们在亚洲的一位高层管理人员认定并向内部推销该收购对象。但是,由于他肩负的其他责任却使他无法担任这一交易的发起人。

在没有其他人担任发起人的情况下,基于多种原因,我们还是完成了这一交易。很久以来我们一直寻求收购日本的企业,尽管收购小仓公司是一宗很小的交易,我们认为它可以为今后更多的交易铺路。另外,对于我们的许多业务来说,由于日本的分销商有排斥外国企业的倾向,打入日本市场所面临的一个最大障碍就是不能在当地建立有效的分销渠道。小仓公司以分销业务为主,我们觉得它似乎能够为我们的许多过程控制的产品提供销售渠道。

收购以后,小仓公司一直苦苦挣扎多年,从未达到我们的期望。回头看,我相信一个根本的原因就是这项收购没有真正的发起人,没有一位对此交易有归属感的高级管理人员。不是有人抵制或不想使交易成功。而是没有人全力跟踪整个过程并使之成功。

3. 没有计划,不得进行任何交易。 Emerson 公司在整个收购行动中都强调计划。我们日常制订业务计划时所采用的准则都可以直接应用于评估潜在的收购对象。在企业运营过程中,我们的经理具备了战略、财务和运营计划的能力,这些能力正是为分析和了解一家收购目标企业并为之制订业务计划所需要的。因此,在对一家收购目标企业进行尽职调查的过程中,我们有大量的人才和经验可以利用。

更重要的是,将我们的计划方法应用于收购企业意味着在达成交易之前我们就已经准备好了一个详细的计划,它分步骤、分季度地列出为实现协同效应和财务绩效所必要的行动,收购交易的定价正是基于这些协同效应和财务绩效。我相信这一详细的计划方法是我们收购成功率如此高的主要原因。许多其他公司的收购案例似乎只根据一些综合的高层次的假设来评估战略价值和潜在协同效应,并以此为基础来完成交易。在交易达成后才制订目标协同效应和目标回报的详细计划。我认为这是一个可能带来灾难的做法。在 Emerson 公司,我们有一条简单的法则:"如果你不能计划,你就不能进行估价。"

4. Emerson 管理过程创造价值。 我们的管理流程本身

第六章

能为新收购的企业创造重要的价值。刚接触到我们的管理过程,尤其是那些高度结构化的计划和控制周期时,那些新收购企业的管理人员往往很困惑,不知道所有这些努力是否真的必需。这种情形在我们收购小型私人企业时尤其突出,一些上市公司和大型上市公司的分部在被我们收购后也有这样的情形。不过,经过一两年之后,我们几乎无一例外地听到他们对这一过程赞不绝口。因为这一过程使他们能够以崭新及更有意义的方式来理解他们的业务,而且也为他们提供了缩小计划与执行之间差距所需要的工具和架构。

我们认识到将 Emerson 公司严谨的财务管理移植到新收购的企业是业务整合的首要任务。这不仅会使任何需要处理的问题立刻暴露无遗,还为我们建立起对照收购计划跟踪和监测进展的基础。在萨班斯—奥克斯莱法案(Sarbanes-Oxley Act)颁布之后,建立财务控制制度已经变得越发紧迫。为了让管理人员应付,我们在实施管理过程的其他环节时会更为审慎。

Emerson 公司管理过程在我们实施的所有企业中都行之有效,包括像法国的利莱森玛和中国的安圣电气这样人文背景完全不同的公司。事实一次又一次地证明,我们的管理过程能够极大地改善新收购企业的赢利能力。这在战略交易定价过程中,尤其是在竞标的情况下,变成了一个重要的价值因素。

5. 交易过程中没有自我主义。 Emerson 公司对收购对象定价的方法极为严格规范,努力避免在一时激烈的交易过程中出价过高;尤其是收购拍卖或投资银行在积极促成交易的情况下,这是常见的诱惑。投资银行善于营造一种高度竞争与高压的环境,收购者往往会为赢得交易而不顾代价。由于 Emerson 公司的竞争本性和强烈的"赢"的欲望,如何抵抗这种诱惑是一个挑战,而我们的收购规范会防止这样的事情发生。

Emerson 管理流程使我们将注意力集中到主要的目标上:不是要赢得每一场谈判,而是要为股东创造价值。只要提出的价格有详细的收购计划支持,我们就不会酿成大错。也许,衡量我们收购规范的最重要的价值尺度不是已经做成的交易,而是那些我们放弃的交易。我们很少为放弃这些交易感到惋惜。恰恰相反,我们常说,放弃这些交易是我们作过的最好的决定。

1985 年,我们从对艾伦-布莱德利公司(Allen-Bradley)的竞价中退出。该公司是工业自动化技术领域的领导者,我们多年来一直寻求收购它的机会。我们相信收购它可以补足公司几个大的业务,并使我们一举成为这一行业的市场领导者之一。一家投资银行安排了一场拍卖来出售艾伦-布莱德利公司。我们对艾伦-布莱德利公司进行尽职调查后,确信这对我们来说将会是一桩好交易。艾伦-布莱德利公司的董事会和管理层似乎也对 Emerson 公司的出价表示欢迎。

我们的重点是以合适的价格得到这家公司,所以我们按

第六章

照自认为合理的最高价格准备了一个很有竞争力的报价。然而在拍卖过程中,北美罗克韦尔公司(North American Rockwell)[即现在的罗克韦尔国际公司(Rockwell International)]给出了一个大大高于我们上限的价格。他们要求提高竞价,但是我们决定不作还价。我们有能力付出更高的价格,但是,这可能会损失很大一部分预期的利益。所以我们就此放弃。

6. 收购是为了人才。 Emerson 在收购过程中最重要的任务之一是评估收购目标的管理团队。我们认为实物资产人人都可以买,但是只有人才会创造价值。这并不是贬低那些诸如专利、工艺或专用技术之类不通过收购很难获得的资产。但是,这些知识产权都是其发明者或开发者直接创造的,没有人的创造,它们的生命周期就会很短。

这一原则在一些小型交易中变得特别重要。这些收购的目的是为了加强我们在服务和解决方案领域的能力,很少涉及固定资产,收购的重点是获得人力资源,包括企业家和那些喜欢在小型组织内工作的人。这类交易的关键是不仅要确保留住关键人才,而且要确保他们继续得到激励。我们在几桩小的交易中得到沉痛的教训:在一些关键人物离开后,公司经营不如以往那样成功,我们最后不得不将其解散或剥离。因此,我们学会仔细听取那些关键人才的意见,了解他们的需求,力图达成满足双方需求的交易。

所以,除非相信收购目标的管理团队很得力,并能融入

Emerson 的文化，否则我们不会收购。这些管理人员不必是超级明星。Emerson 管理过程的一个优点就是它倾向把好的经理改造成更好的经理。当然，我们更喜欢一开始就有非常好的经理，他们会在 Emerson 公司继续成长，我们也会为他们提供新的成长和升迁机会。如第三章中所述，目前公司多位最高级别的管理人员就是通过收购加入公司的。

7. 从不简化尽职调查。收购本身就是一件高风险的事情，任何错误都可能为股东价值带来巨大的损失。很显然，卖家了解待售资产的一切，而买家最初可能只能通过公开渠道获取一些信息。而在收购一家私人公司或一家上市公司的子公司时，这样的信息往往少得可怜。当并购双方发展到一个适当的阶段，准买家将进行尽职调查——即是，接触非公开的信息以决定是否将交易继续下去，如果继续交易，决定出价的多少。

有效的尽职调查是 Emerson 公司管理并尽量减少收购风险的关键。适当的尽职调查应该涉及收购对象经营活动的各个方面，并要求我们在尽可能短的时间内充分了解收购对象，判断收购对象向我们提供的财务数据的有效性，评估收购对象已知和潜在的负债，评估其商业计划的合理性，确定其风险以及希望发现未被认知的商业机会，评估其核心技术，确定在交易完成后我们计划获得的协同效应，评估收购对象管理团队的表现及其与 Emerson 公司的适配程度。简言之，我们必须在短时间内了解与收购对象有关的一切事

第六章

情。显然,这是一项艰难的挑战,但是应对挑战的努力绝不能打折扣。

卖家常常试图限制尽职调查的程度,但是我们却不能允许自己评估交易风险时敷衍了事。确定和量化重大的风险需要凭经验判断。在Emerson,我们对于尽职调查的过程一贯有清晰的责任划分。

公司总部的业务发展部有很多并购经验丰富的员工。该部负责评估交易风险,决定如何配备尽职调查的人员以及尽职调查过程如何进行,并组织和协调整个过程。如果有些问题在尽职调查过程中该发现而没有被发现,事后处理的代价可能很大,因此业务发展部的人员十分认真地肩负起这一责任。其他被调配参与尽职调查的员工也都尽职尽责地完成任务。

尽职调查团队与公司运营部门的资深人士密切合作,进行营运的尽职调查。由于我们从事收购活动的历史很长,我们的团队已经习惯于在接到一个简短通知之后立即行动起来,在高压力以及非常紧迫的时间内工作。这是一项被投资银行家以及收购对象的管理团队所认可的过人能力。在尽职调查进行几个星期后,我们经常听到收购对象的管理人员说Emerson比他们自己更了解他们的业务。这种评价对我们的尽职调查团队来说已经不是什么新鲜事了。这些高质量的尽职调查无疑是成功收购的关键。

我们尽职调查的基本过程与其他积极从事收购的公司相类似。我认为使我们的工作特别有效的原因是公司最高管理层的参与和收购的经验——它允许我们找出并将注意力集中于重要的问题——而且我们关注执行中的细节。

所有一流的律师事务所或注册会计师事务所都有标准的尽职调查清单，它们与我们所使用的也许并没有很大的区别。对 Emerson 来说，真正的差别在于尽职调查结果的组织方式和最高管理层对调查结果的重视程度。所有参与调查的团队也参与准备提交关于他们的工作及其主要发现的书面报告，从而汇集成一份完整的尽职调查报告。报告会包括行政总结以汇总所有的重要问题及其解决方案，不管这些方案是透过合约的保护、议价或交易后的矫正的行动。在进行交易之前，我们的最高管理层要对报告进行全面的评估。

Emerson 公司收购程序

上面讲述的指导原则指引我们寻找、考虑和筛选目标公司的整个过程。要达成一笔交易，收购对象必须符合四项标准：与 Emerson 业务的战略适配性、强有力的管理和组织、与我们的管理文化的相容性以及收购价格的可接受程度。

有趣的是，大多数其他积极的收购者的收购主要取决于第一个与最后一个的测试和其他的定量指标。然而，根据我们的经验，这些并不比定性评估收购对象组织和管理层的强度及其与 Emerson 管理过程的相容性更重要。我们相信，我们作为收购者的成功记录能够反映我们是如何重视全部四项标准的。

第六章

战略适配性

筛选一家收购对象与我们的战略适配程度有三个层面。

在公司层面,我们一直不断寻觅可以带来业务增长并创造价值的新业务平台。我们尝试通过收购进入一些新的业务领域,或在现有业务不突出的子公司基础上,扩展新的业务——你可以从 Emerson 环境优化技术、Emerson 过程管理和 Emerson 网络能源的发展中,找到相关的案例。

在下一个层面,我们在 80 年代后期进行的业务重组,是由于配合行业战略与寻找新的机会或重新定位业务组合的需要所驱使。我们在年度战略评估会议上对这些机会(包括收购的优先次序)展开讨论。就是在这些讨论中,我们提出了如谷轮、雅达、费希尔和安圣电气等足以改变游戏规则的收购。

除了公司内部机制发掘的收购机会之外,我们还采纳投资银行家的建议。拥有这些资源十分重要。多年来,Emerson 管理层与世界各地很多投资银行都保持着卓有成效的合作关系。

强有力的管理和组织

Emerson 公司的所有收购(无论收购的目的是什么)都会为公司带来新的人力资源。这个问题是如此重要,以致随着收购范围的缩小,我们最先要问的问题不是在哪里以及怎样挣钱,而是公司是如何组织和谁是管理团队的成员。

我们关注人和组织有许多理由。最重要的是,没有哪一家公司拥有过剩的管理人才,足以在不影响其核心业务的情况下去满足庞大的收购项目需求。从另一个角度来看,我们理解到行业经验和洞察力对被收购企业的文化和组织是决定成功的关键因素。被收购公司的管理团队是这一经验的最好来源。因此,在为一项收购作计划时,我们需要努力保持管理团队的连续性,同时尽量降低人才的流失以及减少需要由 Emerson 注入的资源。

与 Emerson 公司管理过程的相容性

第三项标准是组织适配程度测试——用以衡量向被收购企业移植 Emerson 公司管理过程并以此提升目标公司价值的能力。多年来,这一标准一直是我们收购活动中明确的部分。每隔一段时间,我们就以这一标准来评估收购活动的成败。这些评估中充满着教训。

例如,1990 年,我们分析了 50 宗 Emerson 公司在 1970 年至 1985 年间完成的交易。我们根据支付的价格、在这一期间实际产生的现金流量以及该项业务对我们的业务组合的当前价值来评估每一宗交易个案。我们计算每一项投资的财务回报,并对这些交易的绩效进行排名。以回报率作为成功的指标,我们寻找成功交易和失败交易的特征。

分析结果与我们的直觉相一致:当我们收购的企业与 Emerson 管理过程相适配时,业绩就会很好;如果不适配,结果就不那么好。"Emerson 类型"的企业——那些让我们取得

第六章

成功的企业——具有共同的特点。当我们收购一些具备固有成长的行业中的市场领导者时，获得丰厚回报的概率是相当高的。同样成功的收购是那些 Emerson 能够帮助它们向新的地区或相邻技术领域扩张的公司。

分析表明我们偏好那些有赢利能力、但营业边际利润比 Emerson 低的公司。通过对赢利能力、卓越的运营水平和成为"最佳成本生产者"的准则的关注，我们知道如何去帮助这些公司。最后的一个较为主观的发现涉及被收购公司与 Emerson 公司同化的速度：一家公司调整得越快，它就越倾向于接受我们的管理过程，其获得高回报的可能性也就越大。

Emerson 公司一般不收购那些需要巨大转变的公司。(Skil 公司是一个例外，因为我们相信它会对我们的工具业务平台形成补充，并开拓一些其他的机会。通过我们与博世公司建立的合资企业，我们最终获益。)赢利是一个晴雨表：如果有利润，我们就知道这家公司的管理团队很能干；如果低于我们的利润水平——情况几乎总是如此——我们会通过管理过程来改善其赢利能力。那些公司能够调整自己从而很容易加入一家更大的企业，最终会发现它们自己正处于快速改进的路上。

简言之，我们认为管理过程与收购标准是如何环环相扣的。如果我们看到它们之间不适合，就不会去做这样的交易。

估价

任何一项收购带给我们的最终难题都是价值评估。从开始接触收购对象到完成交易,收购者必须不断地修正其对估价的看法。

在 20 世纪 80 年代和 90 年代,Emerson 公司建立了一个财务模型,这个模型可以为一项收购交易进行多种可能分析(scenario analysis)。整个公司都了解这一估价模型的驱动因素:销售增长、赢利能力、资本密集度、风险和要求的投资。这一模型为我们提供了一个共同语言,使我们能为新子公司讨论其价值及计划会对它带来的影响。除了这一模型之外,我们还会对收购目标企业的业务计划,像对自己的子公司、业务平台和公司的业务计划一样进行严格的审查,并在对其详细分析的基础上进行估价。业务计划必须合理而且是基于对于可靠信息的全面分析。

随着价值评估工作的进行,我们就能从多角度了解一宗交易,这带给我们空间去创造不同的收购方式。在决定是否继续一宗交易的时候,我们常常考虑一系列的收购方式,从中选择最合适的方案,而不是只采用简单的购买方式,正如你在雅达公司和 F.G. 威尔逊公司的实例里看到的(参见第二章)。这些收购方式可以从部分产权投资、资产置换一直到建立有预先设定终点的合资企业中看到端倪。在某些情形下,我们甚至可能引入第三方作为伙伴,这种收购方式通常是为了完成下一步目标的过渡方式。

第六章

重要的是,对交易进行多角度的量化分析,包括从卖方和其他竞价方的角度,使我们更深入地了解与带来关于收购方式的创意。这一灵活性增加了完成一项成功交易的机会。

进行并购交易

Emerson公司灵活机动而透彻的尽职调查能力为自己创造了一些优势,这些优势是其他不那么娴熟的收购者所不具备的,从而使更多的交易成为可能。在交易过程中,尊重收购目标公司原有的管理组织为我们在交易后的整合带来极大的好处。

我们将进行并购交易的过程分为三个阶段(参见图6-2)。在初期的评估阶段,我们会对收购对象进行几轮筛选,并进行初步的法律、财务和定价分析。在这一阶段,有几个"通过—不通过"决策控制点。

如果在第一阶段过后依然是一路绿灯,则下一阶段将进行业务分析。这就意味着要准备一份对交易的详细分析并提交给最高管理层讨论,最后还要提交给董事会。在这一阶段的最后通常要进行初步的尽职调查,子公司和总公司的管理人员通常都会参与到调查当中。我们将提出一些尖锐或有待谈判的问题,并准备初步的报价。最后的阶段包括正式的意向书、全面的尽职调查、合同谈判,如果成功的话,便完成交易。

图6-2 收购过程中的三个阶段

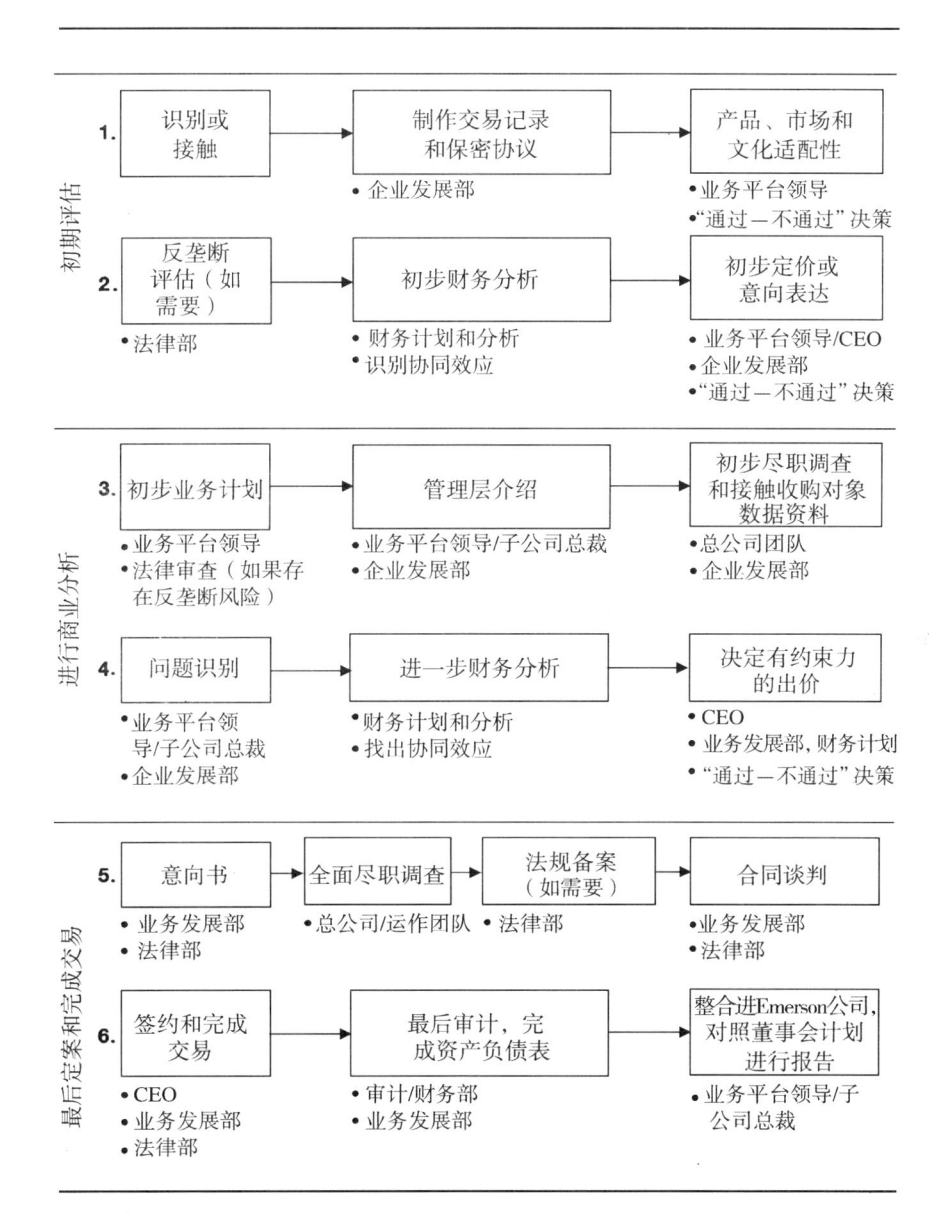

初期评估

1. 识别或接触 → 制作交易记录和保密协议 → 产品、市场和文化适配性
   - 企业发展部
   - 业务平台领导
   - "通过—不通过"决策

2. 反垄断评估（如需要）→ 初步财务分析 → 初步定价或意向表达
   - 法律部
   - 财务计划和分析
   - 识别协同效应
   - 业务平台领导/CEO
   - 企业发展部
   - "通过—不通过"决策

进行商业分析

3. 初步业务计划 → 管理层介绍 → 初步尽职调查和接触收购对象数据资料
   - 业务平台领导
   - 法律审查（如果存在反垄断风险）
   - 业务平台领导/子公司总裁
   - 企业发展部
   - 总公司团队
   - 企业发展部

4. 问题识别 → 进一步财务分析 → 决定有约束力的出价
   - 业务平台领导/子公司总裁
   - 企业发展部
   - 财务计划和分析
   - 找出协同效应
   - CEO
   - 业务发展部，财务计划
   - "通过—不通过"决策

最后定案和完成交易

5. 意向书 → 全面尽职调查 → 法规备案（如需要）→ 合同谈判
   - 业务发展部
   - 法律部
   - 总公司/运作团队
   - 法律部
   - 业务发展部
   - 法律部

6. 签约和完成交易 → 最后审计，完成资产负债表 → 整合进Emerson公司，对照董事会计划进行报告
   - CEO
   - 业务发展部
   - 法律部
   - 审计/财务部
   - 业务发展部
   - 业务平台领导/子公司总裁

这一方法中有几点值得特别评述。如我们所提到的，

第六章

Emerson公司密切关注为新收购所作的业务计划。我们基于两个角度来作价值判断：公司自身价值和协同效应。一般来说，我们以目标收购公司将继续作为独立公司来经营这一假设来计算该公司的自身价值。我们主要通过这一分析来理解其他买方对该公司价值的看法，并向卖家转达我们对该公司自身价值的看法。这种分析是我们在价格谈判方式中的关键一步。

协同效应的价值是基于目标公司的自身价值与收购目标成为Emerson公司的一部分之后所能获得的其他机会——这些机会包括能力资源的共享和互相支持、成本下降以及对销售的促进等。我们依靠在Emerson公司内的交易发起人全面指出这些机会。他们的承诺将被评估和记录在案，这样，在预测背后所作的假设会被明确的表达与理解。以协同效应的预测为基础，我们制订董事会计划（board plan），并对照这一计划来评估被收购企业成为Emerson公司的一部分之后的前五年的绩效。

尽职调查通常分为两类：战略性调查和技术性调查。战略性调查的焦点在于客户和营销渠道，也许使用第三方进行市场研究。我们也要核实目标收购公司的竞争力，这一过程包括设计成本分析、技术评估和制造过程比较。技术性调查要求使用一批审计、法律事务、人力资源以及环境影响评估等领域的专家。我们依靠受托的第三方，如会计师事务所、律师事务所和咨询公司来从事这项工作。我们将这些资源与内部资源结合在一起，并要求所有的人为此承担责任。

交易后的整合

收购程序最后的关键部分是交易后整合的方法。这一方法能使整合过程尽可能地顺畅平稳。任何所有权的变动都会为改进打开机会之门,许多处于总公司层面以及业务平台层面的有着良好意愿的交易参与者都会急于抓住这些机会。然而对于任何新收购的公司来说,由于有许多事情要做以及许多人要做这些事,就会给整合带来很多问题,新公司的管理层就可能会因为到处充斥的"帮助"而忙得不可开交。

交易的发起人在整合新公司方面继续担当重要的角色。一般来说,这个人必需审批任何公司与新加入公司的联系,并将创造价值与保留组织人员的重要任务铭记于心。这一做法能够使我们将注意力集中于三或四个最重要的创造价值的机会。在这些机会得到利用之前,其他的机会可以等待,也许是一年或更长时间。

Emerson公司管理过程的节奏和规范本身就有助于整合。随着收购的新公司逐步熟悉我们的计划和控制周期、财务政策和体系以及诸如组织评估、卓越营运和"最佳成本生产者"之类的独特做法,他们开始与我们的高级管理人员接触,并建立对"是什么在使Emerson公司良好地运转"的深刻理解。通常的做法是,新加入Emerson公司的业务单位要在最初的几年里记载重大的绩效改进。在完整地走过两到三次(计划和控制)周期之后,大多数被收购的企业都会被完全

第六章

整合进公司。无论被收购的公司属于什么行业、是什么类型的企业或是位于哪个地理区域,这一方法都行之有效。

剥离出售的角色

Emerson 公司收购是出于战略原因,因此,它会打算一直拥有被收购的公司。但是,市场因素和公司战略会发生变化。而且,有些交易也不见得就很成功。在这些情况下,或者当确定某项特定的业务对我们不再具有战略意义的时候,我们就会将其剥离出售。在 20 世纪 80 年代和 90 年代初期(参见第二章),我们就这样处理了消费类产品以及政府和防卫业务。

管理剥离出售的业务要求很高的规范性。通常,它要求领导人了解和认识错误,这样就可能通过补救行动释放资源,使之用于更好的创造价值的机会。财务方面的理由并不总是直接导致正确的剥离出售决定。我们的价值分析往往表明剥离出售使我们蒙受损失,尤其是在产生收益税的情况下。要记住的关键点是,一家像 Emerson 这样的公司只有有限的管理资源,它们的配置必须保证我们将之应用在最好的机会上。不成功的交易和可能消耗优秀经理人员的时间和精神,由此而来的机会成本是很高昂的。

在我们的公司文化中,要找出理由剥离出售业务往往很难。Emerson 公司的经理们一般都非常有信心,相信我们可以解决大多数困难的情况。但是,将公司从资源流失的情形下解脱出来也是管理层的一项重要职责。

总之，收购是一家如 Emerson 这样的公司所能做的最大、最有风险的决定。成功会对公司的成长和赢利能力产生巨大的正面影响，而失误则会毁掉相当大一部分股东价值。正由于这些原因，我们会专心致志地做好收购。

第七章 市场和竞争的全球化

> 管理过程可以在全球范围内适用——它在任何地方都行之有效。
> ——Emerson 公司格言

在 20 世纪 70 年代初期，Emerson 公司的国际销售总额大约为 1.1 亿美元。其中大多数销售额源于加拿大和拉丁美洲，在日本的一家小型合资企业（电机和家用电器部件）与在印度签订的电机许可协议也贡献部分销售额。只有一个子公司——里奇工具——在欧洲有经营活动。

现在，Emerson 公司在大多数业务范围内已经成为全球领导者。我们有一半以上的员工、40％的收入、30％的资产、工厂与设备投资都在美国之外（参见图 7-1）。这些统计反映了 Emerson 公司对全球经济演变的预期和响应。我们也期待上述所有的百分比在未来都有所增长。

第七章

图7-1 Emerson公司美国之外的业务（2002）

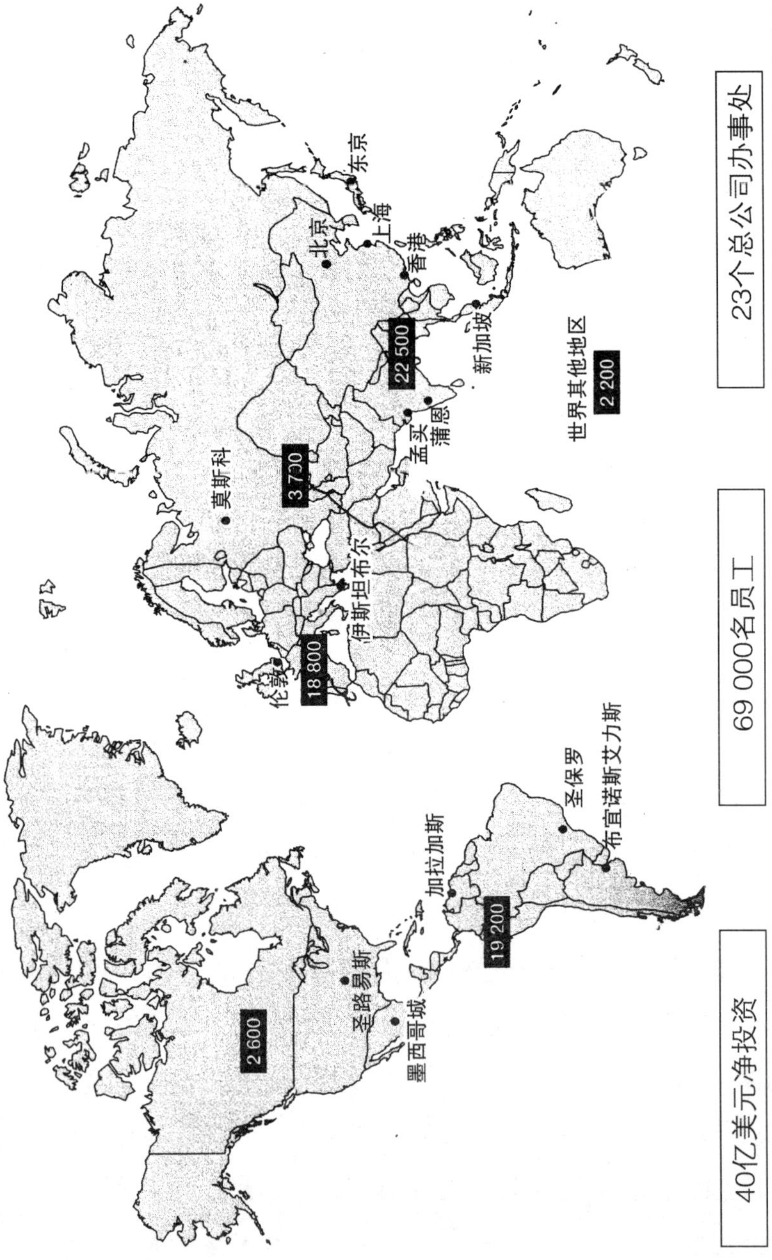

（地图标注：东京、北京、上海、香港、新加坡、孟买、浦恩 22 500；世界其他地区 2 200；莫斯科、伊斯坦布尔 3 700；伦敦 18 800；圣路易斯、墨西哥城 2 600；加拉加斯、圣保罗、布宜诺斯艾利斯 19 200）

| 40亿美元净投资 | 69 000名员工 | 23个总公司办事处 |

市场和竞争的全球化

Emerson公司的国际业务增长发生在两个时期(参见图7-2)。在第一阶段——20世纪70年代和80年代早期——我们通过出口向海外推进,并紧紧跟随我们的传统客户——那时我们的传统客户也正在向国外扩张。

图7-2 国际销售额以16%的年均复合增长率增长

20世纪80年代和90年代初的增长由欧洲推动。在新的千年,发展中市场将主导增长

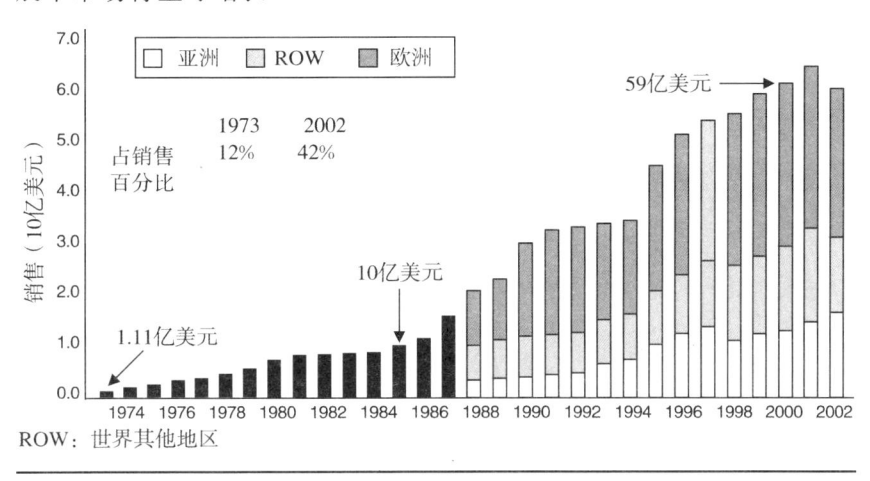

ROW：世界其他地区

在80年代中期,我们的国际销售额大约为10亿美元。随着市场和竞争的全球化进入新的阶段,我们加快了步伐。我们稳步增加对美国以外地区业务的投资(包括公司收购),并致力于开发非美国客户。

我们取得了成功:国际销售额在2000年上升到大约60亿美元。我们通过收购活动在欧洲建立了主导地位,并通过直接投资和核心业务的内部增长巩固在亚洲和拉丁美洲的

第七章

地位。在80年代后期与90年代初期开展的业务提供了强大的推动力，今天我们的好几个业务平台——过程管理、网络能源和环境优化技术——都是各自行业内的全球领导者。

Emerson公司致力于成为技术领导者和有效收购者，并以此方式将自己转型为全球公司：我们一切都依靠管理过程。我们识别需求，定义新的衡量标准，指派一名总公司领导去推动增长。然后，我们计划、执行和跟踪。我们从小的尝试开始，学习和应用所学到的东西，并继续取得进步。随着在业务领域取得全球领导地位，我们越来越将精力集中在保持领先地位上。

起步：1973~1985年

1973年，我们的收入只有12%源于美国以外的地区，其中最大的部分在加拿大。要成为国际市场上的重要力量，我们还有很长的路要走，要实现目标我们还面临巨大的挑战。我相信，只要我们将工作重点集中到管理活动的关键环节：设定令人鼓舞的目标，计划如何去实现它们，制定测度指标来跟踪进展，不断前进并确保步步跟进，我们就能实现目标。

最初向海外的扩张都是一些杂乱无章的活动，并没有得到很好的协调。我们倾向于在比较容易发展的、英语系国家扩张，我们常常也会应一些主要客户的要求被动地行动。例如，Tecumseh（Emerson公司电机的一个大客户）就极力要求我们将技术许可给国外厂商，以支持其在国外的经营活动。20世纪60年代，我们在英国、意大利、法国、澳大利亚和

市场和竞争的全球化

日本开始了最初的许可交易。接下来,我们在欧洲和日本建立了拥有少数权益的合资公司来制造电机,我们还在印度签下了一份电机技术许可协议。

我们遵循出口导向战略,不希望获利之前在海外投资。我们是一家保守的美国中西部公司,不想犯任何错误。我们在美国仍然处于高速增长阶段。此外,在总公司层面还是在子公司层面管理国际业务扩张,对这一问题我们的看法不一。而我们规模较小的欧洲总公司办事处正在试图让子公司多关注海外业务,但是,还没有取得大的进展。

有几家子公司在独立地向外扩张。里奇工具公司走在前面,他们有一个考虑得非常好的向欧洲扩张的想法。正如一位领导所说的,"没有人会一次就走出去在一百多个国家销售产品。你可以一年拿下两三个国家,把所有的投资都放在那儿。你在那儿建立起一个临界体,并且有了一个组织,然后你又可以转移到另外一个国家。"有很少的其他几个子公司也照此行事。

1973年我成为CEO时,就意识到国际市场代表着巨大的机会,因此,我将取得国际增长作为工作的首要目标。Emerson 1973年的国际销售额大约为一亿美元,我订下在1975年销售两亿美元的目标。为实现这一目标,我们走了一条与我们在从事技术和新产品开发时所走的类似的道路(参见第三章)。我们把原本规模就小的欧洲总公司办事处的重要性降级,开始推动了公司独立地进行海外拓展(只要时机成熟)。

第七章

我们任命总公司专员查理·迪尔（Charlie Dill）为负责国际业务的公司副总裁，委派他与各个子公司合作制订国际拓展计划。迪尔是一位哈佛大学毕业的 MBA，他年轻又聪明，刚到 Emerson 公司的时候他担任我前任的助手，后来又在不同的总公司岗位任职。作为我们国际业务拓展的领导者，他在很大程度上受到里奇工具公司这一榜样的影响。为了跟踪进度，他制定了一个称为立足点（footing）的测量指标，并将它定义为至少有一位专职的子公司员工在另一个国家工作。一个人也好，一百个人也好，都算是一个立足点。

我们开始在子公司和总公司计划会议上报告和跟踪立足点。一开始，我们有 20 个立足点，但是，不久就有了很快的进展。我们实现了 1975 年的两亿美元的国际销售目标，又设定了 1980 年销售五亿美元的新目标。我们继续激励各个子公司，最终在 1978 年我们有了 106 个立足点。我们的成功不仅反映了迪尔的努力以及在子公司层次更为得力的管理，而且反映了在美国进行的几项收购活动所产生的影响。

最重要的是对罗斯蒙特公司的收购（1976 年）。作为压力传感器领域的世界领导者，罗斯蒙特公司拥有为欧洲过程控制行业服务的不断增长的业务。罗斯蒙特公司海外业务的成功显示了在过程控制领域巨大的全球增长机会，也为我们提供了持续进行国际扩张的动力。和里奇工具公司一样，罗斯蒙特公司树立了一个具有高大形象的榜样，激励着其他子公司继续向外扩展。

1980 年，我们超额完成了当初五亿美元的国际销售目

市场和竞争的全球化

标。在那时,29 家 Emerson 子公司已经在 36 个国家建立起 155 个立足点。但是,并非所有的消息都是好消息。我们的国际业务相对低的利润能力成为企业成长的制约因素。在 80 年代早期,世界经济增长放缓,欧洲更是面临着令人痛苦的经济衰退,这些都是让人担忧的事情。尽管继续鼓励海外增长,但此刻我们的精力集中到改善边际利润上,我们的国际销售在整个 80 年代中期表现平平。

与此同时,随着市场与竞争的全球化,我们所面对的挑战的性质发生了变化。我们开始在国内市场遭遇到强有力的国外竞争。从前,我们曾经相信在美国市场取得领导地位将给我们带来巨大的规模与成本优势,我们既可以在国内、也可以通过出口在国外利用这一优势。然而,在 80 年代早期,我们得到了另外一个不同的教训。坚挺的美元、严峻的经济形势和美国不断攀升的进口表明,实现全球规模具有关键性的意义,我们必须具备更强的全球竞争力。

如在第四章中所说明的,要达到新的竞争水准,我们必须启用新的"最佳成本生产者"战略。我们在海外建立了更多的工厂,雇用了更多的人员,花更多的钱来提高质量和生产率,重新设计产品和工艺以应对一个竞争更加激烈的世界。除此之外,我们还意识到必须加速实现从出口导向向投资导向的转移,这样才能在全球市场上竞争。尤其是随着我们将 Emerson 公司的管理过程植根于国际业务活动,在海外进行投资从而在海外更多地生产,这样不仅会改善成本地位,而且会赋予我们扩大市场份额的能力。

第七章

随着在墨西哥以及在环太平洋地区展开经营活动,我们证明,管理过程可以顺利地转移到其他文化之中。"最佳成本生产者"这一做法在墨西哥和新加坡与在阿肯色州和明尼苏达州一样行之有效。

随着国际经营活动逐渐有了规模,我们的管理过程在国际经营活动中也表现得卓有成效。已退休的 Emerson 公司副董事长史泰礼解释说:

> 这一过程给了我们两项普遍适用的重要优势。第一项优势是,它要求我们注意业务细节以决定业务是否在向前发展,并进而对结果进行解释。这一过程给我们一个评估业务的方法,它使我们理解是什么力量在驱动业务以及如何才能最好地运作业务。第二项优势是我们严谨作风的累积效应。一年又一年所发生的事情意味着我们一直在驾驭我们的业务。与此同时,最高管理层也在亲身参与这些事情。我们的高层管理者在不断地提问题并推动人们给出更好的答案。在世界上的哪个地方来运作对于我们来说区别不大,因为我们一直关注那些放之四海而皆准的基础原则。

1985 年后向国外的加速拓展

在 20 世纪 80 年代中期,我们终于成为一家更加具有国际意识的公司。我们不再是新手:各个子公司对国际市场已经更加适应,我们已经培养了一批有丰富经验的国际经理人。我们在每一个主要地区都有相当可观的业务活动。有了事先部署好的"最佳成本生产者"战略,我们可以很从容地利用世界市场复苏所带来的机会。我们的国际销售额开始赶上来,在 1985 年达到 10 亿美元。

下一步便是使 Emerson 公司从一个有国际意识的公司转型为真正的全球公司,在这一转型过程中各个子公司将寻找和配合跨国客户,并采用跨国模式来管理。为鼓励它们以更加全球化的眼光来看待市场,在计划会议上我们不再讨论立足基础,转而强调全球市场份额。我们要求各个子公司经理详细汇报他们正在采取什么措施来提升全球市场份额。

使这一信息要求得到落实并没有花很长时间。后来的 15 年,我们在所有地区(先是在欧洲,后是在亚洲)都取得重大进展。

欧洲

在 20 世纪 80 年代后期和 90 年代初期,欧洲是四个增长最快的市场之一。1986 年至 1995 年之间,在这一地区的收入从 5.7 亿美元激增到 27 亿美元(参见图 7-3)。

有好几个因素为这一业绩表现提供了解释。那时,这一地区正在迈向 1957 年签订《罗马条约》后开始的长期经济政治一体化的新阶段。1990 年,莱斯特·索洛(Lester Thurow)在我们公司计划会议上的讲话称,90 年代将是"欧洲的 10 年"。他预测,在这 10 年里,欧洲联盟的增长和经济表现将超过美国。当然,这一切都没有发生,但是,它却代表着我们那时对欧洲的乐观看法。80 年代末期和 90 年代初期正当

第七章

欧洲共产主义国家解体,因此而提供的低成本制造机会以及为有进取性的投资者创造新的商机去提高竞争力,进一步强化了这一乐观看法。

图7-3 Emerson公司在欧洲的销售,标明了重大的收购活动

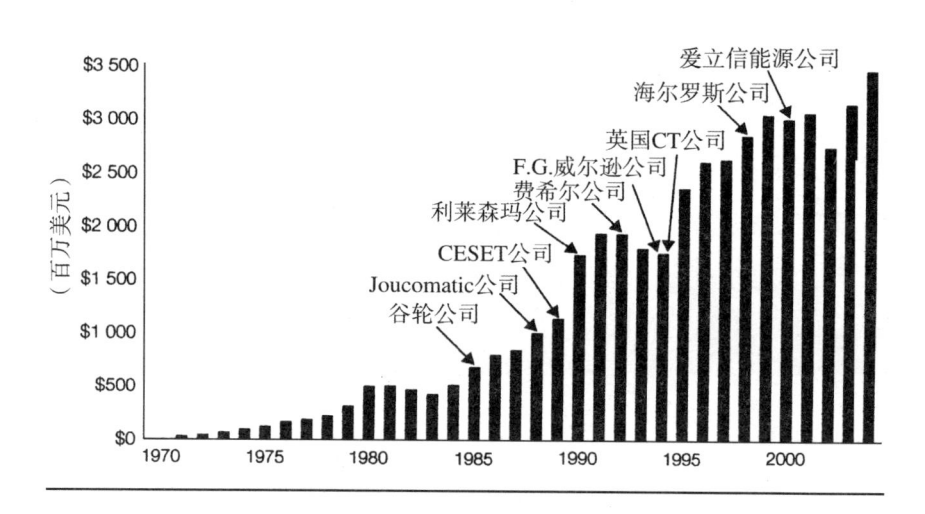

日益成熟的子公司和业务平台所提供的管理效率也为我们取得成果作出了贡献。与前面讲到的一样,收购在欧洲拥有可观业务活动的美国公司使我们获得好处。我们也开始在欧洲从事具有重要意义的收购活动,这是随着我们将各个子公司纳入业务平台而开始的一项举措。过程控制、工业电机和驱动装置、工业部件和设备(Industrial Components and Equipment)以及电机和家用电器控制业务平台都成为积极的收购者。

1986年对谷轮公司的收购为欧洲的业务提供了强大的

推动力。这家子公司在德国和比利时有大型设施并且在这一地区有着不断增长的客户群体。我们不久又接着收购了几家欧洲公司，包括 Joucomatic 公司［一家法国阀门公司，它为我们世格流体控制子公司（ASCO）提供了良好配合］和 CESET 公司（一家在欧洲家用电器 OEM 中具有强大地位的意大利电机制造商）。

1990 年，我们通过与利莱森玛公司——一家法国电机和驱动装置制造商——的管理层洽商，提出一项友好的股权收购案，收购了利莱森玛公司。好几个在美国和欧洲的竞争对手都觊觎该公司，我们能够达成这一交易有如赢得了一场漂亮的战争。我们已经在计划过程中将利莱森玛公司锁定为目标，基于我们在行业内的声望，利莱森玛公司的管理层几乎在同一时间决定与 Emerson 公司而非其他潜在的买家接触。这一交易不仅带给我们一家强有力的公司，而且带给我们好几家在相关领域的其他欧洲公司：1994 年，我们又在业务组合中加入了英国 CT 公司（一家英国变频器制造商）和 F.G. 威尔逊公司（一个家族拥有的以北爱尔兰为基地的柴油发电机组制造商）。

这些被收购的公司是我们在 1985 年和 2000 年间所收购的 20 多家欧洲公司中最著名的。这些业务的建立为捕捉新的机会提供了帮助。对 PLASET 公司的收购（1998 年），再加上对意大利的 CESET 公司的收购，扩展了我们在欧洲的家用电器部件业务。在电子技术领域，海尔罗斯公司（1998 年）和爱立信能源公司（2000 年）增加了我们在当地的业务基

第七章

础。在过程控制领域,1992年对费希尔公司的收购使我们获得了强劲的欧洲业务,后来我们又发起了一系列的欧洲交易以增强我们为欧洲巨大的化工和能源产业服务的能力。我们称所有这些交易为"巩固型"(bolt-on)收购,因为它们巩固了现有的业务基础。

有了收购活动提供动力,Emerson公司在欧洲的销售不断攀升,占到1990年总销售的30%。由于日后亚洲收入的超常增长以及在世界其他地区从事的收购活动,这一数字自此有些下降,但它似乎仍然会维持在25%左右。

同时,由于单一货币的支持者低估了实施单一货币计划所带来的灾难,"90年代将是欧洲杰出的10年"这一期望逐渐消退下去。在整个地区,经济增长由于各个国家执行紧缩政策而停滞。尽管面临着困难的环境,Emerson公司这10年在欧洲一直运作得很好,几乎在所有的业务领域都能战胜竞争对手且增加市场份额。我们比大多数欧洲竞争对手更早地理解东欧所提供的新机会,我们先于竞争对手制定和执行了有关的战略以利用这些机会。

我们在这一期间向欧洲的迅速推进加速了Emerson公司管理过程的真正全球化:我们开始在欧洲举行整套的子公司计划会议、利润评估和组织评估会议;我们一年要花好几天来集中讨论欧洲业务,而不是只开一天的欧洲评估会议。我们开始在欧洲举行有150到200位欧洲经理出席的公司计划会议,而不是将几位欧洲经理邀请到位于美国圣路易斯市的公司总部参加公司计划会议。

Emerson 公司管理过程在欧洲为管理层很好地接受和执行，尽管这一过程的某些方面（尤其是"最佳成本生产者战略"）在执行的时候需要略加变通。在欧洲将工作转移到低成本国家比在美国还要难。关闭一家美国工厂而在墨西哥建立经营设施相对而言是说到做到的事情。与此相反，在欧洲，这样的举动将引发争议而且相当困难，需要采取一条渐进的路径。中欧和东欧在90年代初期的开放就说明了这一点。

作为最先意识到中欧和东欧巨大机会的制造商之一，Emerson 公司也是最先从中得到好处的厂商之一。我们发现我们可以在四个国家：斯洛伐克、捷克共和国、匈牙利和波兰建立制造基地。我们开始在这些国家寻找有潜力的收购对象，以便可以向其转移部分西欧制造活动。在大多数情况下，我们倾向于通过收购进入一个国家，因为，这一做法允许我们以更为渐进的方式转移经营活动，这与我们在西欧的经营活动所受到的限制条件是一致的。

我们要求所有的欧洲子公司都在中欧和东欧建立制造基地。对于那些规模不足以独立投资的子公司，我们采取了由 Emerson（欧洲）总公司管理多家子公司共有制造设施的做法；对于各个子公司来说，Emerson（欧洲）总公司就好像是业主，它向各个子公司提供有效经营活动所需要的一切服务。有八家雇用了两千多人的子公司共同驻扎在斯洛伐克 Nove Mesto 的工厂。今天，Emerson 公司欧洲制造业人数有 1/3 位于东欧，这一比例比任何欧洲竞争对手都高。我们

第七章

能够取得成功是因为我们很早就采取行动,通过那些对战略好处深信不疑的精明强干的欧洲经理,我们能够以令人信服的方式向员工解释管理过程,并能够有效地执行过程。

在欧洲发展的早期,各个子公司都需要总公司强有力的支持,总公司有一个办事处设在布鲁塞尔(后来在伦敦),另外还有一些总公司领导分布在欧洲各地,尤其是东欧各地。20世纪90年代后期,随着各个子公司在欧洲达到临界规模,它们不再需要这样的支持。我们解散了办事处,释放的资源可以被重新配置到世界其他地方,尤其是亚洲,Emerson公司在那里仍处于早期发展阶段。

尽管当地子公司不再需要总公司的支持,欧洲对于Emerson公司来说仍然具有重要的战略意义,总公司高层次的指导仍然很有必要。1998年末,我们建立了由英国前首相约翰·梅杰(John Major)领导的欧洲顾问委员会(European Advisory Council)。委员会成员包括前德国财政部长和"欧元之父"西奥·维吉尔(Theo Waigel),前丹麦政府和欧洲委员会成员亨宁·克里斯托弗森(Henning Christophersen),前BP公司董事会与Railtrack公司董事会主席罗伯特·霍顿(Robert Horton)爵士,他也是Emerson公司董事会老资格成员。该委员会与Emerson公司高级管理层每年举行几次会议。在特别的场合,我们也可以临时邀请委员会成员。在与地方政府、国家政府和超国家机构建立联系以及帮助进行收购谈判方面,他们常常为我们提供重要的支持。

尽管Emerson公司在欧洲的迅速扩张本身就非常重要,

但更为重要的还是它促进了公司的全球化。许多在欧洲收购的公司已经在亚洲和除美国以外的其他市场建立了强大的业务。例如，比起与之规模相当的美国子公司来说，Joucomatic 公司、利莱森玛公司和英国 CT 公司在亚洲有更大的市场。90 年代在我们向亚洲推进的过程中，就有好几家这样的业务单位给我们提供了帮助。

Emerson 公司的收购活动在打造和重塑业务（如分配式发电技术）方面起到关键作用。1990 年，我们收购利莱森玛公司的时候，它拥有一个营业额为七千万美元的业务分部，为柴油发电机组制造商配套交流发电机。最初我们是将这一分部作为剥离对象来考虑的，因为，它似乎不能与 Emerson 公司里的任何其他业务搭配。不过，正如第二章中所讲到的，1994 年，利莱森玛公司却带领我们收购了一家位于北爱尔兰的欧洲主要柴油发电机组制造商——F.G. 威尔逊公司。

我们最初把这一交易视为扩大利莱森玛公司交流发电机业务和加入到迅速增长的柴油发动机市场竞争中去的一个途径。F.G. 威尔逊公司是卡特彼勒公司——全球发电机组生产领域的领导者——的合作伙伴。随着 Emerson 公司的到来，一家由卡特彼勒公司和 Emerson 公司组成的合资企业应运而生，而我们则成了这家合资企业唯一的交流发电机供应商。同样，如前所述，我们最终将我们在合资企业中的权益卖给卡特彼勒公司，但我们保留了作为卡特彼勒公司独家交流发电机供应商的地位。同时，我们还收购了 Kato 工

第七章

程公司和 MagneTek 公司在美国生产交流发电机的分部。由于这些交易的结果，Emerson 公司一跃成为制造柴油和燃气发电机组交流发电机的全球领导者，交流发电机的年销售额超过五亿美元，在美国、法国、捷克共和国、中国和印度设有生产基地。卡特彼勒公司成为 Emerson 公司前五家最大的客户之一。

进入亚洲

在国际业务增长的第一阶段，Emerson 公司在亚洲只获得有限的成功。20 世纪 60 年代，我们在几个亚洲国家设立合资企业并签订许可协议，而且在日本和东南亚拥有独资经营的业务。1979 年，罗斯蒙特公司在新加坡建立工厂，它在为这一地区的过程控制行业提供服务方面做得非常成功。

不过，我们的进展缓慢。一些国家实行的保护主义政策将我们拒之门外。在日本，与所有其他美国制造商一样，我们面对当地强大的竞争对手和非关税壁垒的双重障碍。然而，我们认识到，亚洲将成为一个极有增长潜力的市场，我们下定决心要加速在该地区的增长，就像我们在 80 年代中期后在欧洲实现加速增长一样。

20 世纪 80 年代中期至 90 年代初期之间，我们负责国际业务的副总裁史蒂夫·苟蒂诺维斯（Steve Cortinovis）主持了一项在亚洲沿孟买到东京一线建立办事处的项目，其中包括的城市有新加坡、曼谷、吉隆坡、雅加达、香港、台北和首尔。最初的一些办事处只由一个人运作，不过所有的办事处

市场和竞争的全球化

都代表着各个子公司可利用的资源。

有些子公司步罗斯蒙特公司的后尘投资兴办新的工厂,其他一些子公司则汇集起它们的资源,然后在这一地区共同开展业务。过程控制业务平台的各个子公司一马当先,在1992年收购费希尔之后,他们在这个地区的业务基本上翻了一番。这些年里,我们也在印度兴办了几家合资企业。罗斯蒙特公司再一次树立了榜样,同时,谷轮公司、力博特公司、费希尔公司和世格流体控制公司也在那里建立了合资企业。

就像我们在70年代和80年代初期在欧洲所做的那样,我们开始在亚洲培植立足基础,并将其作为取得经验和达到关键规模的最佳途径。到1991年,我们在这个地区已经实现4.21亿美元的销售。许多客户仍然是美国或欧洲的公司,除了这些客户之外,我们在亚洲以及在发展中国家只有有限的地位。整个亚洲繁荣的经济增长以及自由经济政策在中国的兴起提供了很好的机会——如果我们能够很快抓住这些机会的话。

1993年,我们加强了对亚洲尤其是对中国的关注,并把中国看成这一地区最大的机会。不仅因为中国经济本身规模庞大,而且它的增长速度也比美国、日本和欧洲各个经济体要快得多。显而易见,中国正在努力迈向市场经济(参见"在中国的扩展")。

当然,中国的经济自由化早些时候就已经起步,罗斯蒙特公司在1979年就已经将其DP 1151传感器技术许可给中国企业。在80年代,许多西方公司在靠近香港和上海的经

第七章

济特区（自由企业区）（深圳的宝安，上海附近的苏州）开设了工厂，然后，他们从那里向亚洲以及其他地区出口产品。

Emerson公司第一次真正走向中国是在1989年，那时我们正在通过对雅达（Astec）公司的逐步收购（参见第三章和第六章）来重组我们的电子电源产品业务。以香港为基地、在亚洲其他地方也拥有业务的雅达公司为我们提供了关于如何在这一地区展开竞争的丰富知识和经验。与此同时，重组雅达公司业务以及需要将其与我们的业务组合为我们提供了一个机会，我们在中国做了第一笔直接投资，在深圳宝安建立了一家生产电子部件的工厂。这家工厂成为吸引其他Emerson子公司的磁石。到1993年底，有六家子公司在宝安、天津和上海建立了独资或合资企业。作为这些商业活动的合法投资者，我们在中国成立了Emerson电气（中国）投资有限公司，这是一家Emerson公司全资拥有的子公司。

在中国的扩展

随着我们预计增加在中国的投资，我得到了一个在北京与（前）总理朱镕基会晤的机会。在会晤过程中，我问了中国领导人三个问题：

1. 考虑到中国的金融管制，在取得合适的利润、在中国再投资并向股东支付红利方面，Emerson公司能否有财务上的灵活性？

2. 我们可以保护自己的知识产权吗？

市场和竞争的全球化

3. 我们可以找到足够的具有合适背景和教育程度的员工吗?

总理先生的回答令人鼓舞。他说,赢利要看我们的本事,但他认为,经济气候会为我们提供在其他市场所享有的正常的财务灵活性。他还说,保护知识产权的最好方法是在所有商业交易中总是使用书面合同。

关于寻找优秀员工这一话题,他说,他毫不怀疑会有极为聪明的中国管理人员对于为一家总部设在美国的公司工作感兴趣,通过支持在中国的顶级大学开设优秀的商务课程,我们也可以帮助我们自己。后来,安海斯—布希公司(Anheuser-Busch/A-B)和 Emerson 公司与圣路易斯的华盛顿大学和上海的复旦大学一起在中国设立了一流的高级管理培训课程。

在1993年举行的总公司计划会议上,我们的主题还是强调增长,我们显然已经把亚洲太平洋地区看作具有关键性机会的区域。我们决定踩油门了。在一个月之内,最有潜力的两位高层管理人员——孟图裴和范大为先生抵达香港,着手建立 Emerson 公司亚太区总部办事处。几年前,我们已经在那里设立了一个办事处,而现在的努力是为了增加我们对这一地区的关注,以取得至少每年15%的增长率。这样,我们的业务每五年就会翻一番。

我们遵循的是一条类似最初在70年代开辟的路径:扩大每一业务的立足基础,通过一连串的办事处增加总公司在

第七章

该地区的支持力度,吸引子公司管理层到该地区工作,激励他们将在亚洲的增长作为总增长计划的关键部分。

如从前在欧洲所做的那样,我们强化了 Emerson 管理过程在当地的实施。我们开始分别为每一个子公司——包括那些当地业务仍然很小的子公司——举行在当地子公司的计划会议,而不是为期一天的年度亚洲评估。在香港的亚太区总部办事处,我们仿照圣路易斯的样板建立了一个组织办公室(organization room)(参见第三章),我们从事了一系列的亚太地区组织评估。同样,如在欧洲所做的那样,我们开始召开由所有关键的亚洲经理参加的年度公司计划会议。

这些步骤成为 1994 年发起的一项重大行动的前奏,在那一年,我们建立了由总公司副董事长史泰礼领导的 Emerson 亚太区总部,史泰礼兼任新实体的董事长。我们设定了新的目标,要求在该地区取得的销售能够将公司总的增长率在五年之内提升至少 1%——这就意味着我们 1998 年之前必须在亚洲再获得五亿美元的销售额。史泰礼以强有力的领导和高度的透明度来实施这一努力。他的任务包括加速交易步伐,将 Emerson 管理过程带到亚洲,培养当地管理人才和人力资源。

从某些方面来看,Emerson 亚太区总部的活动类似于公司早期支持新产品开发和国际扩张的努力。不过,这一次的努力由公司副董事长亲自负责,并由我们的一些最好的高层管理人才来支持,规格比以前更高,表明它在公司具有更高的优先程度。

我们鼓励各个子公司在亚洲投资以赢得竞争，我们也认识到这将需要采用与在欧洲或拉丁美洲不同的战略。例如，我们不能像在欧洲所做的那样通过收购来达到目的。我们也不指望已经在那里的美国或欧洲客户拉我们一把。与此相反，我们必须从无到有建立业务，寻找当地的客户，发掘足够的需求，从而为进一步的投资提供依据。我们将这一过程称为"越过亚洲驼峰"。

图 7-4 给出的是 1994 年的亚洲驼峰，它表明了我们各个子公司的业务进展情况。许多子公司都是刚开始进入这一地区，在投资建立当地机构以及招募当地人才方面，他们面对的是一条陡峭的学习曲线。在这一过程当中，大约有 10 个子公司开始形成规模，尽管他们仍然有很多工作要做。最后，大约有五六个子公司越过了"驼峰"，并迅速地积累实力。我们使用"亚洲驼峰"这一概念来向各个子公司表明他们处在这一过程当中的什么位置，以及我们期望他们在前进的道路上做些什么。

"越过驼峰"不仅要求总公司强有力的领导和支持，而且要求业务平台和子公司层面投入大量的管理时间和财务资源。例如，我们坚持每一个业务平台至少指定一名高级管理人员领导在亚洲的行动。这些高级管理人员直接向业务平台领导人汇报工作，他们在这一地区常驻，并且具有经营决策权。

我们要求各个业务平台制定在该地区的战略路线图，作为我们在计划会议上评估的基础，并将数据纳入到我们对该

第七章

图7-4 越过亚洲驼峰（1994）

- 无法像在欧洲那样通过收购达到驼峰的顶部
- 不可能总是找到美国和欧洲的客户，必须在亚洲寻找客户并为之服务

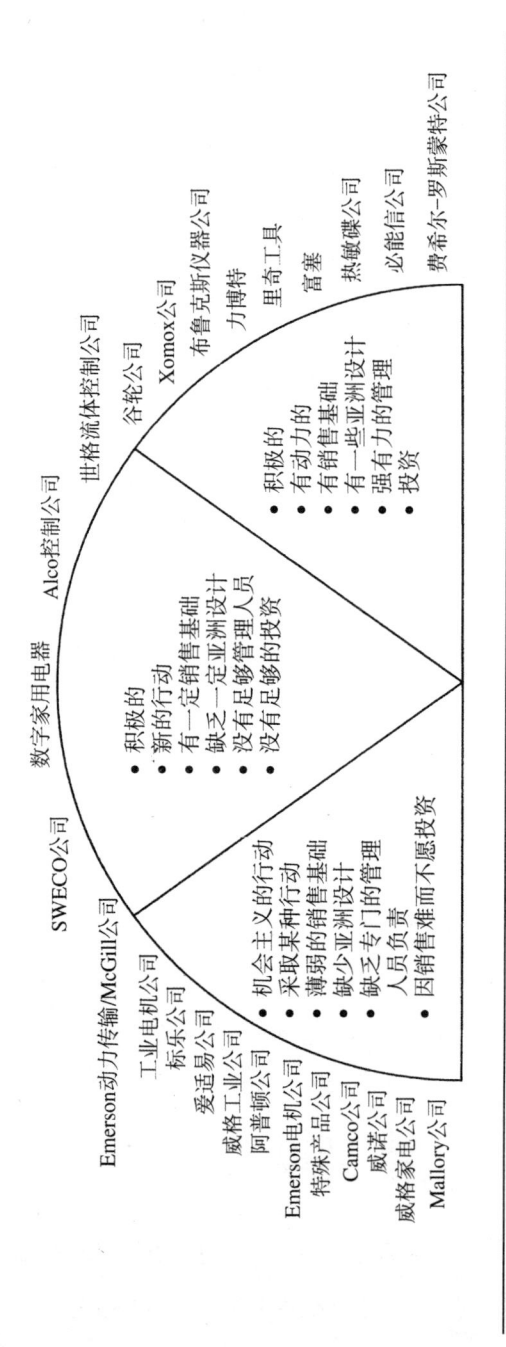

Emerson动力传输/McGill公司
工业电机公司
标乐公司
爱适易公司
阿普顿公司
Emerson电机公司
特殊产品公司
Camco公司
威诺电公司
威格家电公司
Mallory公司

SWECO公司
数字家用电器

- 机会主义的行动
- 采取某种行动
- 薄弱的销售基础
- 缺少亚洲专门的管理
- 人员负责
- 因销售难而不愿投资

- 积极的
- 新的行动
- 有一定销售基础
- 缺乏一定亚洲设计人员
- 没有足够管理的投资
- 没有足够的投资

Alco控制公司
世格流体控制公司
合轮公司
Xomox公司
布鲁克斯仪器公司
力博特
里奇工具
富塞
热敏碟公司
必能信公司
费希尔-罗斯蒙特公司

- 积极的
- 有动力的
- 有销售基础
- 有一些亚洲设计
- 强有力的管理
- 投资

地区的预测之中。我们也要求每一个业务平台制订一项亚洲管理人员发展计划,我们在作组织评估的时候将对这一计划进行讨论。我们发起一项特别的努力在亚洲招募能干的经理人员,划拨管理发展和人力资源预算来对他们进行培训,并帮助他们取得成功。最后,我们还制订了一项行动计划来为亚洲的新产品开发寻找更好的机会,并对这些机会排序。我们在计划会议和技术会议上跟踪这些工作的进展,并围绕这些工作展开讨论。

后来的几年里,我们在中国取得了长足的发展,共建立了三十多家独资和合资企业,涉及不同的业务平台。我们在各个领域都找到发展机会,但是,最大的机会还是在电子、过程控制以及空调(HVAC)业务领域,在那里我们可以为不断扩展的当地市场服务,我们也可以通过极有效率的中国工厂向海外出口产品。

在电子产品行业,雅达公司以及其他子公司的优势使我们能够迅速获得为当地产业和电信公司服务的机会。我们成功地进入华为公司,该公司是中国最大的电信设备供应商,这一行动直接为我们带来了2001年收购安圣电气公司的机会(参见第六章)。这一收购活动不仅为我们提供了生产能力,而且提供了遍布中国的分销网络,通过该网络我们可把 Emerson 公司的其他产品运往中国。同样,在过程控制业务平台,一系列的直接投资和建立合资企业的活动使我们迅速成长,并取得亚洲第一的地位,这一地位也对我们在北美洲和欧洲的领导地位形成补充。

第七章

在空调暖通领域,我们在泰国以及后来在苏州设立的生产涡旋压缩机的一流工厂设施,给了我们向世界上最热最为湿润的地区之一的目前蓬勃发展的空调与制冷市场进军的通行证,同时也成为我们强大的出口基地。我们在青岛建立了一家独资电机工厂,并获得海尔公司——中国主要的(以及迅速增长的)"白色家电"(white goods)(诸如电冰箱与洗衣机之类的家用电器)制造商——的重大购买承诺,由此我们在电机和家用电器部件制造领域也取得了进展。

有了所有这些活动,Emerson 在中国的销售开始快速上升,由 1993～1994 年度的一亿美元上升到在收购安圣电气公司之后的 2002 年的七亿美元,在 2004 年又上升到超过 10 亿美元。以在这一地区超过 20% 的年均增长率,我们很快提前完成将总公司增长率提高 1% 的目标。

在这一强劲的绩效表现背后,是我们将管理过程向新同事和新伙伴移植的成功努力。"我们的流程对中国的组织也是适用的,这些中国组织既有企业家精神,又有严格的规范,"史泰礼指出,"我们提供给中国员工的做法对他们来说也行得通,因而也就能够很快被接受。"

1994 年,我们开始为在这个地区的所有单位举行亚洲计划会议,从而开始了管理过程的正式转移。公司总部高层领导人和业务平台领导人都参加这一会议。我清楚地记得第一次会议是在上海召开的,我在那里对 Emerson 管理过程作了一个综述,综述中提到第一章中所列出的六项要点。我的讲话引发了很多问题和讨论。第二天早上,我走访了附近由一个子公司经营的工厂。到达工厂的时候,工厂的管理者已经将管理过程的六项要点翻译出来,并通过工厂墙壁上的一块巨大的卷轴来展示这六项要点。我把这件事视为中国员工如何理解流程以及如何急于将其应用于工作中的最好的佐证。

我们很早就认识到,管理过程之所以行之有效,是因为它们处理的都是那些并不会因为不同地理区域而需要改变的战略业务问题。然而,战术,尤其是雇用政策方面的战术,则有可能因地理区域的变化而不同。由于这一原因,我们提升了人力资源管理的地位,并且制定了一项亚洲政策:在一个特定企业,第一个招聘的是总经理,而紧接着到位的就是人力资源经理。

接下来的一年,由 Emerson 亚太区总部出面承办,我们为在亚洲的关键高级管理人员开办了管理培训课程。我们甚至在亚洲举行特别的组织评估会议,业务平台领导人和总公司高层管理人员同样要参加会议。我们还引入了 Emerson 管理过程的其他关键要素,包括"赢利能力是一种心态"这句口头禅、最佳成本生产者战略的六个要点以及创造灵活的、以行动为导向的组织等等。

需要补充说明的一点是:尽管我们在中国的业绩表现使 Emerson 公司成为最大的美国投资者之一,并远远走在直接竞争对手前面,但是这反映的不只是从低成本生产以及管理过程所产生的优势。我们还积极地将中国的业务运作本地化,使用很少的美国人作为经理,并依靠当地供应商提供原

第七章

材料和部件。我们建立了支持快速增长的基础设施,并获得了这样做的好处。在中国的迅速行动使我们能够在不产生任何不良效果的情形下度过了在整个90年代折磨日本和在后期折磨大部分东南亚国家的金融危机。

在亚洲的其他地方,我们的业务也持续地增长。2002年,我们在整个亚洲地区的销售达到了16亿美元——是10年前的四倍(参见图7-5)。而在中国的业绩表现则是我们在这一地区成功的最重要的原动力。

图7-5　Emerson公司在亚太地区的发展

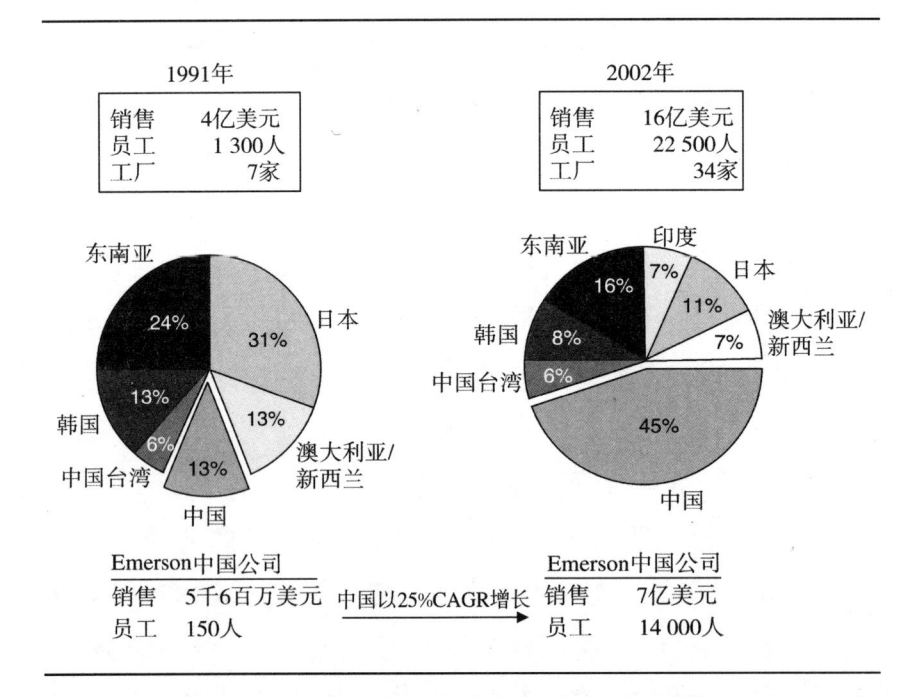

1991年
销售　4亿美元
员工　1 300人
工厂　7家

- 东南亚　24%
- 日本　31%
- 澳大利亚/新西兰　13%
- 中国　13%
- 中国台湾　6%
- 韩国　13%

Emerson中国公司
销售　5千6百万美元
员工　150人

中国以25%CAGR增长 →

2002年
销售　16亿美元
员工　22 500人
工厂　34家

- 东南亚　16%
- 印度　7%
- 日本　11%
- 澳大利亚/新西兰　7%
- 中国　45%
- 中国台湾　6%
- 韩国　8%

Emerson中国公司
销售　7亿美元
员工　14 000人

在欧洲和亚洲之外的国际增长

尽管在欧洲和亚洲的活动构成了 20 世纪 80 年代和 90 年代我们在美国之外的大部分增长,我们的业务平台和子公司也在拉丁美洲和中东地区建立了重要的业务活动。在 80 年代后期组建起业务平台之后,我们向这些地区的推进就有了更好的势头。

随着这些业务平台有效地运作,我们的过程管理和网络能源业务能够快速行动来服务全球客户。中东巨大的能源产业成为过程管理业务的大市场,拉丁美洲的能源和过程管理产业同样也是如此。在 90 年代,网络能源业务在拉丁美洲成长迅速,为这一地区不断扩大的电信基础设施提供服务。1995 年到 2000 年之间,Emerson 公司在拉丁美洲的收入从 2.54 亿美元增长到 5.46 亿美元,增长幅度超过一倍。

到 2000 年底,Emerson 公司在世界各地都取得了可观的销售额——欧洲大约为 30 亿美元,亚洲大约为 12.5 亿美元,拉丁美洲、中东和加拿大合计约为 10 亿美元。然而,显而易见的是,在今后的几十年,亚洲将主导我们的国际增长。

全球化和电子商务机会

我们在国际市场上拥有数十年的运作经验,我们的经理熟悉在国外的运作。Emerson 在欧洲、拉丁美洲和亚洲拥有数万名员工,我们深信管理过程会帮助我们在这些地区不断

第七章

找到和利用新的机会。伴随互联网而来的通信业革命,正在以多种方式帮助着我们,使我们能够不断努力以追求更高的营运效率。新的技术引发在于采购、工程和办公服务职能的巨大变革,以至于我们现在可以把这些职能安排在亚洲和拉丁美洲的低成本地区(参见第四章)。

新技术也通过电子商务为我们的全球增长开辟了新的可能性(参见第八章)。例如,Emerson公司在中国和印度的工程师们可以向北美洲和欧洲寻求解决方案的客户们提供低成本、高效率的设计和支持服务。在这两个国家以及在菲律宾数目众多的低成本、高素质的知识人才资源使我们能够提供一系列的服务,而如果我们使用发达国家的可比资源,高昂的成本会使提供这些服务几乎成为不可能的事情。这类服务的一个例子便是集群技术工程(参见第五章)。

Emerson公司在亚洲不断扩大的业务不仅是我们在亚洲增长的基础,而且也是全球增长的基础。

新的挑战与下一边界

自从20世纪70年代以来,原本只是一家主要为美国市场服务,位于美国中西部的制造商——Emerson公司,已经远远地飞离和跨越了原有的地域。国际商务可能是充满风险的,我们自己的记录也并非完美无缺。但是,我们已经看到,只要遵循管理过程,我们在大多数时间都能取得成功。我们现在依托在世界上许多地区建立起来的强大业务平台开展工作,并在所有的业务领域都取得了全球领导地位。我们在内部消化和交流国外经营的许多宝贵经验和教训；我们在与东道国政府合作方面富有经验；我们能够管理风险；我们能够在当地独立地建立组织和招募当地人才，或与当地的伙伴建立合资企业；我们知道管理过程会发挥效力使我们更加强大。

取得了所有这些进展和经验，再没有什么东西能限制 Emerson 作为一家真正的全球公司继续发展。展望未来，我们看到许多挑战和机会。亚洲强劲的业务增长会为我们在北美洲和欧洲的传统堡垒提供补充。不过，我们的收入从地理分布上来看是远远不平衡的。某些业务还未"越过驼峰"——不只是亚洲的业务，甚至还包括欧洲以及拉丁美洲的业务。在目前我们已经占据全球领导地位的业务领域，我们必须很好地利用那些在全球产业演变——以及不可避免的整合——过程中将要出现的机会。

另一个挑战就是找出在发展中国家成功发展的途径。到今天为止，未发展国家对于我们大多数产品来说还不是好的市场。最终，随着国内生产总值的提高和经济资源的分布变得更加均匀，情况将会发生变化。我们必须为在我们已经有出口业务的国家以及在世界上那些我们投资不足的地区——例如，欧洲东南部、中东和非洲部分地区——作好获胜的准备。在未来的几十年，新兴经济将提供新的巨大机会，最大的机会也许是在俄罗斯和印度，在那里我们已经建立了高科技业务领域的重要立足基础。

通过管理取得全球领导地位的记录，让我们对 Emerson

第七章

公司全球化运营的未来感到乐观。没有我们的管理过程以及它所要求的严密分析和严谨贯彻执行，我们不会走得这样远，也不会做得这样好。我们期待管理过程会再次引领Emerson成功地面对今后的全球化挑战。

第八章 增长

终 极 挑 战

像追求利润一样追求增长。
——Emerson 公司格言

在20世纪90年代初期,Emerson公司获得了作为全球最主要的工业公司之一的牢不可破的信誉。无论外部环境是好还是坏,借助于我们的"最佳成本制造商"战略,销售收入三十多年来连年增加。我们也通过新产品开发、企业并购和国际拓展活动,实现了营业收入的不断增长。

然而,我们的成功也掩盖了一个严重的不足,随着西方经济从急剧衰退中走出,这一弱点暴露得越来越明显。投资者的期望是与快速增长绑在一起的,我们的弱点是增长速度未能满足他们的期望。多年来第一次我们的股票绩效表现落在某些同类公司的后面,也低于标准普尔500指数(S&P 500 Index)。为将股价恢复到我们认为它应该到达的高价

第八章

位,我们下定决心直面终极挑战:更快的营业收入的增长。

应对增长挑战比我们已经发起过的任何其他行动都要困难。就像我们所发现的,这一挑战是终极的挑战。应对这一挑战要求我们能够直接控制某些事情,如设定新的目标、进行新的投资、提高营销能力以及其他方面的能力。它也涉及一些我们无法控制的事情,如某几个主要业务领域相对缓慢的基本增长率。

在增长的道路上,我们也意识到,多年来为获得更好的利润表现而形成的管理方法和心态需要重大的改变,这样才能更快地增长。我们不得不重新审查某些由来已久的传统观念,如对赢利能力和子公司独立性强烈、几乎是唯一的关注。在为增长而奋斗的过程中,我们发现 Emerson 正在演变成一个不同的组织——尽管我们仍然是一家通过严格的管理取得连续稳定业绩的公司。

增长挑战所具有的这些意想不到的特点使之成为终极挑战。我们不能通过简单地将新的行动移植于现有的基础来赢得这场挑战。恰恰相反,我们必须对现有基础本身的一部分作修改,这是一个持续的过程。尽管我们已经取得重大的进步——当然也经受过一些挫折——对于当前管理团队和管理方法来说,增长仍然代表着最终的商业挑战。这种情形在可预见的将来将继续下去。

了解问题

多年来,Emerson 公司采取了多项政策和行动来刺激增

增长

长。其中最重要的行动是新产品开发、企业并购和全球扩张。在计划会议上，我们也曾依靠一个称为销售差距图表（sales gap chart）的工具。图表上显示了当前的销售量，也对今后五年的销售增长进行预测，这种预测是建立在对增长驱动因素展开分析的基础上——市场的自然增长率、子公司市场占有率的变化、价格变化、新产品开发、产品线的延伸和国际市场增长。如果预测的增长达不到既定目标，子公司将要面对一个差距。那么子公司的管理层就要告诉我们将采取什么步骤来消除这一差距。

销售差距图表是一个有用的工具，然而，在20世纪90年代初期，我们需要做更多的事情来促成更快的增长。有好几个因素让我们感到担忧。第一个因素是：尽管我们认为自己是一家优质公司，但是我们还是发现，基于每年增长10%的计划，投资者们开始表示异议。分析家们指出，和我们不相上下的一些公司都能够达到12%～15%的营业收入销售增长，尽管Emerson公司数十年来一直被公认为位居美国最佳管理企业之列，我们还是需要取得和保持更快的增长。同时，由信息技术的进步和生产率的相应提高所导致的世界经济的迅速扩张，也提高了投资者对诸如Emerson公司这样的市场领导者的增长率的预期。

内部分析揭示了我们担心的第二个原因。在审查我们所谓的"基础公司"（base company）——那些持续经营且不受收购活动影响的公司业务——的基本增长率时，我们发现其增长相当缓慢。与此同时，一件显而易见的事情是，尽管我

第八章

们的管理方法曾经极其有效地产生持续的利润,但是它现在却不能给"基础公司"带来足够的增长。强大的降价压力限制了我们通过提价来实现增长的能力,这又将我们所面对的挑战进一步放大。

1992年我们从另一项公司内部行动中得到了对于问题的更多的证实。我们近来已经对公司进行重组,组建了八个业务平台,我们希望给业务平台领导人去寻找新的业务增长的机会。我们建立了一支由八位业务平台领导人、三位总公司领导、两位子公司经理和两位外部顾问组成的管理特别行动小组。我们要求这个小组研究一个简单的问题:"公司面对的问题是什么,我们改进管理方法的机会在哪里?"

这一小组反馈了三项主要的建议:(1)公司必须激发一种与赢利相同的对增长的渴望;(2)必须赋予业务平台领导人相当于总公司领导的角色和责任;(3)公司必须改善组织发展过程,从而更好地培养未来的领导人。这一小组将增长挑战列为公司第一要务,并督促我们立即处理。

最后,在应对增长挑战的过程中,Emerson公司并不是孤军奋战。为了应对挑战,我们聘请了一直就这一话题进行写作、发表见解和提供建议的加里·哈梅尔(Gary Hamel)担任顾问。与其他公司一样,我们也不敢肯定面对的问题到底有多大。上一个10年所进行的重组已经为很多公司提供了减少间接费用和增加利润的手段。但是,正如哈梅尔所指出的:"不可能通过减小规模来成为一家了不起的公司。"他认为,像Emerson这样具有良好传统的公司必须重新考虑它的将来，公司以及公司的业务都需要重塑。他特别指出，需要创造一个追求增长与追求赢利并驾齐驱的管理方法。我们接受了哈梅尔的忠告，开始应对迫在眉睫的增长挑战。

第一阶段：1992～1997年

我们修正管理过程的最初努力是围绕两项主要的行动展开的：一是将子公司计划会议分解成不同的会期，专门研究增长计划和开展利润评估；二是确定大量的增长行动计划并进行投资。

增长会议

如在第二章和第四章中所讲到的，1992年我们重新设计了子公司计划会议的结构——这是我们在一年当中最重要的会议。我们将所有关于赢利行动的讨论转移到由"利润沙皇"博杰思所主持的另外的利润评估会议之中。我们将传统的计划会议（planning conference）改称为增长会议（growth conference），并以增长作为会议讨论的唯一中心议题。

这是一个早就应该完成的结构变化。计划会议将大多数时间用于讨论赢利，尤其是出现问题的时候。因此，我们倾向于集中讨论成本减少、生产率增加、工作转移、资产管理和其他类似的话题，这样，给予增长的时间就很少了。增长很少得到所需要的持续而又强烈的关注。即使是我们就销售差距图表所展开的讨论也不能刺激现在所需要的绩效表

第八章

现——这不仅要求我们确定合理的增长目标,而且要求我们找出和追求爆炸性的增长机会。

我们同时也改变了增长会议的时间安排。子公司计划会议传统上覆盖销售和营销努力以及"填补差距的东西"(gap fillers)。而现在的议程则改为增长战略,远远不止于讨论近期的战术性措施,更进一步,它还要讨论加速增长的行动计划。我们制定和增长相关的优先考虑事项,并对实施和跟踪计划所需要的资源进行评估。我们也就某些问题进行讨论,如减少新产品设计和投放市场所需要的时间和费用方面取得显著进展的方法。

增长会议提供了一个交流的平台,这个平台可以强调将增长作为公司面临的一项紧迫任务的重要性,并激发业务平台和子公司领导人以不同的方式来思考增长机会。

增长项目

为了取得更快的增长,我们需要各个业务平台和子公司制订和实施最有希望的增长行动计划。我们愿意以总公司的资金支持这些想法,但是,我们也想确认各个业务平台和子公司正在将可利用资源的用途最大化。

我们所制订的宽泛的增长行动计划的定义包括企业并购活动、建立合资企业的活动以及内部发展行动。我们规定,行动计划必须给予销售以一个可量化的影响,并要求有高于常规的销售和营销活动所要求的,以及超出常规的销售和营销活动范围之外的可测量的投资。

在整个公司内部,各个管理团队开始制订和提交行动计划供总公司进行评估。我们将行动计划分为三类:一类是对确保业务平台的持续性领先地位至关重要的核心行动计划;一类是有总公司资金支持的附加项目,或能够促进增长的附加项目;还有一类是无总公司资金支持的附加项目,这类项目只有在业务平台或子公司能够找到办法来实施的情况下才能实施。在公司总部,我们汇总所有这些类别的行动计划并对它们进行跟踪,我们需要它们都来作贡献以实现增长目标。

在以后的几年里,我们制订了差不多一千个增长行动计划,并进行了深入的审查。显然,我们的许多行动都大有希望,但是,要对如此多的行动计划进行评估并决定为哪些计划提供资金,又带来了新的挑战。

对第一阶段的反思

在20世纪90年代中期,Emerson公司的基本增长率开始回升。我们对取得的进展感到高兴,但是,我们也意识到了这种做法的局限性。经过反思,我们认识到我们是将传统的Emerson分析方法应用于一些不那么适合作精确分析的问题,而这些精确分析的方法在应用于控制利润时是非常有效的。

首先,我们制订的行动计划太多,而且很不现实,我们没有那么多的管理资源来完成这些行动计划。我们的增长行动计划差不多有一千个,现有的"道路"容纳不下这么多的

第八章

"车"。我们发现可以利用80/20规则,30%的行动计划可以带来85%的销售增长。因此,我们开始将关注的范围缩小到那些具有最大潜在影响的行动计划上,我们最后确定了39个行动计划,并将它们分派到八个业务平台,要求业务平台领导将它们作为公司最重要的优先事务来处理。

还有另一个不那么明显的问题,那就是我们选择的时机常常与客户不一致。出乎意料的是,我们对于一些还没有发育成熟的市场有太多的想法。我们在许多业务领域展开竞争,但是这些业务领域的市场并不能以我们期望的速度增长。此外,我们有一些很不了起的想法,然而,我们在相关产业的业务根基或业务地位并不足以强大到实现这些想法。

我们在资源利用方面也受到限制。正常的经济周期不可避免地要求至少每三年或四年进行一次回调,即使在最繁荣的时候也是如此。对遏止员工数量的增长由来已久的关注是我们的一大优点,然而这一做法也有它的代价:我们不太情愿投资在新员工和费用支出上来支持增长,所以在新项目上缺乏支持的能力。Emerson在软件、营销和技术支持这三个领域还缺乏足够的技能。在我们的思想中还没有任何东西能够使我们明白如何增加这些资源以及保持营业收入增长记录。

向外看同时也向前看,我们发现与在欧洲的投资相比,我们在亚洲的投资太少。此外,许多最好的业务机会是在与服务有关的业务里面,由于Emerson是一家制造公司,我们对于这一主题的战略思维和管理方法都受到限制。最后,客户正在改变他们对供应商的期待，他们开始购买解决方案而非简单地购买部件。子公司的独立性和自主管理的传统限制了我们提供解决方案的能力，这一切只因我们的产品是按照子公司来销售的。因此，这样的组织架构和管理方法为我们追逐增长的机会制造了困难。

第二阶段：改变曲线的斜率

尽管增长的指针在 90 年代中期旋转得更快，我们还是需要改变增长曲线的斜率。我们仍然落在某些同类公司和竞争对手的后面，股票价格尽管在上升，但仍然跟不上设定的上升速度的目标。我们也清楚，要改变公司文化并使得增长成为与赢利能力同等重要的东西，需要投入更多的时间并作更多的投资。

这些问题以及对于新方法的需要终于在 1997 年成为关注的焦点。在那一年，我们将公司总部、业务平台和各个子公司的高层人士召集起来开了一个增长专题会议。在 Emerson 公司，当一个问题进展到这种地步的时候，我们传统的做法是召集关键的经理人员作一个情况说明来量化问题、确定解决方案并确定解决问题的优先次序。然而，这一次我们却决定采用不同的做法。

简单来说，30 位经理依马蹄铁形的座位安排落座，会议室前面摆放着两张大写字板。然后，我们依次发言，每个人都对我们的增长战略坦率地加以评论，包括对什么是有效的以及什么不是有效的加以评论。这一做法给每个人一个为

第八章

解决方案贡献自己想法的机会,它引发了非常重要的讨论。

四个小时之后,我们得到了一些非常有意义的东西:两份不同的清单,分别是做的很好的事情和需要去做的事情(参见表8-1)。我们非常高兴地看到,有一份清单包含了我们已经很成功的原则和做法:公司高层对增长的重视,向亚洲的扩张,投资,缩小大行动计划的关注范围等等。另一份清单更重要,是由那些我们还没有去做的事情组成,由此也就成了一份需要做的事情的清单。有些步骤,如委任一个负责公司增长的领导人和提高我们的营销能力,是非常简单直接的。而其他一些步骤的实施,如增加在增长方面的投资和促成子公司之间更多的合作,则不那么简单。

表8-1　1997:我们做了什么以及需要做些什么来促进增长

我们在行动计划开始的那几年做了什么

- 比以前更多地接触一些大型的始创行动。
- 增加一些过去没有办法获得的资源。
- 地域扩展行动一直成功(如在亚洲)。
- 产品的成本和品质表现均有改进,形成了好的增长基础。
- 通过收购行动改变了业务组合以适应更高的增长预期。
- 关注进入市场所需时间的行动计划改善了产品开发。
- 总体行动计划和资源分析有助于理解和管理更高的增长。

我们在行动计划开始时的那几年有哪些事情还没有做

- 创造对增长的强烈渴望。
- 赋予管理方法以充分的创造性。我们仍然受"被服务的市场"的定义的限制。
- 发现足够数目的大项目和计划——业务创新。
- 如我们所计划的那样去增加营销人才。

- ➢ 资源的增加没有达到预期。
- ➢ 改变薪酬或激励机制。
- ➢ 处理多种产品因缺乏品牌而面对的问题。
- ➢ 指定一名"增长沙皇"。
- ➢ 停止将时间和资源用于那些永远不会增长的资产。
- ➢ 将增长战略和企业战略进行整合。
- ➢ 为各个子公司制订技术发展计划。
- ➢ 追求为客户提供"解决方案"的"系统"集成产品、服务和采购活动。
- ➢ 改善大客户管理。

管理特别行动小组也提请我们对只销售零部件的战略进行反思并考虑进入服务领域和解决方案领域。这一战略要求我们寻找内部协调的途径与客户打交道，打破内部界线向客户提供产品、服务和解决方案。同时，这些经理要求我们不仅要在成本上、而且要在增长上更好地利用公司的生产能力、规模和信誉优势。

这一次会议是一个激发创新的步骤，它将我们与增长相关的努力提升到一个与利润计划能力不相上下的层次。主要的经理们直言不讳地指出了我们的缺点。在鞭策我们去创造与赢利相同的对增长的渴望时，他们把这一举动的重要性说得再透彻不过了。从实事求是的观点出发，为了实现加速增长，我们的确有许多事情要做。

1997年增长会议之后，我们对组织和管理方法作了一些重大的改变。彼得斯成为公司领导增长计划工作的增长"沙皇"，他原来是副总裁，负责业务发展和技术，如博杰思和阿尔·苏特领导利润计划工作一样。彼得斯与各个业务平台和子公司一起制定增长战略。他在提升营销和品牌管理技

第八章

术方面也肩负领导责任。同时,我们重新评估了对风险的认识。我们确信,如果要实现更快增长的话,我们需要通过某些收购行动和业务出售行动对业务组合进行再定位,使之能适应更快的增长。

新的增长道路

在对我们的增长道路进行反思的同时,我们也从加里·哈梅尔那里得到了一些好的建议。他使我们相信,在我们现在所面临的环境下,只有两条途径可以使我们更快地增长:一条途径是扩张我们所服务的市场;另一条途径是发挥公司资源的杠杆效应。第一条途径要求我们从仅仅销售部件转向将部件与服务捆绑成解决方案。我们也需要审视创造新的商业模式、在当前产业实现全新的变革的可能性。

第二条途径意味着我们必须去做经理人员会议断定要做的事情:不仅要(通过改善采购和供应链管理)在成本上,而且要(通过寻找内部协调的途径去跟客户打交道,打破内部界线向客户提供产品、服务和解决方案)在增长上更好地利用公司的生产能力、规模和信誉优势。

我们意识到,实现这一远见要求对 Emerson 公司的战略、组织和管理过程实行重大的变革。这些变革是需要面对一些更为复杂的长期挑战,包括某些直截了当的行动(改进各个子公司实现增长的过程、提升营销能力、寻找各个业务和子公司协调一致地与关键客户打交道的方法和发展新的商业模式)。

献计献策的过程

在早些年的子公司增长会议上，各个业务平台和子公司为增长行动计划贡献过成百上千的主意。不过，我们发现，这些主意在公司的分布也是不均匀的。有些子公司就是想不出有价值的主意。为了向他们提供帮助，我们与哈梅尔一道设计了一个产生和认可有创造性的主意的过程——这也是1997年增长会议的建议之一。

这一过程从一天的会议开始，参加会议的有各个子公司的高级经理和另外几位有营销和技术专长的专家。公司总部也有几位代表人物出席会议，此外，大概还有一位外部顾问。与会者聚集在一间摆放着白板和板架的会议室里，就一系列按结构设计的问题展开讨论（参见"创造增长机会所要问的七个问题"）。

创造增长机会所要问的七个问题

1. 对这个子公司的增长和进步你有怎样的感受？
2. 你遇到的增长阻力是什么？
3. 子公司的核心能力是什么？
4. 子公司以及行业关于竞争的正统观念是什么？
5. 行业所表现出的关键性的倾向是什么？
6. 你所在的行业里面的哪些竞争者在创造价值？
7. 这些讨论带来了什么样的机会？

第八章

当我们开始这一过程时,有两个现成的工具可帮助框定我们的讨论。一个工具是"禁声按钮"(mute button),它要求那些看上去一直在统治整个讨论的人们(如子公司总裁)保持沉默达 30 分钟。另一个称为"禁用图表"(chart prohibition)的做法是禁止使用计划会议上所沿用的幻灯片,因为它们倾向于将意识流局限于陈旧的渠道里。召开这些会议本来是为了刺激新思维和不让陈旧的主意老调重弹的。

这些新的做法给我们带来很多非常好的主意,这些主意包括将多个子公司的销售队伍一体化的实际步骤、加深与客户关系的新方法以及过程控制、空调暖通和电子业务平台向客户提供的解决方案等等。

创造新的品牌架构和品牌特性

每一家了不起的公司在了解客户方面都应该有自己的一套技巧,这似乎是一件不言自明的事情。这种了解始于营销方面的优秀表现,而 Emerson 公司对营销这一领域历来就不够重视。不过,我们着手处理这一问题的时机还是很偶然的。那时,新的信息技术正在为营销领域带来一场彻底的革命:与客户沟通的新的途径,提高与他们建立深入并可持续关系的前景。数据库营销和一体化沟通代表着巨大的变化,正如由 IT 实现的精益制造过程改变了传统的制造一样。在营销领域,事实上,我们发现我们有独特的机会建立全新的营销组织并且走在群体的前面。

彼得斯和贝尔,一位后来我们聘请来担任公司营销副总裁的战略营销顾问,开始应用基础的概念和技术来建立我们的营销能力。他们采取的最重要的步骤之一是对 Emerson 公司品牌重新进行审查。那时,我们的品牌构造相当混乱。我们有一系列的子公司品牌,大多数品牌都不代表 Emerson 企业的形象。这么多的子公司品牌限制了我们向客户推广一定项目的能力。与此同时,这也有碍于 Emerson 的企业形象。很久以来,我就对 Emerson 公司作为技术领导者却得不到应有的承认而感到沮丧,因为我们的成就只是与个别的子公司紧密相连(举例来说)。

尽管有许多理由提升公司的品牌形象,但是,我最初还是抱有怀疑。25 年来,我一直非常重视对这数十家具有重要品牌遗产公司的收购。像罗斯蒙特、里奇和力博特这样的品牌已经被公认为业界领先品牌。我所担心的是,放大 Emerson 公司的形象可能有损子公司的形象及其自主性。

Emerson 公司品牌承诺

Emerson 公司将科技与技术工程相结合,
为客户的利益创造解决方案,
孜孜以求努力不懈,
为一个充满活力的世界服务。

第八章

因此,我们有意识但又非常谨慎地着手对品牌架构进行改变。在贝尔的领导下,我们开展了一项行动计划来对品牌重新进行审查,审查方法强调简单性、全面的计划、数量分析和系统跟踪。在这一过程中,我们认识到,以管理过程所具有的严密和规范为特点的分析同样也适用于品牌管理——一个我们原来以为是主观的、看不见、摸不着的课题。

在审查的同时,我们也认识到需要将 Emerson 公司的品牌承诺形式化。我们开始从每一个可以想象得到的人员——经理、普通员工、客户和分析人员——那里搜集他们对 Emerson 公司品牌的意义以及他们对未来所持有的看法,并在此基础上加以总结。在对所搜集到的内容进行艰苦的总结之后,其中的三四个人又花了几个星期的时间去写作、争论,然后又去改写成一段简单的文字,直到得到一个大家都接受的初稿为止。我们又将征求意见的对象范围扩大到其他高层管理人员,包括范大为、博杰思、阿尔·苏特和史泰礼。我们的任务是获得一个令人完全满意的版本,一个今天都还在使用着的版本。

一项创造新的公司标识的相关行动最初导致了更多的担忧,不过最终还是实现了重大的改变。几十年来,我一直支持方方正正的 E 字造型标识(如图 8-1 左侧所示),要在我任期内的最后时间对它加以改变,我还是感到不放心。董事会和管理团队中有我的支持者,他们中的一位曾经用这样的问题来质疑改变标识的主意:"美国会改变她的国旗吗?"然而,贝尔指出,前任 CEO 巴克·珀森斯在 18 年的任期中曾经多次改变过 Emerson 公司的标识，而我们还在使用 20 世纪 60 年代定下的那一个造型。

图 8-1 Emerson 公司标识：弃旧迎新

EMERSON (1967)　　　EMERSON (2000)

那么，如何去更新企业形象呢？现在假设你看过了许多设计，而且你希望其中能有一个想法很好，是一个"了不起的主意"。出乎意料而且让我感到高兴的是，筛选过程是一个非常有组织而又客观的过程。我们使用品牌承诺中的文字语言，并将它与同类公司和竞争对手的标识和形象相联系和对比。我们委托他人创作了一些备选的概念，并让经理们品评我们喜欢的那些概念。当概念被筛选到只剩下五个时，从简单的一个方方正正的 E 字造型到其他对我们来说代表着重大变化而同时又非常现代的表现手法，这显然让我们有了一个比较好的考虑范围。

在接近最后决策的时候，我对排在中间的一个选项有所偏爱，这一选项表现出某种变化，但它也强调了连续性。我们进行了一场最后的测试，它给我们很多启发。我们请求数

第八章

百位我们曾经征询过意见的人来描述每一个标识设计所反映出的价值理念。他们的反馈支持了我所喜欢的中间那个选项,但是还是有相当多的意见倾向于更加前卫的选项。

最后,我们选择了更为代表现代形象的标识设计。那时,事实已经让我相信,我们的工作做得非常严谨和全面,我们走过的是一个非常规范的研究和评估过程。同时,各个业务平台和子公司都非常热烈地欢迎新的形象标识。它给了我们的经理们一个平台和许可,有了它,他们就可以超越传统的组织界限。

我们的品牌架构的另一个关键方面涉及在公司、业务平台和子公司层次的品牌形象的意义区分。弄清楚在客户的心目中强大的子公司品牌如何对企业层次或业务平台层次的品牌构成补充对我们具有特别重要的意义。我们将八个面向解决方案的平台全都置于由我们的品牌承诺所指引的Emerson公司品牌之下。以标识和信息形式表达的新的公司形象之间非常协调,同时,它们也强化了信息所代表的内涵。

发展新的标识架构的一个最为重要的方面是整个组织所表现出的热忱。在制订新的品牌行动计划时,我们曾一度怀疑,在某些情形下子公司经理们可能希望保护他们的品牌所树立的形象,尤其是由来已久的独立性,假若如此我们不得不将我们的行动计划强加于人。不过出乎意料的是,我们后来所做的大多数跟踪和控制努力是抑制我们的业务群体,使之不至于太戏剧性地转向总品牌而对子公司层次的品牌资产造成损害。尽管这样的响应部分归功于由贝尔所领导的全面而又富有创造性的工作，它也反映了我们的经理人员的自发性的推动，这些经理非常热衷于强化 Emerson 公司品牌并帮助我们成为结构更加平衡的公司。

客户和营销

通过一系列的行动——各种增长行动计划、新的品牌架构以及以更有活力的产业和地理区域为关注焦点的业务组合——我们将 Emerson 公司置于更好地增长的位置上。同时，我们通过改善营销能力以及管理客户关系的能力来解决与公司增长有关的一些最基本的问题。彼得斯和贝尔担负起这一旨在使 Emerson 公司成为最好的商务对商务（business-to-business 简称 B2B）营销者的任务。

我们设计了名为"产业优势营销"（Industrial Strength Marketing）的高层培训计划，通过这一计划（包括在欧洲和亚洲的课程）我们培训了公司内 900 名高层经理。这一计划基本上由美国西北大学的教员们授课，它不仅拓宽了我们的眼界，让我们了解到新的营销方法，而且为我们提供了一条变革的路线图。培训使我们了解到关于客户眼光与客户满意的最新思维。经理们认识到，客户以多次接触产生的累积效应为基础在心目中建立像 Emerson 这样的企业形象，我们关注的焦点必须放在"如何组织和改善最重要的互动，从而使我们与竞争对手相区别"这一问题上。我们必须将传统的销售代表的角色从推销转变为提供咨询和建议。我们也必须

第八章

将关于价值链的知识升级,并注意在 OEM 与最终用户之间在看问题的视角上的差别。

在讨论会中我们得到的一个重要教益便是,如果站在工程师的立场上,我们为解决营销问题所选择的时机是非常好的。如前面所讲到的,诸如数据库营销和一体化通信之类的新能力正为营销领域带来一场革命,它们使得与客户建立联系的新方法成为可能,同时也增加了与客户建立深层的长期关系的可能性。这一趋势为我们提供了一个适时的机会去建立最新组织、向我们的产业前沿挺进。

向前迈出的关键一步是我们的"主要大客户"(marquee account)计划。这一计划首先是在过程管理业务平台发起的,它将专门与特定的全球客户打交道的客户团队组织起来,这就使得 Emerson 公司的资源配置可以打破组织界限,其目的是允许客户将 Emerson 公司视为一个一体化的供应商而非一群独立的、各行其事的子公司。

这一做法得来的好处对客户以及对 Emerson 公司来说都是巨大的。主要大客户计划给我们以所有的产品线更深地打入一个客户的潜力。在一般情况下,我们只有几个有限的产品或只在有限的地理区域与客户建立强有力的关系,在其他区域就没有我们的业务存在。在某个特定客户业务的某些关键部分我们可能占有 50% 或以上的份额,但在其他部分占有的份额很少或为零。通过调查研究我们得知,尽管对于某些客户的供应基础来说 Emerson 公司一般被人们视为全球领导者,我们常常也只有总的市场潜力的 10% 左右。从客户的视角来看,主要大客户计划既能使他们接触到我们广泛的产品、服务和解决方案,同时又能简化他们与我们的关系。对于我们来说,目标所指向的前10个客户的可增长部分代表着数亿美元的业务。

这一做法立即为 Emerson 公司带来了增长。我们将这一做法推广到网络能源、环境优化技术和专业工具业务平台,并扩大其覆盖范围,使之包含更多的过程管理客户。

基于我们的产品广度和技术基础,Emerson 公司常常扮演着某一个行业的最重要的供应商的角色。随着我们与客户的关系日趋成熟,它们要求与我们实现更大程度的一体化,包括要求交换信息更为有效率的途径。信息技术的进展允许我们建立与业务平台相匹配的客户端口(customer portal)。我们发起了一系列的共同面对客户(common customer interface)的接口项目,它们成为我们的又一项重大举措。新的接口代表着远离自主的子公司又一个明显的转变,它帮助我们将业务平台打造得更像一个实体——即使是在日常交易这样低的层次也体现得出来。

更深入以及更突出的客户联系给我们更多为客户增加价值的机会——从提供简单的与订单相关的信息到使它们能够接触到大范围的技术数据库和支持客户应用程序的配置工具。更为重要的是,共同面对客户的端口与数据库营销努力使得 Emerson 公司能够与客户保持更经常、更有意义的接触。

彼得斯向我们表明,IT 技术为帮助我们处理增长问题提

第八章

供了更大的潜能。在将更高的增长设定为目标的前几年,我们常常因为资源的限制而绞尽脑汁,因为在行动计划的许多重要方面,投资会因为资源的限制而被排除。最近这些年来,互联网和低成本的全球连接能力允许子公司利用全世界的人力资源的知识能力来支持客户,并以像 Emerson 公司这样的全球领导者所独有的方式来为客户增加价值。

例如,其信公司阁室美(ClosetMaid)使用在菲律宾的建筑师向想要重新设计他们的储存空间的零售客户提供设计建议。通过电话或互联网,客户可以很快地得到为他们定制的设计,设计可以详细到买什么,在哪里能够买到,比方说,在家得宝(Home Depot)的哪家店铺。这样的做法让每一方都能赢:客户得到他们想要的东西,我们通过家得宝卖出更多的阁室美产品。其他子公司和业务部门注意到阁室美的成功,也开始使用以技术为基础的资源和互联网工具来向客户提供支持。

提升诸如营销之类的管理能力以及创造最佳做法需要时间。我们通过在一个子公司或一小部分客户范围内使用试验程序来测试新的想法,然后再将我们的理念用于更广的范围。贡献给 Emerson 公司股东的最终价值只有在晚些时候——当所有的举措在整个 Emerson 公司得到全面利用之后——才能实现。在一些新的做法被试用以及理解之后,下一步的挑战将是通过使用严格的规范来确保所有的子公司都利用这些技术和专门知识,这一挑战将通过 Emerson 公司管理过程来支持。尽管管理过程并不创造技术,但它可以支持技术的配置,监督其应用和衡量其效力。

在客户领域,我们最终通过发展客户能力模型(customer capability model)使这些严格的规范得到应用。这一工具衡量每一个子公司在采用最先进的营销技术和客户交流方面的进展。这一矩阵方法评估每一个子公司在走过四个阶段(没有展开活动、正在从事试验计划、全力投入和完成计划)的过程中在以下能力方面的发展:

1. 客户数据以及系统性联系的发展;
2. 客户支持资源以及高等级的增值活动和服务;
3. 对客户的接口以及客户取得与交易有关信息和以知识为基础的信息;
4. 动用资源为后台办公室提供最有效的支持。

解决方案

在开展增长行动的早期,我们的目标是通过扩大所服务的市场来实现增长。然而,在与外部专家一起工作的过程中,一个新的主题开始显现。根据西北大学教授丽莎·佛蒂尼-坎贝尔(Lisa Fortini-Campbell)对客户满意理论的研究,我们开展了数据库营销行动,开始与最终客户就他们的动机和需要展开对话。我们非常兴奋地发现,许多客户将运作范围覆盖全球、拥有最先进的技术、处于最佳成本地位且产品范围宽广的 Emerson 公司看作为他们的需要提供解决方案的当然来源。我们为此很受鼓舞,并开始向更深层次挖掘,以增加对客户的这些动机和需要的理解。

第八章

　　理解客户的过程是"简单行事"的一个例子。研究,倾听并将一个市场细分成客户群,将客户的观点转变成对其需要和经济取舍行为的简单描述,一切这样的活动都需要花时间,需要保持一种客观态度。只有在完成这些工作之后,才能形成一份具有高潜质的计划。彼得斯和贝尔领导我们设计各种工具(如深度访谈)和数量技术分析(如离散选择分析)供各个子公司使用。

　　随着对客户看问题的视角及其未得到满足的需要有更多的了解,我们发现了早期的增长计划落后于预期的一个原因。不仅仅因为我们没有把握好提出主意的时机(相对于客户表现出接受它们的意愿而言)。有时候,这些驱动增长行动计划的主意是从我们作为制造者的心态演化出来的,它侧重于将技术和能力包装成不太完善的解决方案。这些产品不是客户真正想要或真正需要的东西。

　　这就要求我们改换思维方式,发展组合产品和以整合的方式与特定的客户合作的能力。多年来,我们的成功都是通过出售零部件来实现的,而现在我们必须面对一项选择:要么变革,要么放弃我们实现高于平均水平的回报的目标。我们传统上对部件的重视对我们构成了限制,因为它使我们不能超越基本的制造能力去增加价值的机会。为了继续为客户的需要和成功作出关键性的贡献,我们必须找出新的方法——从联合工程到跨越转移价格障碍——来实现各个子公司之间的合作以及通过扩展的伙伴网络进行合作(参见图8-2)。

图 8-2　解决方案扩大了所服务的市场：1.25→2.0X

利用强大的技术和部件生产地位的杠杆效应，增加更多的价值，扩大所服务的市场

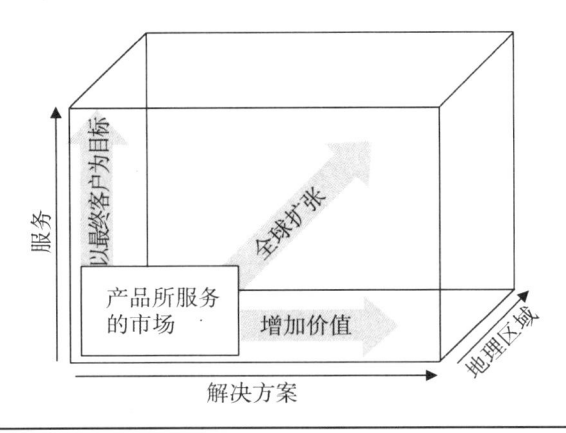

向客户提供解决方案的机会与我们"为诸如家用电器制造商和空调暖通系统之类的 OEM 服务"的业务平台战略配合得很默契。在这些产业，Emerson 公司常常被视为一个优秀的伙伴。与对技术开发和增加资源的广泛要求以及对终端客户的更深理解一起的是对将 Emerson 公司融入 OEM 创新进程的迫切要求。

新的商业模型和产业再造

如在第四章中所讲到的，我们意识到新的信息技术在降低成本和提高生产率方面有着巨大潜力，我们开始专心致志地追求这些目标。与此同时，我们能够将成本减少和生产率改进计划节约所得的资金用于增加增长计划中的投资。

第八章

不过,随着对解决方案的需求变得越来越明确,我们开始意识到用全新的方法提供服务的潜力。在许多情形下,使用互联网和其他资源组合不仅可以解决客户的问题,而且可以戏剧性地使成本结构下降。按照哈梅尔的说法,我们称这些机会为新的商业模型。

这类机会常常随着改进潜在的营业收入和利润的一些最重要的行动计划一起出现。它们要求我们建立与终端客户的紧密关系。例如,在环境优化技术业务平台,我们形成了一个新的子公司—— Emerson 零售服务（Emerson Retail Services）,它为诸如超级市场和便利店之类的零售空间的能源管理带来了一场革命。其他子公司也使用因特网来锁定那些原先不能通过直接销售队伍便捷地为之提供服务的小型 OEM 目标。通过提供每周 7 天、每天 24 小时(24/7)技术支持的便捷交易途径,使得为这一类新的客户服务变得可行。

创造新的商业模型是对哈梅尔在 10 年前提到的重塑产业将要面对的挑战的最直接响应。对终端客户的了解和新信息技术的部署实行管理是各个业务平台的终极目标。新的模型可能导致 Emerson 公司很多个子公司的收入和收益的大幅度增长。

重组

公司品牌的发展和向客户销售服务和解决方案新战略的发展促进了组织的必要变革。在组织架构层次展现出各个业务群的新的外向型面孔,我们称这些业务群为增长平台。每一个业务平台都有一个处于 Emerson 公司品牌标识下方的新形象（参见图 8-3）。因此，电机和家用电器部件业务平台被作为"Emerson 家电应用技术"（Appliance Solutions）介绍给客户和投资者，空调暖通业务平台被作为"Emerson 环境优化技术"介绍给客户和投资者，如此等等。

图 8-3　Emerson 公司品牌架构

EMERSON 过程管理	EMERSON 环境优化技术	EMERSON 工业自动化	EMERSON 网络能源
EMERSON 家电应用技术	EMERSON 电机科技	EMERSON 储存技术	EMERSON 专业工具

注：方框中的四个平台也被称为家电和工具业务

为了促进每个业务平台的各个子公司之间的合作，我们既使用胡萝卜（赏），也使用大棒（罚）。我们强调合作的重要性，并对那些表现出杰出团队精神的高级管理人员予以提升。我们也会修正人事评估政策，将在团队环境和合作性环境下的绩效表现纳入考评的范围（参见第三章）。

随着在评估子公司增长计划方面做得越来越好，我们意识到某些子公司存在重大的问题，它们热衷于追求利润和子公司自主。简言之，有些经理人员仍然"得不到"增长。在尝试多年之后，他们仍然没有能力想出新的主意和可行的行动计划。比这更糟的是，有些人甚至相信，我们不会拿增长这

第八章

件事当真,并且认为只要能够继续获得利润,他们就会继续繁荣兴旺下去。

这是一个非常令人沮丧的问题。说起来一点也不夸张,有些密切合作了多年的了不起的人物在满足我们的新的期望方面做得并不成功。他们在赢利方面做得很棒,但是,他们却不能将这一才能与形成更快增长的意愿和能力相结合——即使我们为他们提供了出主意想办法的过程和其他帮助。

最后,我们听从了迈克·哈默(Michael Hammer)(另一位著名的管理顾问)的建议。哈默指出,在一个激烈竞争的环境里,保留那些工作绩效表现达不到可接受标准的员工的代价是高昂的。他的建议在 Emerson 公司引起很大反响,在 Emerson 公司,我们的哲学是尝试帮助愿意变革并有能力变革的人。另一方面,我们笃信高的绩效标准,笃信与人打交道时务必严厉而又公正,这就要求我们对那些不想尝试变革或阻碍变革的人不能有太高的容忍度。

最后,不断发展的 IT 革命刺激了新思想的产生,这些新思想告诉我们哪些业务活动需要保持以提升我们的表现,哪些业务活动可以外包出去。将 21 世纪想象成一个网络的世纪与哈梅尔所谓的核心能力理念非常相容,这样的核心能力对于一家公司的长期健康和生存至关重要。在一个相互依存的世界,没有一家公司可以通过复杂的技术产品创造来保持在全球制胜的所有能力。要实施真正的创新,需要有很多的杠杆,每一家公司必须发展允许对他人有所依赖的过程,这些人属于团队的一部分,而且我们与之分享我们所创造的价值。于是,我们开始对另一类商业模式——电子商务进行考查,因为它最终会帮助公司与供应商、商业伙伴和客户更为密切地关联在一起。

再定位

在业务平台和子公司的计划和活动之外,公司作为一个整体也肩负着为那些将产生最大长期回报的投资配置资源的责任。这就迫使我们去作某种取舍:要短期还是要长期,要利润还是要增长。

Emerson 公司在 20 世纪下半叶所获得的成功和声誉反映了它成功地管理这些取舍以实现稳定一致的营业收入增长的能力。不过在 20 世纪 90 年代和 21 世纪初期,我们意识到满足更高的投资者预期需要冒更大的风险,尤其是在考虑那些会产生稀释作用的收购活动的时候。我们也知道,以长期稳定的年度营业收入增长来衡量的持续的成功将不难实现。

我们在品牌管理方面所做的工作已经反映公司上下对于加强子公司之间的合作和贯彻执行业务平台战略的热忱。这一做法是正确的,我们相信,它将刺激起整个公司的增长。这鼓舞着我们去考虑向具有更大市场潜能的其他领域扩张,尤其是考虑将业务组合向快速增长的市场转移的强烈愿望。

在 20 世纪 90 年代后期,我们在家用电器部件、工具和工业自动化领域的传统业务显然无法帮助我们实现增长目标,

第八章

因为这些市场扩张得非常缓慢。尽管我们的过程管理和环境优化技术业务正在快速增长,但是光靠它们还是不足以产生所需要的增长。我们在支持这些业务的同时,也需要增加其他的增长平台。

我们选择以电子产品(参见第六章)为基础开辟新的业务。由于在电信业的客户数目呈现爆炸性增长,电子产品看上去非常有希望。我们相信,增加业务组合中的电子技术含量将在整个经济周期提升Emerson公司的基础增长率。

在整个20世纪90年代后期,我们花费了大约35亿美元来支持大型并购活动,以加强过程管理和网络能源业务平台。与此同时,我们开展了许多小型并购活动,以支持提供服务和解决方案的能力,这种能力对于平台战略是非常重要的。我们在从事这些并购活动的同时也开展了重大的出售业务的行动。我们相信,业务组合的这一再定位将能够实现增长目标。

同时,这些并购及有关行动使公司更加容易受电子产业经济周期的影响。我们并不完全清楚这样做意味着什么,因为我们从来没有经历过这样的周期。然而,2001年技术泡沫破裂的后果给我们造成很大的伤害。范大为所写的后记讲述了我们对这些新的形势所作的反应。不过,我们仍然相信,增加业务组合中的电子技术含量的决定是正确的,Emerson公司已经为更快速的长期增长作好了准备。

评估转型：转向一个均衡的管理过程

反思我们被淹没在增长挑战中的10年，我们总结出好几个教训。这一领域原来是——现在依然是——变化的幅度和范围一开始就难以估量的领域之一。我们认识到，将管理过程应用于这样一个领域——在这个领域我们缺乏某些基本的技能——是行不通的。光凭管理过程是不能解决Emerson公司的增长问题的。

在几年的辛勤努力之后，我们退后一步来反思我们的做法。1997年，我们的团队对Emerson的缓慢进展所持有的态度是客观的，每一个人都接受这一点。我们已经取得进展，但是进展的速度并不令人满意。我总是本能地要问我们在做什么，无论形势是好是坏。当你在一个高绩效者的文化环境中问一些有意义的问题时，就会有许多人愿意为这一过程作贡献，并提供了看问题的新的视角。

后来的几年给了我们很大的启发。毫无疑问，我们开始去寻找丢失的增长钥匙了，我们向行动计划增加了使营销与众不同的新的维度。在大多数情形下，Emerson管理过程的经理希望采取一条可以平衡增长和赢利关系的渐进路线。

我们取得成功了吗？时间会告诉我们。我能够说的只是自我们走上这条道路以来，Emerson公司的大部分子公司都已经取得了相当可观的市场份额。通过并购、出售业务以及在各个地理区域的投资，今天的业务组合已经被改造到这样的地步：基础业务表现出有意义的、更高的终端市场增长率。

第八章

一项针对公司向业务平台的转型以及各个业务平台如何开展业务活动的研究展示了一个与众不同的 Emerson 公司——公司的每一个业务平台都有一些当代品牌,各个平台的业务活动包括提供解决方案和服务,使用主要大客户计划,建立共同的、业务平台层次的端口等等。

我们改变了管理过程吗?这也许同样是一个错误的问题。我的感觉是,有了这样的经历,这一过程进一步被证明是有效的,它被证明具有广泛的适用性。这些努力已经表明,像简单行事、应对挑战、跟踪过程和坚韧不拔等根本理念在管理任务的全范围内都能激发人们的兴趣,无论它们是与赢利相关还是与增长相关。在任何情形下都行之有效的做法便是将深层的技能与能够促进技能应用的强有力的过程相结合。我们的经理意识到,正是 Emerson 的赢利能力所表现出的基本的一致性值得让他们花时间去配置这些新的能力。这种能力反映了 Emerson 文化的强大和力量,反映了为实现长期的大幅度变化所需要的能量。

我有许多理由为我曾与之共事过的 Emerson 公司的经理们感到骄傲。增长行动的进展在他们中间无疑具有高度的重要性。最重要的一点可能就是我们的团队在没有给公司带来任何重大风险的情况下取得了这样的进展。一开始,我并不清楚管理团队是否可以在不损害我们对利润和一致性的强调的情况下增加这一维度。比如说,我曾担心我们也许必须改变激励或薪酬架构,在牺牲利润的基础上强调增长的重要性。不过,随着开始工作并取得进展,这些担心都烟消云散了。

  总而言之，对于 Emerson 公司来说，增长并不是在取代作为最后目标的赢利能力，恰恰相反，增长是对赢利能力的补充。我们一直相信，赢利能力是一种心态，孜孜以求赢利能力是必需的。但是，随着 Emerson 公司向前发展，新的能力被植入我们的文化结构当中。尽管这些能力为管理过程增添了新的维度，但是，最重要的是要懂得，它们并不能替代我们的原则。恰恰相反，它们只会促进管理过程的完善，并从那些对于 Emerson 公司的经理们来说曾经而且永远至关重要的原则和规范中受益。

第九章　领导权交接

领导者最重要的任务之一是培养其他的领导者。
　　　　　　　　——Emerson 公司格言

Emerson 公司在过去 50 年间只有三位 CEO。第三位 CEO 范大为 2000 年 10 月继任，时年 45 岁。换言之，公司在连续 70 年内仅有三位 CEO 的可能性会很高。

这样的领导连续性对于 Emerson 公司来说是一个极大的优势。它强化了我们所寻求的持续发展，同时也限制了不必要地改变方向或政策的可能性。它通过设定高级管理人员的期望来阻止组织内的权力斗争。当一位相对年轻的 CEO 接管公司领导权并准备服务很长时间时，出现如许多大公司中所发生的那种高级管理人员不择手段争夺这一职位的可能性就会比较小。与此相反，在 Emerson，高级管理人员更加专注于做自己的事情，而不会过多地去想他们是否有

第九章

朝一日会成为 CEO。我们的体制也在高级管理人员身上培养起一种对公司、对公司管理团队和对过程式管理理念的强烈忠诚感。

Emerson 公司领导连续性的好处使得 CEO 的选拔至关重要。失误对于任何组织来说都会产生令人痛苦的后果,而在 Emerson 公司,这样的后果将更严重,因为我们习惯了稳定的领导和持续的业绩,我们相信二者之间具有联系。所以,当面对寻找新领导人的挑战时,我们会格外小心谨慎,力求做好。

我们作出这个重大决策所采用的方法可以通过 Emerson 公司最近的领导层交接过程来说明。

领导权交接的透视

当我在 20 世纪 90 年代中期开始为我的继任而计划的时候,可以供我吸取的经验有很多。我担任 CEO 长达 20 多年,这就是公司先前的选择过程的结果。我在安海斯-布希公司、SBC 通信公司、BP 公司、摩根斯坦利公司、IBM 公司和其他一些公司担任过多年的董事,也亲眼见过许多高级领导人的交接过程。而且,由于我的职位使我与其他大公司的 CEO 有经常性的来往,其中也有许多好朋友,他们对于领导的交接都有很多自己的观点,他们也有很多个人方面的经验与人分享。

考虑到 Emerson 公司下一任领导人的交接,我深知我们必须与公司处理任何重大行动一样通过仔细的计划和评估来行事。这也让我回想起几十年前当董事会挑选我做巴克·珀森斯的接班人时所发生的一些事情。

那时的情形有些不同寻常,我也从自己过去的经验中得到很多教益。当巴克开始寻找接班人的时候,我还不是他意中的人选。那时我有 30 多岁,已经是 Lester B. Knight & Associates 公司(简称 LBK)的负责人了,LBK 是一家成功的工程及咨询公司。Emerson 公司是我们的大客户,我对它也非常了解。在 20 世纪 60 和 70 年代初,我领导过涉及整个 Emerson 的多项咨询研究项目,并在这家公司的两个子公司董事会服务过。我和巴克也是老相识。我和他一起做过几项重要的工作,包括一项组织研究和一项与 Emerson 海外扩张有关的工作。

当巴克六十出头时,他便要求我帮助他挑选接班人。那时,他还很有活力,对公司的驾驭得心应手。但是他相信 Emerson 公司需要一位新的领导人来保持发展势头。他也意识到,挑选接班人的过程需要时间,他不想带着压力去做这件事。在公司总部的大多数高级管理人员与巴克年纪相仿,这一情形促使他转向其他地方挑选接班人。

他关心的关键问题之一是,CEO 必须年轻而且精力旺盛,有时间做出不凡成绩。"我不赞成通用汽车公司的计划。在通用,某人最终会升到执行委员会,如果他等待的时间足够长,他就会担任总裁三年,"他曾经这样评论。"我认为你应该给某人以机会,让他真正展现出自己的风格,让他在那个位置上有足够长的时间以观其效。"

第九章

尽管 Emerson 已经在子公司培养了一大批年轻、优秀的总经理骨干团队，巴克仍然认为他们缺少从各种业务和作业中积累起来的工作经验。因此，他开始带着董事会，带着我和我的 LBK 同事艾伦·吉尔伯特（Allan Gilbert）在公司外部寻找，希望能够找到一些具有国际经验和工程背景，熟悉削减成本和成本会计程序，而且最为重要的是，愿意自我适应 Emerson 公司成功的管理体系的候选人。

"我们肯定查阅过上百人的文字资料，我亲自面试了其中的 45 个人，"巴克后来说。"很多次，那些不错的候选人这样对我说，'嗯，珀森斯先生，我愿意过来，到年底我就会让您知道我将如何管理公司业务。'我每次都不得不对他们说，'我们知道如何管理业务。我们现在要找的是能够与 Emerson 公司一起走并能融入其中的人。'"

当我们将一个长长的清单缩减到只剩下几个候选人的时候，巴克还是不满意。思考得越成熟，事情似乎就变得越清楚，那就是 Emerson 公司的下一位 CEO 应该具备他自己在 1953 年所表现出来的素质。那时，他虽然只有 44 岁，却已然被董事会选中了。他所具有的那些素质包括精力旺盛、年轻但经历丰富、出众的履历记录等等。

巴克在那些正式的候选人身上并没有看到这些方面的素质。相反，他觉得在我身上具有这些素质。有一天，他单刀直入地向我提起这个话题，问我是否愿意考虑做他的接班人。我当然感到非常荣幸，但我刚刚开始执掌 LBK，而且为它的业务筹划了好些雄心勃勃的计划。因此，我没有接受他的提议。不过，我一直还在想着他的提议。1972年秋，我改变了主意。我去见他，请他考虑我。他非常高兴，很快就把我介绍给董事会，说我就是他要找的人。1972年12月，我被选为董事会副主席，并准备在次年接任Emerson公司的CEO。

在开始向董事会推荐接班人的时候，我所经历的这些事还印在我的脑海中。我也想得到一个精力充沛、对Emerson公司的过程式管理理念有深刻的理解和欣赏，并且有可能长期服务的人。公司目前正在高位运行，我们没有必要对公司成功的法宝擅加修改。我也愿意给出充分时间，让这一管理理念取得预期的效果。我既不想在有时间压力的情况下作决策，也不想仅仅提升一个到了合适的年龄，而且身居高位的人就简单了事。我不想花很长的时间去寻找最可能的人选，但是，我很想用多种方法，包括给他们委派艰巨而又可以完成的工作来考验他们，看他们到头来会怎样，以及谁会从他们中间作为最优秀的人选脱颖而出。我认为，这一过程不应该草率从事。

我们不急于得到正确的答案还有另一个原因。我的两位高级同事——阿尔·苏特和史泰礼——都担任董事会副董事长，在年龄上与我很接近，他们有可能同时退休。因此，领导层的交接不仅涉及一位新的CEO，而且涉及新老两代领导层之间的变更，涉及新的高层管理团队的组建。选拔过程自始至终都务必要将我们精心培养起来的下一代最高管理层的人员流失降到最小，这一点是至关重要的。在许多公

第九章

司,"进入决赛的选手"如果得不到最高职位,他们就会决定(或被鼓励)离开公司。依我看,如果这样的结果在 Emerson 公司发生,那将是一种可怕的浪费。我希望下一代 CEO 能够将其他"进入决赛的选手"组建进入新的管理团队,并从他们的才干和经验中获益。

启动选拔过程

20 世纪 90 年代中期,我开始就领导的交接问题与董事会交换意见,尽管那时我们并不迫切地要做这件事。1996 年我满 60 岁,并且和公司签订了常青雇佣合同(evergreen employment contract)。尽管我并没有就最终退休的事透露风声,董事会中也没有人问起这件事情,我需要花时间就 Emerson 公司下一任最高领导人作出正确的决定。因此,我决定启动选拔过程。从那时起,我定期与董事会的薪酬管理委员会讨论这件事情。

我也曾向几位值得信赖的同事和顾问就选拔过程和可能的人选征求意见。最初,这些人包括阿尔·苏特和史泰礼;高层管理人员薪酬的负责人乔·安·哈蒙·阿诺德(Jo Ann Harmon Arnold);我们在福莱公关(Fleishman-Hillard)公司的首席联络人员比尔·安德森(Bill Anderson),一个与我有过密切的工作交往的人;麦肯锡(McKinsey)公司的一位高级合伙人迈克·默里(Mike Murray),他曾经多次领导团队为我们提供服务。后来,另外有些人也加入进来。我把这一组人当作某种意义上的智囊团来使用。在选拔过程进入最后阶段之前,我们并不在同一时间和同一会议室碰头。不过,与董事会的薪酬管理委员会一样,这一非正式的智囊团在整个选拔过程中,对于我来说都是一个无价的资源。

在最初的选择步骤中,默里收集了一份管理一家公司所需要的素质清单,我对此清单作了注解,并在董事会上和大家分享(见表9-1)。我将我的观点分成三个大的类别,即精力、领导才能和个人素质——这份清单大部分是以我作为CEO的个人经验为基础的。当然,这份清单中也包含人们期望任何大公司的CEO都具备的素质。在Emerson,这些素质是万源之本,必不可少。CEO必须推动过程式管理理念,这是一项极其艰巨的责任,因为他需要花费很多的精力来完成日程表上密密麻麻没完没了的工作。CEO必须能够主持计划会议,必须在会上提出正确的问题,必须要求他人提供有很好的事实作支持的答案。CEO必须能够设定和遵守高标准,并能赢得下属的忠诚和尊敬。最终的人选必须在这些所有方面都表现得非常杰出。

表 9-1　管理 Emerson 公司的必备要素

精力
➢ 精力充沛、有耐力,并对行动有极强偏好

领导才能
➢ 有战略意识
➢ 有能力激励他人并给他人以力量;能以富有感染力的热忱将组织的潜能最大化
➢ 建立强有力的团队,能够在他人身上激发出最好的表现

第九章

- 突出的口头沟通能力
- 在业内和客户的 CEO 层次中出现并与他们分享经验

个人素质

- 机敏
- 自信,但清楚自己不知道什么;懂得倾听
- 善于处理与业务和人事相关的棘手决策
- 有激情;有以客户为中心的狂热精神
- 对速度和效果本能的追求
- 对业绩的不懈追求
- 能够处理模棱两可的事情
- 理解组织是如何运作的

Emerson 公司的组织方法(参见第三章)确保了我们内部人才储备丰富。子公司、业务集团和公司总部的高级经理们都非常优秀。鉴于这一优势,鉴于 Emerson 强有力的文化和卓越的管理过程以及它一贯的赢利能力,董事会和我都看不出我们有什么理由要考虑一个公司外部的人。事实上,我们在 90 年代初期开始接班人遴选过程的原因之一,就是要给我们最有才气的总经理们委以更重要的工作,从而培养他们与公司总部的某些高级管理人员共同承担起更重大的责任。这些绩效表现最佳者中,大多数都在四十多岁或刚刚五十出头,他们都是对公司尽心尽力的人。我们希望并且期待他们会在整个领导交接过程中保持管理上的连续性。

缩小选择范围

我们公司的组织和人力资源体系提供了所有关键高级管理人员相关的详尽信息。当然,他们都是通过年度的计划和控制周期以及通过绩效表现从而成为最高管理层熟悉的

管理人员。我们所不知道的是他们对照外部设定的标准时表现如何。1996年夏,我们开始回答这一问题。

我们由寻找最有潜力的候选人着手,然后使用贝格咨询公司(Hay/McBer)——专门研究领导发展的合益集团(Hay Group)的一个下属单位——开发的技术来测试他们。据我所知,这一研究方法在IBM应用得很成功。而且,百事可乐和许多其他的大公司一直对它非常倚重。贝格咨询公司的玛丽·方丹(Mary Fontaine)实施这一测试,并依三个维度——成就(贯彻执行的驱动要素)、人际交往(忠诚度和人际互动能力)和权力(行使权力的驱动要素)——给候选人打分。

多年来,贝格咨询公司已经把测试结果建成一个庞大的数据库,它可以识别出用得分表现出的有效CEO所具有的特征模式。测评中给出的分值,很少会在三个范畴都表现一致。但其中的平衡与权重却是领导有效性的重要预测指标。

从第一轮测试以及其他几项指标产生了四位角逐者。下面是有关的信息,未作任何特定的排序:

> 比尔·戴维斯(Bill Davis),53岁,负责过程管理业务的高级执行副总裁。当然,有趣的是,他是前Emerson公司总裁的儿子。比尔在Skil子公司的好几个职位(包括总裁和总经理的职位)上都干得非常出色,是他领导着这个陷入困境的部门走出危机。从那里出来之后,他又担任专业工具业务的领导,并直接参与了这一业务的一次重大重组,包括建立并监管八个

第九章

全球合资企业。

> 博杰思,48岁,一位睿智、作风硬朗的高级管理人员。他在通用电气开始他的职业生涯,1976年加入Emerson的电机业务。他很快升任子公司总裁,然后是一个业务集团的副总裁,1989年成为工业部件和设备业务集团的负责人。他在每一个职位上都干得出类拔萃。三年后,他成为我们第一任利润沙皇,并负责管理利润计划过程。

> 乔治·塔姆克(George Tamke),49岁,来Emerson公司之前有着在IBM的成功职业生涯,担任过卡尔网络软件公司(Cullinet Software)的总裁,1989年加入Emerson公司,任执行副总裁。在Emerson,最初他负责总部的技术部门和公司电子业务。他具有过人的工作能力,在他负责电子、工具和工业部件与设备业务之前,他在亚洲的雅达公司(Astec)极其艰苦的工作环境中有过非常了不起的表现。

> 范大为,41岁,一位聪明而又精力充沛的高级管理人员。他在80年代初作为一名刚毕业的MBA加入公司总部财务部门。他的表现得到比尔·拉特利奇的注意,并很快开始沿着职位阶梯节节攀升,先后担任制造总监、计划和发展副总裁、里奇工具总裁、工业部件和设备业务集团副总裁。在90年代初期和中期,他与史泰礼和塔姆克一道工作,在亚洲担任高级职位,后来担任在香港的雅达公司的CEO。

所有这些高级管理人员都极具才华,都有接替最高职务的希望。我们接下来要面对的挑战,便是决定这四个人当中的哪一位接任最有利于 Emerson 的发展。为了得到答案,我们循着一个计划好的过程行事。这一过程包括非正式交谈、正式测评和在重大任务工作现场的实际考验。

1996 年 8 月,我挨个邀请了这四个人中的每一位和我见面,就 Emerson 的领导交接问题进行了非正式的谈话。我要每一个人回答假设他们是 Emerson 公司的下一任 CEO 会怎么做——他优先要做的事情是什么,最高层管理团队由谁组成,他是否对任何战略、组织和管理过程等方面的变化有过考虑,以及如何考虑过渡过程。这是一次很有意思的演练。乔治准备工作做得最好,他给出了考虑最为周详的回答。

在后来的几个月,选拔过程依然围绕这四个人进行。为了帮助搜集更多的信息,我们请来了心理学顾问机构(Psychological Associates)——一家高级管理人员开发公司的首席营运官安·贝蒂(Ann Beatty),该公司与 Emerson 已经有多年的合作了。安早已认识这四个人中的每一位。但是,我还是要求她与他们一道处理那些对我们来说已经知道存在的问题,或那些在贝格测试工具中所突出强调的问题。她也加上了自己的测评项目,并在好几个月当中向参与测试的人员提供了辅导。同时,保罗·麦克奈特(负责 Emerson 组织计划的副总裁)也加入到这项工作当中。他设置了另外一些测评项目,包括对候选人进行 360 度测评。

随着这些项目的进行,僵局也逐渐打破。四位候选人当

第九章

中年纪最大的比尔·戴维斯清楚地意识到时钟在滴答滴答地转动，他不想在 Emerson 等候的同时错失其他的机会。1997 年 3 月，他来见我并告诉我一个消息，位于芝加哥的一家大型印刷公司——R. R. 唐纳利（R. R. Donelley）公司请他担任公司的最高职务。我告诉比尔，我们挑选 CEO 的工作还没有完全就绪，他于是就接受了唐纳利公司的工作。

比尔的离职引发了 Emerson 公司高层的一系列变动，并为我们以新的工作安排来考验候选人开辟了新的机会。塔姆克成为 Emerson 公司总裁（几个月之后又担任了首席营运官）。博杰思成为董事会副主席，并负责 Emerson 公司的三项主要业务：电机和家电部件，电子、工业部件和设备。范大为在业务演变的关键时刻，接替比尔担任过程管理业务的负责人。

同时，另一位 41 岁的高级管理人员查理·彼得斯（Charlie Peters）以另一个角逐者姿态出现。彼得斯是我所见到过的最聪明、最富成效的高级管理人员之一。他在我们的勃朗宁（Browning）子公司工作时还是一个攻读工程合作项目的大学生，除了请过两年假在哈佛大学上 MBA 之外，他自始至今一直在为 Emerson 公司效力。他的职位也晋升得很快。在大部分职业生涯中，他都在子公司和公司总部层面从事计划、业务发展和技术管理工作。而且，作为 Harris Calorific 子公司的总裁，他同样有良好的业绩表现。在与同事和下属沟通的时候，他总是极具感染力。1997 年，他成为 Emerson 公司的"增长沙皇"（growth czar），按照一个雄心勃勃的重要的日程表建立起公司的营销能力,重建了 Emerson 品牌,领导了公司进军电子商务的创举。

最终回合

在后来的几年中,我密切地关注着这些候选人,并与董事会和我的非正式智囊团经常讨论他们的进展,此时的智囊团成员已经扩大到包含保罗·麦克奈特、安·佩蒂和玛丽·方丹。同时,Emerson 精心再造了组织机构以应对不断增长的挑战(参见第八章)。我们委派高级营运行政人员担任每一个重要业务平台的负责人,这样做的目的是想让新的 CEO 继任以后有一个强大的管理团队。

乔治·塔姆克仍然是最高职位竞争过程中的领跑人。他肩负 Emerson 的营运绩效,责任最大,工作成绩也十分优异。1999 年 5 月,经过我的推荐,董事会选举乔治为副主席,并决定由他担任副 CEO。这一职位也许有些让人费解,因为他继续向我汇报工作,而且我的职位还是 CEO,但是公司内部部分人员以及商业新闻界的很多人,都将这一提升解读为我已经选定他为接班人。不过,董事会和我都没有给他这样的保证。我将乔治的新工作视作最后一个关口,并希望他能跨越这一关。不过,我不认为这一切已成定案,我也向其他候选人表示,一切都还没有最后定论。事实上,这些候选人中有两位与乔治在同一天得到提升:博杰思成为 Emerson 公司总裁,范大为成为高级执行副总裁兼首席营运官。彼得斯在这之前刚刚获得提升,所负责的业务包括新增的工业部件

第九章

和设备业务。

在新的工作岗位上，乔治的工作仍然卓有成效。但是，他与我们部分经理沟通得不太好，他也为不能得到保证他将取代我的安排感到担忧。他和我就总的形势进行讨论之后，决定离开 Emerson。我同意了他的决定。稍后他就成为一家私人投资公司——Clayton, Dubilier & Rice 的负责人。

乔治于 2000 年 2 月 3 日宣布辞职。我们很友好地分手，其后他仍然在董事会工作了一段时间。一般来说，新闻报道强调了这一故事中的——或他们自认为的——其他因素。有些报道说，乔治在与我进行的幕后权力斗争中失败，这与事情的真相相差十万八千里。乔治是一位优秀的高级管理人员，他为 Emerson 做了很多工作，他在私人投资领域依然做得很好。他和我还是好朋友。不过，时间已经表明，他不是领导 Emerson 的最佳人选。我相信，这一幕验证了我们为挑选下一任 CEO 所精心设计的过程的有效性。

这样，我们剩下三名候选人。尽管他们的特征多少有所不同，但是各种考验、评估和测评表明，他们当中的每一个人都具有继任的资质。这显然是一个好消息，尽管这使得在他们之中进行选拔的工作变得复杂。至今我们仍然没有草率行事——因为我仍握有一份常青雇佣合同——但是我相信，作决定的时候到了。为此，我要重新收集最新信息，这也是最后一次。

领导权交接

抉择

2000年7月,我要求每一位最后一轮的候选人在下个月安排时间与我会面,讨论他们关于"Emerson下一任CEO所面临的挑战"的看法——这在某种意义上来说,是我在1996年安排的会面的一个重演。不过,这一次会面是在选拔过程的结束而非开始。我尤其希望他们考虑并回答以下七个问题:

1. Emerson将面临的战略问题是什么?"增长的基础"图表(参见第二章,图2-4)中的下一个(或一些)方块是什么?
2. 作为CEO,你会怎样去组织公司:谁是公司的关键人物,你怎样去留住他们?
3. 如果要作改变的话,在Emerson管理过程中,你将改变什么?为什么?
4. 电子商务对于Emerson具有战略重要性吗?如果有,那么,你认为我们的组织应该如何变革以应对电子商务?
5. 如果你不是下一任CEO,你会推荐谁,为什么?
6. 你认为我应该留任作为董事会主席和董事吗?如果回答是,你希望我在这一角色上做些什么?
7. 你对于组织变革的时间安排有什么样的看法?

我给他们以任何方式和任何形式回答这些问题的自由。在我确定了与他们会面的日期之后,我与我的同事和顾问召

第九章

开了一次高峰会议来跟踪进展。我给他们中的某些人下达任务,要求他们从某些我认为对于 CEO 来说很重要的角度,对他们进行排序和比较。这一清单(参见表9—2)从某种意义上来说是我和董事会分享的个人素质清单与在第三章中所描述的有效的领导人的素质清单融合之后的扩展版本。

表 9-2 评估表

领导才能(按1,2或3打分)	1	2	3
矢志成功	——	——	——
与人打交道时严厉且公正	——	——	——
设定高素质的卓越标准	——	——	——
对事情具强烈的紧迫感	——	——	——
亲力亲为	——	——	——
造就创新环境	——	——	——
设置合适的优先次序	——	——	——
注重细节	——	——	——
关注正面因素	——	——	——
享受乐趣	——	——	——
(按1,2或3打分)			
领导力	——	——	——
国际经验	——	——	——
技术能力	——	——	——
收购企业和建立合资企业能力	——	——	——
战略思维能力	——	——	——
与客户建立关系的能力	——	——	——
人际交往技能	——	——	——
沟通技能	——	——	——
对 Emerson 管理过程的信奉与投入			

我与几位候选人的讨论进行得非常好——肯定比在四

年前进行的第一轮讨论要好得多——尽管现在显然有一位候选人脱颖而出。范大为给了我一份活页文件,标题是"没有热忱,成不了大事!"在文件里,他简明扼要地回答了所有的问题。他表现了对我们的战略和组织的完全掌握,他表现出在最高管理层留住关键高级管理人员所需要的高度敏感性。他也对新老班子的过渡给出了谨慎的思考,包括从董事会的角度的思考。

我倾向于范大为已经有些时候了。他有五年在亚洲工作的经验,他在建立一个更为协调的"过程管理"业务团队,为部件生产部和系统部不同职位进行整合和调解。在我要求我的同事所做的非正式排名中,他的得分也是最高的。他给我的回答已然一锤定音。在整个过程中,他成长得非常迅速。2000年夏天,他显然已经为接掌公司最高职位作好了所有的准备。

在智囊团高峰会议上——这也是整个选拔过程的一部分,我的同事和顾问们与我同在一个会议室的唯一场合——我提出了推荐人选,并说明了我的理由。整个小组马上对我的选择表示认可,但也向我提出了不同意见,并就过渡的时间安排和我们需要为防止失去关键性的高级管理人员而采取的过渡步骤,提出了很有帮助的建议。我们讨论了一项日程计划,根据这一计划,我们将在11月宣布领导层过渡,这一过渡将在次年二月份举行的年度会议上生效。我们也制订了一项扩大博杰思和彼得斯职责范围的计划。尽管计划的细节要与范大为一起确定,我们知道他有责任这样去做。

第九章

　　我与董事会共同提出了推荐人选和初步过渡方案,他们立即就给予范大为认可。董事会也批准了过渡计划总纲要。在董事会作完决定以及形成各项计划的时候,我逐个约谈了他们三人,并向他们解释这一选择背后的考虑。范大为显然激动不已。尽管其他人自然会感到有些失落,但他们还是很愿意留下来,担负扩大了的职责。我想,他们这样决定的一个重要原因,还是基于对选拔过程的信任与认同。

　　采取了这些步骤之后,对于我、董事会以及我的智囊团来说,似乎没有理由要延迟宣布这一决定。我们加速了从10月到次年2月的过渡过程。但是,在我首次在我们的年度公司计划会议上,向300位最高级别的经理宣布这一决定之前,我们一直把这一消息当作最高机密来严守。这一消息令整个公司大吃一惊。不过,范大为还是受到雷鸣般的鼓掌祝贺——我很高兴地告诉大家,带头的是博杰思和彼得斯。

　　新的团队在10月底接管了工作。新的首席执行官办公室由范大为、博杰思、彼得斯和高文组成。范大为担任CEO和首席营运官;博杰思担任总裁,负责所有的公司业务发展,并担任Emerson网络能源的领导人;彼得斯担任高级执行副总裁,负责电子商务和整合营销;高文继续担任高级执行副总裁兼首席财务官。他们全都是董事会成员。随着史泰礼和苏特步入退休行列,我也退后一步不再负责日常事务,整个向新团队的交接进行得有条不紊,天衣无缝。

过程的反思

回顾选拔接班人的过程,我感到最骄傲的有三件事。第一,我相信我们挑选范大为是选对了人。在这一过程中,他拥有或者获得了我们最初认定的 Emerson CEO 所必备的一切素质。

第二,我们留住了另外两名最终候选人,他们仍然在为公司贡献自己的才华。而他们的留任决定,充分说明了这些杰出的高级管理人员所具有的专业精神和个人素质。语言不足以表达我对他们的信心以及他们对于 Emerson 公司的价值。

第三,上面取得的两项成果是从一个有效的过程得来的,这是一个方方面面都拥护和信任的过程。我们以我们特有的严谨和纪律来计划和实施了这一过程。我们设计各种测试并试验,我们将我们所学到的东西,应用到测试和试验的最后一轮。我们挖掘现有数据,再补充更新的信息,并且从多个角度和视点来审核所获得的综合结果。我们问了很多棘手的问题,并要求得到经过深思熟虑的答案。我们从不依靠感觉行事,不满足于草率的分析。我们也不在时机不成熟的时候下不适当的结论,实际上不下任何结论。

总而言之,我们好好把握时间并花精力来把事情做好。我们让这一过程顺其自然——这是 Emerson 的指导原则之一,也是一家伟大的公司的特征之一。

后　　记

重组是一个永无止境的过程。
——Emerson 公司格言

2000年10月,在我接替查尔斯·奈特担任 Emerson 公司 CEO 六个月之后,我们面临一个意料之外的重大问题:由于公司收入急剧大幅度地下降,我们不得不宣布为期43年的年度收益和每股收益连续增长过程的结束(不过,基于公司生成现金流的强大能力,我们始于1955年的连续48年的年度每股红利的连续增长仍然在继续)。对于高级管理团队来说,这是一个令人心痛的时刻,其意义远远不止于一个象征性的变化。这一问题是由异常糟糕的经济状况所引发的,而且我们看不出这一状况很快结束的迹象。

收益增长的终止对于公司的组织和管理方式并没有太大的影响。事实上,它为我们加速重组以及为我们在全球再定位战略中变得更加具有开拓精神创造了极好的机会。随着我们寻求加强我们的长期增长、赢利能力和竞争力的基础,"速度"和"资产再定位"成为我们日常用语的一部分。

后记

长期以来支持我们稳定一致的收益表现的管理过程在为我们提供在艰难经济岁月里从事管理的工具方面也被证明是有价值的。由一个经验丰富的高度激励的Emerson公司管理团队来执行管理过程,这一过程使我们能够很快而又有效地重组公司,并从下降的市场中走出来,变得比以前更加强大。

随着收益增长记录的完结,我们经历了基本销售连续十个季度以Emerson公司现代史上从无先例的速率下降的过程。尽管面临严峻的环境,尽管公司重组需要大量的现金投资和人员投资,我们还是在继续为股东挣钱,同时也作好了准备,以便当全球经济状况好转的时候加速成长。在此期间,以关键的财务测量指标来衡量,我们的绩效表现也超过了竞争对手和许多与我们不相上下的公司。这一运作与财务绩效表现是对Emerson管理过程、对在领导层过渡之前业已准备好的强大的、训练有素的组织以及对在查尔斯的任期打造好的作为行业领导者的业务平台的力量的证明。

在过去的几年里,投资者和朋友们一直在问我为什么强调年度计划和规范的控制过程的Emerson公司不能在经济走下坡路之前预先作好准备,从而保持收益的源源不断。这个问题问得很好。事实上,我们在整个2001年一直在多次问自己这个问题,并对这一经济时期作过大量分析,我们相信,吃一堑长一智。回顾过去,我们发现我们本来可以对诸如2000年4月之后的纳斯达克指数持续走低、所谓新经济股的崩溃、尤其是电信业与旨在扩大全球产能的工业投资大大

后记

高于平均水平的增长率之类的指标给予更多的关注。这样的增长大大超过了历史上的标准增长，不可能无限持续下去。我们本来可以注意到，美国制造商在北美洲和欧洲部分地区领先于长期需求趋势进行了大量的固定资产投资，有些客户撒下"双重订单"以保持他们在我们生产队列中的位置。那时，各种信号给人的含义模棱两可，而且，人们都在宣称"新经济"和因特网已经永久地改变了一定产业的经济运行态势。此外，在2001年财政年度的头四个月，需求也一直在持续增长。

尽管我们可以为正在积累的经济泡沫作更好的准备，但是，这一经历真正的重要性却并不在于管理过程应该总是让我们远离麻烦——尽管几乎在所有情形下它会这样，恰恰相反，当面临艰难的时刻时，我们的过程会给我们提供一个得到证实和经得起检验的管理方法，使用这一方法我们就能有效地处理问题并当机立断地采取行动。

收益增长的终结

在我上任后的前两个季度，Emerson公司记录了我们历史上的一些最好的战果。然而，到了2001年春天，总裁月度运营报告和其他指标显示出一个急剧下滑趋势的开始。订单迅速减少，向客户发货的请求也遭到拒绝。原因出在电信设备市场，我们在全球范围内的所有业务平台的需要开始疲软和下降——这是一件极不寻常也极不可能发生的事情。从前当经济走下坡路时，我们的业务、客户和市场的地理分

后记

布的多样性可以缓冲带给我们的冲击,使我们在某些地区的销量不至于大幅下降。这一次随着泡沫的破裂,一切都来得太突然——而且来得非常快。

我们密切地关注形势的发展。到 6 月末,随着销售变得疲软以及利润的下降,我们知道必须采取更多的商业行动。显而易见,我们必须重新设定预期并采取更加有力的行动来保存我们的财务实力,同时为即将到来的艰难的经济时期作好准备。我们是否能够继续保持已经保持了 43 年的收益记录还是一个悬而未决的问题,考虑到当时的订单和销售趋势,这一问题看上去非常考验人。

我们当中没有人想终结这一"记录",因为这一记录是 Emerson 公司传统的很大一部分。我们就我们所能做的选择展开辩论。比方说,通过延缓或削减战略性投资,或通过实施其他的变化,如上马大型设施、在相当长的时期对经营活动进行重组与再定位,我们本来也许能够保持收益的继续增长。(很重要的一点是需要结合当时的情景来考虑这一辩论:2001 年 9 月 11 日恐怖分子对美国展开攻击,这一事件大大恶化了全球的经济气候,全球经济开始走下坡路。而我们的辩论刚好发生在这一事件之前。那时,我们似乎并不是在应对一个在强劲的经济增长时期之后的超常的经济衰退——尽管我们后来有了不同的看法,尤其是在 9·11 悲剧发生之后。)但是,我们并没有辩论太长的时间。

随着考虑的深入,有一件事变得再清楚不过:继续保持收益的增长将使我们面临失去公司长期增长前景的风险。

后记

为了满足 20 世纪 90 年代后期的增长和业务再定位投资的需要,我们已经在高于正常的水平上发挥杠杆效应,我们相信,继续增加负担的做法很不谨慎。我们也需要保护技术和新产品开发行动计划——随着公司继续向高技术业务组合转移,它们将引导公司向前发展。最后,我们也需要带着我们的投资向诸如中国、印度、东欧和俄罗斯等正在迅速开放的关键性新兴全球市场推进。保持收益的继续增长与我们新的商业模式和增长行动强烈抵触,因此,我们一致决定终止收益的继续增长。当我们后来与查尔斯一起评估这件事情时,都认为做了一件正确的事——考虑到我们对股东和员工的责任。做这件事情的时机也选择得很好。基于必要变化的不可避免性,首先采取行动来促成变化的发生并走在效率曲线的前面会给我们带来很强的优势。

显然,管理过程对于很快而且是以非常有组织的方式重组公司很有帮助。在公司高级管理人员、业务平台领导人和子公司管理人员齐心协力地确定需要采取的行动、对行动进行财务评估和实施行动的过程中,它使我们的所有业务平台能以规范而又协调的方式展开行动。我们相信这一过程,因此,我们遵循这一过程。我们寻求董事会参与这一过程,我们制订行动计划,并通过广泛的沟通来支持这一计划,然后实施计划并检查我们的进展。

计划是在对我们为每一业务平台和子公司的成长、赢利能力和预期回报制定的长期战略进行评估的基础上做出的。如第二章和第四章中所讲到的,这些战略包括各种以五年为

后记

期来实施的计划和行动计划。我们一致认为,我们考察的时间必须短于两年,以利用我们开辟的窗口所带来的好处并取得强大的竞争优势。然后,我们按照准备好的"剧本"行事,并在需要的时候制订一些追加的计划。我们在2001年从收益中支出了3.77亿美元来支持最初的重组活动,然后开始实施重组。

7月中旬,我们宣布了终止收益增长的决定。这一决定让许多员工感到震惊。但是,我们不能浪费时间去考虑那些无法改变或控制的事情,我们迅速地向前推进。公司向员工们强调,公司必须共同踏上新的旅程,必须重新平衡公司的资产基础和业务组合以适应新的全球环境。利润边际可能受到损害——尽管我们会继续保持适当的赢利——但是,我们将要以不同的方式做一些事情,而且,我们会很快行动。

在应对这些挑战的日子里,我们突出强调了三个要点。第一点,尽可能快地完成重组。第二点,集中进行业务投资,以便当经济重振的时候能够先于竞争对手加速销售和收益增长。第三点,大大地改善我们以可以自由支配的现金流和总资产回报率来衡量的资产利用状况。

执行计划的一个关键部分涉及与整个组织就所面临的问题、要采取的行动、近期与长期目标以及预期完成这一重组过程之后公司的变化进行沟通。最重要的一点是,人们必须懂得公司依然很有力量,公司的财务状况依然很健康,我们的行动将使Emerson公司在与全球竞争对手较量的过程中更加强大。然后,我们开始了一个季度全球实况网络报告

后记

（Webcast），以找出问题和提供解决问题的行动方案（顺便说一句，直到今天，这仍然是一个就当前问题和指令进行沟通的有效方法）。其次，我们制订了广泛的战略计划，并在2001年10月的公司计划会议上公布了这一计划。此外，我们每年都要面向员工和董事会成员进行跟踪调查，以了解相对于这些目标而言Emerson目前处于什么位置。

在后来两年半的时间里，我们进行了痛苦的重组，这给全球运作带来了重大的影响。我们寻求在世界上的低成本地区增加加工设施与工程投资，并使总体运作步伐紧跟我们扩大了的全球客户基础。这就意味着将合适的资源集中于北美洲和西欧市场核心业务的同时，在新兴市场进行重大的投资。我们那时并不打算，将来也不会打算从这些核心市场离开。

凭借管理过程的计划和规范，我们将当前的经营活动合理化，在低成本区域建立了新的设施，加速了某些新产品的开发，在终止了某些工程项目的同时也加速了其他工程项目的进度。50多个工厂和两万名以上的员工因此受到影响。我们从不再适应长期战略目标、尤其是不再适应增长和回报预期的10个子公司撤资（这代表着10亿美元的销售额）。我们也完成了几项重要的收购活动，包括对中国的安圣公司（参见第五章和第七章）和2004年对美国马可尼（Marconi）公司直流电源业务的收购。

为保证合适的管理团队将精力集中于合适的领域，在这一个对物质资产和人力资源进行重新平衡的时期，我们广泛

后记

利用了组织计划过程。我们同样也制定了一个"剧本"和过程以允许淘汰掉某些职位、扩大某些高级管理人员的职责以及指派另外一些人担任新的工作。这并不是一个轻松的过程,不过,它并没有消耗太多的时间,也没有因为内部的钩心斗角而变得扭曲。每一个人都知道,我们是在一条需要对Emerson公司总的成本结构和全球竞争地位进行重大调整的道路上前进。我们的组织计划方法和工具使我们对肩负全球责任的主要经理的优弱点及其发展需要有深刻的理解。这一信息基础帮助我们快速并自信地挑选出合适的人才。

当机立断的行动和严肃认真的决策很快就产生了效果。相对于竞争对手和与我们不相上下的公司而言,我们保持了很高的赢利率,度过了在宣布终止收益增长之后的最初的市场冲击之后,Emerson公司的股票价格一般都超出了主要的竞争性基准价格。另一件喜讯就是,我们现在有了一个可以在世界上任何地方有效地展开竞争的成本结构和全球工程基础。2003年夏末,在经济状况开始好转之后,我们一直在快速增长——近期强劲的绩效表现就证明了这一点。

Emerson管理过程与整个组织的贡献相结合促成了这些有利的结果。显而易见,对组织目标的深刻理解以及整个公司内关于如何实施管理过程的知识最终要开花结果。

调节管理过程

随着Emerson公司发展到另一个阶段,我们所面临的新的业务环境要求对管理过程作些微调。例如,我们通过在业务平台领导人层次进行正规化的评估强化了组织计划过程，以确保有正确的领导团队在位运作，确保我们正在识别和培养下一代管理全球企业架构的领导人。随着我们开发增长机会从而将能提供的总的产品组合成服务和解决方案；随着我们得以在所有的业务平台范围内利用生产能力杠杆效应，这些评估使我们建立了更好的资源意识和对不断变化着的要求的更好的感受能力。

这些行动也要求最高层管理人员与客户进行更大程度的互动。尽管我与查尔斯一样用大量时间处理计划和组织问题，但我还是抽出了更多的时间与客户们一起度过，并向客户们推销 Emerson 公司的能力。若不与至少一位"主要大客户"（marquee customer）见面，我很少到美国以外的地方去旅行，而我通常要见两三位这样的客户。

另一个变化涉及对财务目标的精细改进。对高市值公司所作的市场估价分析表明，它们在平衡销售增长、运营利润边际改善、可自由支配的现金流和总资本回报率（ROTC）方面所做的工作非常好。在稳定地改善利润边际的能力方面，很少有公司比得过 Emerson 公司，但是，用其他指标来衡量，我们的表现就没有那么强。我们要改变这一情形，不仅要作实际上的改变，从投资者的预期来考虑，我们也要这么做。

举例来说，支持我们的收益一致性记录的历史财务模型倾向于强调在资产效率基础上的利润边际改善（参见第二章图2—1）。因此，Emerson 对财务模型加以修改，以创造长期

后记

价值——就像在过去那些年,当情况许可的时候查尔斯多次做过的那样。我们建立了一个模型,它将鼓励和奖赏那些更加关注资本运营效率和可自由支配的现金流的经理(参见图 E-1)。我们加大了精简库存的努力,并在一线办公室和工厂实施精益生产的原则和技术。这一切都关系到作业的速度,关系到使用更少的资本投资来实现销售增长。我们也使用 ROTC 来为许多投资机会和子公司产品线设定优先次序——为那些对公司财务绩效有重大影响并能提高长期价值的项目提供资金。如果它们没有或不能满足财务模型中设定的目标,它们将进入"整治"或"卖掉"清单(参见第二章)。

另一个重要的变化是我们所关注的并不是建立新的收益增长线。我们关注的焦点是提高长期增长和收益曲线的相对位置,即使它意味着要接受更加不稳定的收益曲线。Emerson 公司现在是一家与几十年前大不相同的公司,传统上使用的指标在 21 世纪的全球经济环境中已经意义不大。随着业务和客户基础越来越具有高技术的特性,我们有更好的增长前景。不过,我们所面对的风险曲线的形状也与以前不同。当然,在 20 世纪 90 年代末和 21 世纪初实施一系列收购活动的时候,我们就知道,我们正在增加经营的不稳定性。但是,我们并没有将这一考虑纳入到财务和激励计划之中,也没有把这一点告诉我们的投资者。

后记

图 E-1 Emerson 公司财务模型 2004 年

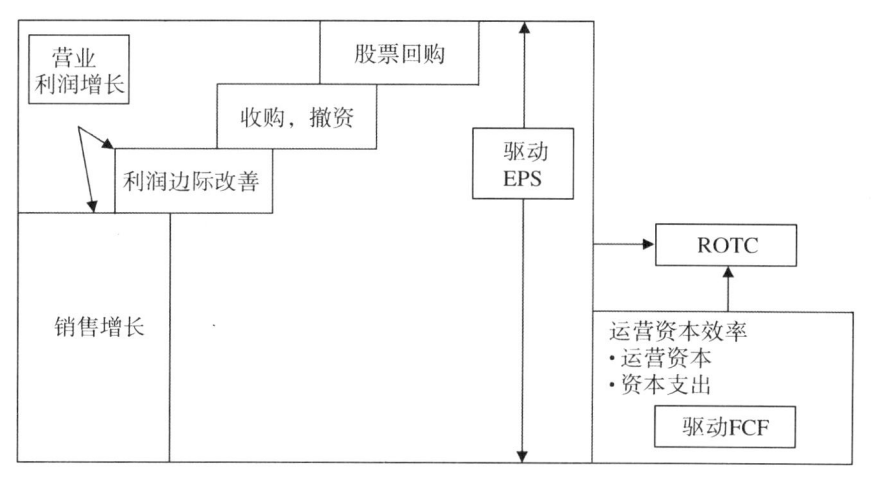

注：平均来看，运营现金流/负债 = 45%
FCF：可自由支配的现金流
EPS：每股收益
ROTC：总资本回报率

这样的变化现在反映在我们的长期增长和回报目标上，它们不再包含每季度的收益增长。我们仍然致力于追求稳定一致的高水平收益和赢利，不过我们也对其含义进行了重新定义：它们不再代表从一个高水平开始的稳定的、渐进的增长——在这个增长过程中所有的不稳定性都得到抑制。恰恰相反，它们代表着在整个商业周期内更快的增长。这就意味着我们需要接受有更多变化、然而有更高的长期增长率的收益结果。我们也许不时的会经历一些低增长的阶段，但是，我们期待当形势好转的时候公司发展会大大地超过历史增长率。当我们从全球经济衰退中走出并重新振作起来的

后记

时候，公司更高的基本增长率明显地反映了这一变化的影响。

巩固我们的基础

回顾这一段特别的时期，我们得出一些重大的教训。首先，尽管收入下降，并且 Emerson 在适应恶劣环境的过程中吸收了重大的重组成本（四年中接近 10 亿美元），但是，我们仍然继续赢利，并且带来了高水平的可自由支配的现金流——足以支付债务、支持收购活动并继续保持年度每股红利连续 48 年的增长记录。

第二，我们这一全球组织既没有因为坏消息，也没有因为需要应对挑战性的问题和实现挑战性的目标而瘫痪。在全球经济下滑以及 9·11 悲剧使全球经济雪上加霜之后，我们选择加快重组过程，在三年的时间内完成了在更好的条件下需要用五年或更多的时间才能完成的任务。最后，在 CEO 交接期间，保持最高行政领导人齐心协力为我们成功地应对挑战带来巨大的好处。我无法就这些人所取得的一切成就更好地向他们表示赞扬和感谢。随着全球经济的好转，我们处在一个恢复销售、收益和可自由支配现金流的增长，同时又能产生稳定一致的高回报的更好的位置。

展望未来，我认为我的工作是要立足于查尔斯在 2000 年为新团队传下来的强大的基础上承前启后。公司现在处于运转良好的状态，不过，如我们所有人从事实的背后所能看到的，我们需要以决定性的行动来重新设定基础——我们

后记

已经着手在做。Emerson管理团队正从正面应对所面临的问题,我相信,经过三年的艰苦奋斗之后,增长和赢利的基础会更稳固。随着努力向前推进,随着集中精力经营和改进现有的业务,我们也在寻求机会发展新的业务平台。要形成这样的平台并使之成为全球领导者需要花数年时间。在过程管理、环境优化技术和网络能源平台中,每一个平台的崛起都花了十年或十年以上的时间。再要等候十年来开发下一个平台,我们可等不起。因此,我们现在就要开始行动。

我们设计了一个新的计分卡(参见图E-2)来监督和激励各个业务平台实现关键性的公司业务目标。这一计分卡由一个矩阵组成,矩阵各列列出的是我们的各个业务平台,矩阵各行列出的是与我们的长期目标紧密关联的管理目标。这些目标包括创新行业转型技术以确保Emerson行业领导地位的继续;在全球开展经营活动以确保世界范围的市场渗透;保持最新的客户接口以确保我们在加强与客户关系的同时清楚而又简捷地将自己展示给客户;提供服务和解决方案以确保我们找出为客户增加价值的其他途径;实现资本和运营效率以确保我们有效地利用Emerson的规模优势,有效地使用我们的资产。检查标记的数目和大小表明了打分的情况:两个大的标记表示最好,做不到这一点就意味着需要取得重大的进步。计分卡看上去像一张地图,上面为每一业务平台绘制出一条路径,每个业务平台按照这一路径去投资、发展经营计划和经营组织,并开展行动让公司实现战略目标。

后记

图 E-2 Emerson 计分卡, 2004 年秋

	工业传输技术	全球范围	当今客户界面	方法和服务	资金和运营效率
过程管理	✓✓	✓✓	✓	✓✓	✓
环境优化技术	✓✓	✓✓	✓	✓	✓✓
网络能源	✓✓	✓✓	✓	✓✓	✓
家电应用技术	✓	✓✓	✓	✓	✓✓
储存技术	✓	✓	✓✓	—	✓
电机科技	✓	—	✓	✓	✓✓
专业工具	✓	✓	✓	—	✓
工业自动化	✓	✓	✓	✓	✓

图 E-2 所示为来自我们 2004 年公司计划会议的一个例子。有几个业务平台面临重大的挑战。(请注意,这是一份活的文件,它每年都将被更新一次,当前的版本可能展示不同的等级和检查内容。)这一矩阵所表达的内容也并非尽善尽美。比方说,储存技术和专业工具业务拥有的通过技术来使它们的产业转型或将其产品与服务捆绑成解决方案的机会就不多。不过,计分卡可以清楚地展示业务的优先次序并激励组织。

附带说一句,我在外界向分析家和投资者讲话以及在内部与管理团队交谈的时候都要使用计分卡。他们全都理解我们当前所关注事项的重要性,他们也能针对变化作出反应。

后记

　　我们继续以有计划、有顺序的方式对新技术、对增长行动计划和各种业务进行投资。随着 Emerson 核心业务经历重大重组而变得具有全球竞争力,我们现在可以控制自己的命运。管理过程仍然是我们成功的核心。随着 Emerson 成功地应对现代全球经济中的新挑战,我们对于它将继续为我们很好地服务有着百倍的信心。Emerson 公司拥有一个强大的建设基础,有这样的建设基础,我们可以实现公司的长期增长和赢利能力,并为股东和客户创造价值。

范大为
Emerson 公司董事长、首席执行官兼总裁

附录 A
Emerson 公司业务划分和子公司

网络能源

ASCO Power Technologies（自动转换开关）

雅达（电源和电子部件）

Emerson 网络能源系统（环境精密控制和现场监控；不间断电源和网络保护产品；电源保护和电压调节设备）

控制概念

  Emerson 能源系统（欧洲）

  Emerson 能源系统（北美洲）

  Emerson 网络能源（中国）

  力博特全球服务

  力博特海洛斯*（Hiross）

  力博特（北美洲）

Emerson 通信产品（通信和电缆连接解决方案）

过程管理

资产优化（软件和服务提供商）

附录 A

    CSI
    MDC
  布鲁克斯仪表(流量测量)
  丹尼尔工业(贸易交接方案)
  费希尔调压器(气体调压器)
    中国"久安"调压器业务
  费希尔阀门(控制阀和执行机构)
    阀门自动化部门
  高准[科里奥利斯*(Coriolis)质量流量]
  过程系统和解决方案(应用于过程、电力、水、废水的控制系统和解决方案)
  性能方案
    公用事业
    过程系统
  罗斯蒙特(压力和温度变送器,流量和液位计)
    米特兰*(Metran)
    罗斯蒙特压力(变送器)
    罗斯蒙特温度(变送器)
    萨伯船用*(Saab Marine)
  罗斯蒙特分析(气体和液体分析)
    液体分析
    过程分析

环境优化技术
  谷轮(压缩机,制冷控制和监测)

Emerson 公司业务划分和子公司

  计算机过程控制（CPC）
  谷轮（亚太区）
  谷轮（欧洲）
  谷轮制冷
  谷轮美国空调设备
  Emerson 零售设备服务
Emerson 流体控制（电子流体控制）
富塞（密封端子）
热敏碟（温度控制器，传感器和开关）
威诺（温度控制器和燃气控制阀）

工业自动化

ASCO/Joucomatic（电磁阀和气动元器件）
必能信（超声波清洁和材料连接）
标乐（物料测试仪器）
Emerson CT（直交流驱动器）
EGS 电气集团（JV 电气产品）
Emerson 动力传动（齿轮，轴承，减速器和凸轮从动件）
  利莱森玛（工业电机，动力传动和发电机）
  利莱森玛分马力电机
  利莱森玛减速器
  利莱森玛全球发电机
  利莱森玛整马力电机

附录A

家电应用技术和专业工具

其信（金属储物架系统）
  Do＋Able 产品
  Emerson 钧康
  Stack-A-Shelf

Emerson 家电控制（电子计时器和控制器）

Emerson 电机公司（家电电机，空气输送，流体电机，工业电机，高级电机和密封电机）

  汽车电机和精密电机及控制设备
    Emerson 家电电机
    Emerson 家电电机（欧洲）
    Emerson 通风产品
    流体系统
    供暖和空调电机
    密封电机
    工业电机

Emerson 工具公司（湿/干真空，吊扇和加湿器）

空气舒适产品

供热系统（电热元件）

爱适易（食物垃圾处理器和热饮机）

美卓（工业用层架）

Knaack（工业储存设备）

里奇工具（专业管道工具）

Western Forge（手动工具）

注：带*标志的为音译。

附录 B
总裁运营报告——第 5 页

子公司总裁运营报告(POR)包含一页财务数据,称为"第 5 页",每月被用来评估每个子公司,在当前季度和当前年度的销售与利润预期的合理性(关于"第 5 页"的一个简略的假想版本,请参见表 B-1)。将所有"第 5 页"汇总,则可以对整个公司提供同样的评估。

"第 5 页"收集和总结了大量与子公司绩效表现有关的信息。它因此成为总裁政务会议上激烈讨论的焦点,这就像我们所说的,"它是无数争论的导火索"。

"第 5 页"上面的设计提供了 16 个季度和四个年度数据点,从而给了我们六个关键方面的损益说明:当月和上月对四个季度和一个财年的预期,初始预测,以及上一年的数据。在一年中的每一个月,这些数据都为我们指明了当月预期相对于上月预期的变化,同时从子公司找出引起这些变化的原因。然后总公司和子公司管理层可以很快地采取合适的行动进行跟踪。

如果市场和宏观经济条件发生变化,而与财务评估所作的预测不一致,或者如果某个子公司出现具体问题,则初始的预测整年可能不再适用,从而基本上被忽略。在那样的情况下,管理层会将其注意力集中于当前而非上月的预期。

为了检查当前预期的合理性,季度数据将提供季度之间的比较分析——与上一季度以及上一年的同期进行比较。这就允许子公司和总公司管理层,发现什么地方当前的预期不现实(或高或低),从而在坏的或好的消息于实际季度数据中出现前,采取适当的行动。

一家子公司如果在第一个季度未达到销售与利润目标,却不现实地增加其后续季度的结果;或者一家子公司如果超过了第一季度的结果,却不现实地减少其后续季度的结果的话,我们通过这一报告可以很快找出这家子公司。在年度比较的基础上,当第四季度的销售或利润(或二者同时)与前几个季度所经历的实际数值相比有异常增加时,也可以很容易地从季度比较中查出这样的情形。这样就可以开始行动,减少成本或增加后续季度的预期,管理团队因而可以优化一年的结果,并且能够在离年底还很远之前,就意识到那些优化数字。

表B-1是一个简略、假想的"第5页",我们且假定它是Emerson公司第二个财务季度的2月中旬提交的1月底的数据,该表详细说明了现在子公司对每一季度和本年度的预期如何不同于财务评估会议上的预期。纵向看,该表分成五部分,每部分包含一个损益说明。该表的横向前四部分给出的是季度预期,最后一部分是年度预期。在纵向每部分,A列代表子公司对从上月开始的各个季度的预期,在本例中是从 12 月底开始;B 列表明当前对各个季度的预期。C 列表明子公司在财务评估会议上提出的最初预测,D 列表明上一年度的实际结果。E 列对当前预期与上一年的实际结果进行比较。

表 B-1 "第 5 页"(总载运营报告)

Emerson X 子公司
总裁运营报告
运行日期:2/12/XX
运行时间:10/16
名称:X 子公司

Emerson 公司
预期阶段业务表现对照一览表
截止于 20××年 1 月 31 日

公司内部资料

		上月 POR	当前 POR 预期	初始预测	上年实际	% 当年/上年
	第 1 季度 **截止于 12 月 31 日**	A	B	C	D	E
1	公司间销售	5 384	5 384	4 160	4 893	10.0
2	净销售	145 640	145 640	153 604	145 335	0.2
3	毛利润	36 967	36 967	41 569	38 490	(4.0)
4	占销售的百分比	25.4%	25.4%	27.1%	26.5%	
5	SG&A(管理、销售和一般费用总和)	23 331	23 331	23 747	21 669	7.7
6	占销售的百分比	16.0%	16.0%	15.5%	14.9%	
7	营业利润	13 636	13 636	17 822	16 821	(18.9)
8	占销售的百分比	9.4%	9.4%	11.6%	11.6%	
9	其他(加)/减	884	884	1 227	235	276.2
10	EBIT	12 752	12 752	16 595	16 586	(23.1)
11	占销售的百分比	8.8%	8.8%	10.8%	11.4%	
	第 2 季度 **截止于 3 月 31 日**					
12	公司间销售	5 241	5 241	4 452	4 493	16.6
13	净销售	152 370	149 370	152 370	144 010	3.7

附录 B

		上月 POR	当前 POR 预期	初始 预测	上年 实际	% 当年/上年
	第2季度 截止于3月31日	**A**	**B**	**C**	**D**	**E**
14	毛利润	42 864	41 914	42 414	39 897	5.1
15	占销售的百分比	28.1%	28.1%	27.8%	27.7%	
16	SG&A（管理、销售和一般费用总和）	24 023	23 898	23 898	22 403	5.7
17	占销售的百分比	15.8%	16.0%	15.7%	15.6%	
18	营业利润	18 841	18 016	18 516	17 494	3.0
19	占销售的百分比	12.4%	12.1%	12.2%	12.1%	
20	其他(加)/减	1 414	1 418	1 739	(155)	(1014.8)
21	EBIT	17 427	16 598	16 777	17 649	(6.0)
22	占销售的百分比	11.4%	11.1%	11.0%	12.3%	
	第3季度 截止于6月31日					
23	公司间销售	5 968	5 968	4 608	4 292	39.0
24	净销售	163 053	164 000	159 090	150 440	9.0
25	毛利润	47 617	47 927	45 661	43 283	10.7
26	占销售的百分比	29.2%	29.2%	28.7%	28.8%	
27	SG&A（管理、销售和一般费用总和）	24 271	24 396	24 396	23 331	4.6
28	占销售的百分比	14.9%	14.9%	15.3%	15.5%	
29	营业利润	23 346	23 531	21 265	19 952	17.9
30	占销售的百分比	14.3%	14.3%	13.4%	13.3%	
31	其他(加)减	678	634	898	917	(30.9)
32	EBIT	22 668	22 897	20 367	19 035	20.3
33	占销售的百分比	13.9%	14.0%	12.8%	12.7%	
	第4季度 截止于9月30日					
34	公司间销售	6 118	6 118	4 846	4 704	30.1
35	净销售	168 937	170 990	164 936	149 572	14.3
36	毛利润	47 525	48 165	45 825	42 504	13.3
37	占销售的百分比	28.1%	28.2%	27.8%	28.4%	

总裁运营报告——第 5 页

		上月 POR	当前 POR 预期	初始 预测	上年 实际	% 当年/上年
	第 4 季度 截止于 9 月 30 日	A	B	C	D	E
38	SG&A（管理、销售和一般费用总和）	24 205	24 205	24 039	23 722	0.0
39	占销售的百分比	14.3%	14.2%	14.6%	15.9%	
40	营业利润	23 320	23 960	21 786	18 782	27.6
41	占销售的百分比	13.8%	14.0%	13.2%	12.6%	
42	其他（加）减	504	544	661	973	(44.1)
43	EBIT	22 816	23 416	21 125	17 809	31.5
44	占销售的百分比	13.5%	13.7%	12.8%	11.9%	
	整个财年 截止于 9 月 30 日					
45	公司间销售	22 711	22 711	18 066	18 382	23.6
46	净销售	630 000	630 000	630 000	589 357	6.9
47	毛利润	174 973	174 973	175 469	164 174	6.6
48	占销售的百分比	27.8%	27.8%	27.9%	27.9%	
49	SG&A（管理、销售和一般费用总和）	95 830	95 830	96 080	91 125	5.2
50	占销售的百分比	15.2%	15.2%	15.3%	15.5%	
51	营业利润	79 143	79 143	79 389	73 049	8.3
52	占销售的百分比	12.6%	12.6%	12.6%	12.4%	
53	其他（加）减	3 480	3 480	4 525	1 970	76.6
54	EBIT	75 663	75 663	74 864	71 079	6.4
55	占销售的百分比	12.0%	12.0%	11.9%	12.1%	
56	税前利润	77 773	77 773	76 582	73 834	5.3
57	占销售的百分比	12.3%	12.3%	12.2%	12.5%	(1.5)
58	净收益	61 796	61 796	61 567	59 297	4.2
59	占销售的百分比	9.8%	9.8%	9.8%	10.1%	

EBIT：息前与税前收益

在本例中，子公司并没有达到其第一季度的销售或营业

附录 B

利润预测值。进一步预期销售和营业利润后发现在第二季度也达不到要求。不过，子公司已经假定，它将实现全年度销售和营业利润预测值。与上一年的数据以及前两季度为基础的当前趋势相比，这将要求不现实的销售和营业利润改善。只要看一下数据，公司管理层就会意识到，子公司有一个包含不现实预期的目前计划。管理层将与子公司共同将第三和第四季度的销售预测调整到合适水平，并立即采取行动降低成本。旨在制订一个现实可行的计划以取得预测的营业利润或至少保持上一年的营业利润水平。

致　　谢

本书的核心理念和原则来自查尔斯·奈特和 Emerson 公司。戴维斯·戴尔（Davis Dyer）是一位著述非常广泛的商业史学家，他也是 1990 年出版的有关 Emerson 公司发展史的合著者*。他与奈特密切配合准备了本书内容。本书大部分内容揭示了 Emerson 公司因之而著称于世的团队精神。本书中最常用的代词是"我们"，"我们"一词既反映了写作本书的合作过程，也更多地反映了 Emerson 公司具有凝聚力的文化和一个大型组织在长期稳定一致地取得卓越绩效方面步调一致的努力。

我们首先要感谢 Emerson 公司董事长兼首席执行官范大为先生，他为此书提供了强有力的支持，同时他也积极参与其中，包括为本书撰写"后记"。我们实际上能够在 Emer-

---

* Davis Dyer 和 Jeffrey L. Cruikshank，"Emerson 公司：一个世纪的制造之路，1890—1990"（Emerson Electric Co.：A Century of Manufacturing，1890-1990）（圣路易斯，密苏里：Emerson，1990）。

致谢

son 公司得到各有关人员的帮助和信息,我们因此要感谢范大为,因为他使这一切成为可能。

福莱(Fleishman-Hillard)公关公司的比尔·安德森(Bill Anderson)在本书写作的过程中,作为全面和认真的审阅者和训练有素的编辑,自始至终为我们提供帮助。

我们还要感谢 Emerson 公司的很多同事,他们为本书提供了大量的素材。博杰思(Jim Berges)、马克·布兰达(Mark Bulanda)、孟图裴(Jean-Paul Montupet)、彼得斯(Charlie Peters)、史泰礼(Bob Staley)、阿尔·苏特(Al Suter)和史威泽(Jim Switzer)撰写了大量文稿和背景材料供我们使用。

帮助我们的还有 Emerson 公司的另外许多同事,他们或者提供了重要的信息或者阅读了我们的部分手稿(有时甚至数次阅读),并且提供了很多有价值的评论,他们是:乔·安·哈蒙·阿诺德(Jo Ann Harmon Arnold)、凯瑟·贝尔(Kathy Button Bell)、高文(Walter Galvin)、菲尔·哈奇森(Phil Hutchison)、雷·基夫(Ray Keefe)、兰德尔·莱福德(Randall Ledford)、保罗·麦克奈特(Paul McKnight)、斯科特·罗默(Scot Roemer)、蒂姆·韦斯特曼(Tim Westman)和韦恩·威瑟斯(Wayne Withers)。此外,两位长期任职的董事——迪克·洛因德(Dick Loynd)和格里·洛奇(Gerry Lodge)——以及约翰·格雷厄姆(John Graham)(福莱公关公司)、斯图尔特·戈林鲍姆(Stuart Greenbaum)(华盛顿大学)和迈克·默里(Mike Murray)(麦肯锡公司),对我们早期写作的书稿进行了评论,这使我们受益良多。

为Emerson公司领导培训计划(Emerson Leadership Program)授课的数位Emerson公司高级管理人员,为我们提供了他们的讲义,并回答了我们提出的问题。他们(除了那些已经提到过的人们之外)包括克雷格·阿什莫尔(Craig Ashmore)、鲍勃·考克斯(Bob Cox)、拉里·克雷默(Larry Kremer)、孟瑟(Ed Monser)、约翰·罗兹(John Rhodes)、丹尼斯·索尔伯格(Dennis Sollberger)和安·贝蒂(Ann Beatty)(Psychological Associates 心理咨询公司)。Emerson公司的费尔普斯·杰克逊(Phelps Jackson)、迈克·罗瑞特(Mike Rohret)、威兼·沃恩(William Vaughan)和琳达·沃杰考斯基(Linda Wojciechowski),帮助我们准备了有关图表和附录。此外,奥里维亚·伯特(Olivia Burt)在写作项目的早期提供了管理支持。

奈特特别要感谢在他1973年至2000年任内,提供服务的Emerson公司外部董事的贡献和支持。这些人包括(除了那些已经提到过的个人之外)小戴维·R. 卡尔霍恩(David R. Calhoun Jr.)、乔治·T. 弗莱格(George T. Pfleger)、约瑟夫·A. 弗雷茨(Joseph A. Frates)、美国空军(USAF)的伯纳德·A. 施里弗(Bernard A. Schriever)将军(已退休)、罗伯特·H. 麦克罗伯茨(Robert H. McRoberts)、莫里斯·R. 钱伯斯(Maurice R. Chambers)、吉恩·K. 比尔(Gene K. Beare)、小弗农·R. 劳克斯(Vernon R. Loucks Jr.)、小尤金·F. 威廉斯(Eugene F. Williams Jr.)、路易斯·J. 康蒂

致谢

（Louis J. Conti）、拉姆齐·D. 波茨（Ramsay D. Potts）、威廉·M. 范·克利夫（William M. Van Cleve）、奥古斯特·A. 布什三世（August A. Busch III）、罗伯特·B. 霍顿（Robert B. Horton）、戴维·C. 法雷尔（David C. Farrel）、小爱德华·E. 惠特克（Edward E. Whitacre Jr.）、罗珊·L. 里奇韦（Rozanne L. Ridgway）和亚瑟·F. 戈尔登（Arthur F. Golden）。

奈特还要向在这一时期担任董事或顾问董事的高级管理人员表示感谢，他们包括（除了那些已经提到的人之外）J. 乔·阿多詹（J. Joe Adorjan）、约翰·M. 贝拉（John M. Berra）、托马斯·E. 贝彻（Thomas E. Bettcher）、小劳伦斯·L. 勃朗宁（Laurance L. Browning Jr.）、小约翰·W. 伯奇（John W. Burge Jr.）、小威廉·L. 戴维斯（William L. Davis Jr.）、威廉·L. 戴维斯三世（William L. Davis III）、查尔斯·A. 迪尔（Charles A. Dill）、文森特·T. 戈古兹（Vincent T. Gorguze）、查尔斯·汉森（Charles Hansen）、詹姆斯·F. 哈迪蒙（James F. Hardymon）、E. 劳伦斯·凯斯（E. Lawrence Keyes）、詹姆斯·J. 林德曼（James J. Lindemann）、罗伯特·J. 诺韦洛（Robert J. Novello）、F. W. 奥维林（F. W. Ouwelleen）、查尔斯·O. 普朗廷（Charles O. Planting）、约翰·C. 罗尔博（John C. Rohrbaugh）、威廉·A. 拉特利奇（William A. Rutledge）、施帕克（Partrick J. Sly）、乔治·W. 塔姆克（George W. Tamke）、简·K. 沃·哈根（Jan K. Ver Hagen）和约翰·C. 威尔逊（John C. Wilson）。

致谢

奈特还要感谢这些年在最高管理团队和他一起工作的同事们,尽管因为人数太多,不便在这里一一列举,但是,有几个人的名字还是需要提一下,他们包括(除了那些已经提到过的人们之外)艾克·埃文斯(Ike Evans)、哈尔·福特(Hal Faught)、戴维·吉福德(David Gifford)、艾伦·吉尔伯特(Allan Gilbert)、维恩·希思(Vern Heath)、克劳德·亨利(Claude Henry)、厄尼·拉伏雷迪(Ernie Lovelady)。

奈特要特别感谢莱斯·赫基拉(Les Heikkila),他于1974年加入 Emerson 公司,并且从无到有为公司建立起优秀的航空部门。这些年来在他在空中度过了 3.2 万个小时,其中一半的时间奈特都是他的乘客。

Emerson 公司能够取得今天的成就,还因为得到了来自管理层、行政以及领取时薪的普通员工等无数人员的帮助。尽管在这里不可能列出所有人,但是,能够在这些年里和他们并肩工作,的确是件荣幸的事情。

关于个人优先次序的排定,奈特的父亲有一个说法,他将健康列在首位,家庭列为第二,事业列为第三。牢不可破的家庭纽带为奈特职业生涯的成功提供了强大的后盾。奈特要将特别衷心的感谢,送给他的夫人乔安妮(Joanne),他的孩子莱斯特(Lester)、安(Ann)、史蒂夫(Steve)、珍妮弗(Jennifer)和他们的伴侣,以及奈特家族的 12 个孙子和孙女。

最后,作者谨将本书题献给在 1954 年与 1973 年之间担任 Emerson 公司董事长兼首席执行官的 W. R. "巴克"珀森

致谢

斯（W. R. 'Buck Persons'）。巴克刚刚到任时，Emerson 公司还是一家规模小、问题重重且前途未卜的公司。19 年之后，他留下了一家坚实、多元化、管理良好的组织，而其中公司管理过程的关键部分从此开始成形。Emerson 公司强有力的绩效表现始于他的守护，这绝不是一件偶然的事情。

作者简介

查尔斯·F. 奈特（Charles F. Knight）是 Emerson 公司荣誉董事长。他担任公司首席执行官 27 年之久（2000 年卸任），担任公司董事长 30 年之久（2004 年卸任）。作为首席执行官，他领导 Emerson 公司从一家基本上在国内经营的生产商，向以技术为基础的全球制造商进行演变。公司每股收益和红利在他的任内每一年都持续增长，这一记录使得公司跻身于保持持续优良绩效时间最长的美国企业之列。奈特因此而被公认为管理专家，并且在多家主要的全球公司担任董事会成员。其中包括安海斯-布希（Anheuser-Busch）公司、百特国际公司（Baxter International）、BP 公司、卡特彼勒公司（Caterpillar）、Emerson 公司、AT&T 公司、摩根斯坦利公司（Morgan Stanley）和 SBC 通信公司（SBC Communications）等。

戴维斯·戴尔（Davis Dyer）是一家总部位于美国马萨诸塞州剑桥市，专门从事资料考据和组织经验应用的 Winthrop 集团公司总裁和创办董事。同时，他也是摩立特集团

作者简介

（Monitor Company Group，LLP）所属摩立特大学（Monitor University）的教师。他还是许多出版刊物的作者或合著者，其著作包括《浪尖上的宝洁》（*Rising Tide：Lessons from 165 Years of Brand Building at Proctor & Gamble*）[2004年，与弗雷德里克·达尔泽尔（Frederick Dalzell）和罗伊娜·奥勒佳里奥（Rowena Olegario）合著]、《改变命运——重建工业企业》（*Changing Fortunes：Remaking the Industrial Corporation*）[2002年，与尼丁·诺里亚（Nitin Nohria）和弗雷德里克·达尔泽尔合著]。